სიყვარული:
რჯულის აღსრულება

სიყვარული:
რჯულის აღსრულება

Dr. Jaerock Lee

URIM BOOKS

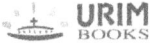

სიყვარული: რჯულის აღსრულება დოქტორი ჯაეროკ ლისაგან
გამოქვეყნებულია ურიმ ბუქსის მიერ
(წარმომადგენელი: Johnny H. kim)
361-66, სინდაეგბანგ-დონგ, დოგიაკ-გუ, სეული, კორეა
www.urimbooks.com

ყველა უფლება დაცულია. ეს წიგნი ან მისი ნაწილები არ შეიძლება იქნას გამრავლებული, შენახული საძიებო სისტემაში, ან გადაცემული ნებისმიერი ფორმით, ელექტრონული, მექანიკური თუ ფოტო კოპირებით. მხოლოდ წინასწარი წერილობითი ნებართვით რედაქტორისაგან.

ყველა ციტატა ამოღებულია ბიბლიის თარგმნის ინსტიტუტის რუსეთი/CIS ქართული ბიბლიიდან (2002).

საავტორო უფლება @ 2015 დოქტორი ჯაეროკ ლისაგან
ISBN: 979-11-263-1287-0 03230
თარგმნის საავტორო უფლება @ 2013 დოქტორი ესთერ კ. ჩუნგისგან. გამოყენებულია ნებართვით.

მანამდე გამოქვეყნებულია კორეულად 2009 წელს ურიმ ბუქსის მიერ, სეული, კორეა

პირველი გამოცემა 2013 წლის აგვისტო

რედაქტირებულია დოქტორი გეუმსუნ ვინის მიერ
ილუსტრირებულია ურიმ ბუქსის სარედაქციო ბიუროს მიერ
დამატებითი ინფორმაციისათვის დაგვიკავშირდით:
urimbook@hotmail.com

„სიყვარული ბოროტს არ უზამს მოყვასს; რჯულის აღსრულება სიყვარულია."

რომაელთა 13:10

წინასიტყვაობა

მე იმედი მაქვს რომ მკითხველები
ახალ იერუსალემს მიიღებენ სულიერი
სიყვარულით.

დიდ ბრიტანეთში სარეკლამო კომპანიამ საზოგადოებას
ჩაუტარა გამოკითხვა, რომლის კითხვაც იყო თუ რა არის
ყველაზე სწრაფი მგზავრობის საშუალება ედინბურგიდან,
შოტლანდია, ლონდონამდე, ინგლისი. ისინი დიდ ჯილდოს
გადასცემდნენ იმ ადამიანს, რომლის პასუხიც არჩეული
იქნებოდა. არჩეული პასუხი კი იყო „საყვარელ ადამიანთან
ერთად მგზავრობა." ჩვენ ვიცით, რომ საყვარელ
ადამიანებთან ერთად მგზავრობისას, ხანგრძლივი
მგზავრობაც კი მოკლე აღმოჩნდებოდა. ანალოგიურად, თუ
ჩვენ გვიყვარს ღმერთი, არ არის ძნელი, რომ მისი სიტყვა
განვახორციელოთ (1 იოანე 5:3). ღმერთმა რჯული და
მცნებები იმისთვის არ მოგვცა, რომ გაჭირვებასა და
სირთულეებში აღმოვჩენილიყავით.

სიტყვა „რჯული" მოდის ებრაული სიტყვიდან „თორა",
რომელიც ნიშნავს „წესდებებს", და „გაკვეთილს". თორა
ჩვეულებრივ ეხება პენტატეუჩს, რომელშიც შედის ათი
მცნება. მაგრამ, „რჯული" ასევე გულისხმობს მთლიანად
ბიბლიის 66 წიგნს, ან უბრალოდ წესდებებს, რომელსაც
ღმერთი გვეუბნება. ხალხმა შეიძლება იფიქროს, რომ
რჯული და სიყვარული არ უკავშირდება ერთმანეთს,

VII

მაგრამ მათი დაშორება შეუძლებელია. სიყვარული ეკუთვნის ღმერთს, და ღმერთის სიყვარულის გარეშე, ჩვენ არ შეგვიძლია რჯულის მთლიანად დაცვა. რჯულის შესრულება მხოლოდ მაშინ არის შესაძლებელი, როდესაც მას სიყვარულით ვანხორციელებთ.

არსებობს ერთი ამბავი, რომელიც გვიჩვენებს სიყვარულის ძალას. ახალგაზრდა მამაკაცი პატარა თვითმფრინავით ავარიაში მოყვა. მისი მამა ძალიან მდიდარი კაცი იყო და მან დაიქირავა სამაშველო გუნდი თავისი ვაჟის მოსაძებნად, მაგრამ უშედეგოდ. მან მილიონობით ფლაერები გაავრცელა. ფლაერში მან დაწერა „შვილო, მე შენ მიყვარხარ." ვაჟმა, რომელიც უდაბნოში დაბოდიალობდა, იპოვნა ერთი ფლაერი და მიიღო გაბედულობა, რომელმაც საკმარისი ძალა მისცა, რომ საბოლოოდ იგი ეპოვნათ. მამის ჭეშმარიტმა სიყვარულმა გადაარჩინა თავისი ვაჟი. ზუსტად როგორც მამამ გაავრცელა ფლაერები მთელს უდაბნოში, ჩვენც ასევე გვაქვს მოვალეობა გავუვრცელოთ ღმერთის სიყვარული ყველა სულს.

ღმერთმა დაამტკიცა თავისი სიყვარული ერთადერთი ვაჟის, იესოს ამ ქვეყანაზე გამოგზავნით ადამიანთა მოდგმის გადასარჩენად, რომლებიც ცოდვილები იყვნენ. მაგრამ იესოს დროს რჯულის მცოდნეები მხოლოდ რჯულის ფორმალობებზე ზრუნავდნენ და ვერ გაეგოთ ღმერთის ჭეშმარიტი სიყვარული. საბოლოოდ, მათ გაკიცხეს ღმერთის ერთადერთი ვაჟი, იესო, როგორც ღვთის მგმობელი, რომელიც სპობდა რჯულს და მათ ჯვარს აცვეს იგი. მათ ვერ გაეგოთ რჯულში ჩადებული ღმერთის სიყვარული.

1 კორინთელთა 13 არის „სულიერი სიყვარულის" კარგად გამოსახული მაგალითი. ეს გვეუბნება ღმერთის სიყვარულის შესახებ, რომელმაც თავისი ერთადერთი ვაჟი გამოგზავნა ჩვენს გადასარჩენად, რომლებსაც სიკვდილი წინასწარ გვქონდა დანიშნული ცოდვების გამო და ასევე გამოგვიგზავნა უფლის სიყვარული, რომელსაც ვუყვარდით იმ დონემდე, რომ საკუთარი ზეციური დიდება გასწირა ჩვენთვის და ჯვარს ეცვა. თუ კი ჩვენც გვსურს, რომ ღმერთის სიყვარული გადავცეთ მრავალ მომაკვდავ სულს მთელს მსოფლიოში, ჩვენ უნდა გავაცნობიეროთ ეს

სულიერი სიყვარული და განვახორციელოთ იგი.

„ახალ მცნებას გაძლევთ: გიყვარდეთ ერთმანეთი. და როგორც მე შეგიყვარეთ, ასევე გიყვარდეთ თქვენც ერთმანეთი. იმით გიცნობთ ყველა, რომ ჩემი მოწაფეები ხართ, თუ გექნებათ სიყვარული ერთმანეთს შორის“ (იოანე 13:34-35).

ეს წიგნი იმისთვის გამოქვეყნდა, რომ მკითხველებმა შეამოწმონ, თუ რამდენად გააშენეს სულიერი სიყვარული და თუ როგორ შეიცვალნენ ჭეშმარიტებით. მე მადლობას ვუხდი გეუმსუნ ვინს, სარედაქციო ბიუროს დირექტორს და მის პერსონალს, და იმედი მაქვს, რომ ყველა მკითხველი რჯულს სიყვარულით დაიცავს და საბოლოოდ მოიპოვებს ახალ იერუსალიმს, ზეციურ საცხოვრებელ ადგილებში ყველაზე ლამაზს.

ჯაეროკ ლი

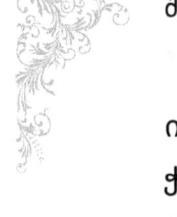

იმედი მაქვს, რომ ღმერთის
ჭეშმარიტებით მკითხველები
შეიცვლებიან სრულყოფილი
სიყვარულის გაშენებით.

სატელევიზიო არხმა ჩაატარა კითხვების გამოკვლევა გათხოვილ ქალებზე. კითხვა იყო ასეთი: გაჰყვებოდნენ თუ არა იგივე მამაკაცს თუ კი არჩევას შეძლებდნენ? შედეგი იყო აღმაშფოთებელი. ქალების მხოლოდ 4% სურდა იგივე მამაკაცის არჩევა. როდესაც გათხოვდნენ, მათ ალბათ უყვარდათ ქმრები, და რატომ შეიცვლიდნენ აზრს ასე? ეს იმიტომ, რომ მათ არ უყვარდათ სულიერი სიყვარულით. ეს ნამუშევარი, სიყვარული: რჯულის აღსრულება, გვასწავლის ამ სულიერი სიყვარულის შესახებ.

პირველი ნაწილი „სიყვარულის მნიშვნელობა", მოგვითხრობს სიყვარულის სხვადასხვა ფორმების, რომლებიც ცოლსა და ქმარს, მშობლებსა და შვილებს და მეგობრებს და მეზობლებს შორის არის, ამგვარად გვაძლევს ხორციელ და სულიერ სიყვარულს შორის განსხვავების აზრს. სულიერი სიყვარული არის მეორე ადამიანის სიყვარული უცვლელი გულით, რომელსაც სანაცვლოდ არაფერი სურს. და პირიქით, ხორციელი სიყვარული იცვლება სხვა სიტუაციებსა და გარემოებებში და ამ მიზეზის გამო სულიერი სიყვარული არის ძვირფასი და ლამაზი.

მეორე ნაწილი „სიყვარული, როგორც სიყვარულის თავში", სამ კატეგორიებად ჰყოფს 1 კორინთელთა 13-ს. პირველი ნაწილი, „სიყვარული, რომელიც ღმერთს სურს" (1 კორინთელთა 13:1-3), არის იმ თავის შესავალი, რომელიც ხაზს უსვამს სულიერი სიყვარულის მნიშვნელობას. მეორე ნაწილი, „სიყვარულის მახასიათებლები" (1 კორინთელთა 13:4-7), არის სიყვარულის თავის მთავარი ნაწილი, და გვეუბნება სულიერი სიყვარულის 15 მახასიათებელს. მესამე ნაწილი, „სრულყოფილი სიყვარული", არის სიყვარულის თავის დასკვნა, რომელიც გვეუბნება, რომ რწმენა და იმედი დროებით საჭიროა, სანამ ზეცის სამეფოსაკენ მივიღწვით დედამიწაზე ცხოვრების დროს, როდესაც სიყვარული საუკუნოდ გრძელდება ზეცის სასუფეველში.

მესამე ნაწილი, სიყვარული არის რჯულის აღსრულება", განმარტავს თუ რა არის რჯულის სიყვარულით აღსრულება. ის ასევე გვაძლევს ღმერთის სიყვარულს, რომელიც ჩვენ, ადამიანებს დედამიწაზე გვაშენებს და ქრისტეს სიყვარულს, რომელმაც ხსნის გზა გაგვიხსნა.

„სიყვარულის თავი" არის მხოლოდ ერთი თავი ბიბლიის 1189 თავიდან. მაგრამ ეს არის საგანძურის რუკასავით, რომელიც გიჩვენებთ თუ სად უნდა იპოვნოთ დიდი განძეულობა, რადგან იგი დეტალურად გვასწავლის ახალი იერუსალიმის გზას. მიუხედავად იმისა, რომ ჩვენ გვაქვს

რუკა და ვიცით გზა, ეს არაფერში არ გამოგვადგება თუ კი არ წავალთ მოცემული გზით. სახელდობრ, უსარგებლოა, თუ ჩვენ არ განვახორციელებთ სულიერ სიყვარულს.

ღმერთი ნასიამოვნებია სულიერი სიყვარულით და ჩვენ უნდა ვფლობდეთ სულიერ სიყვარულს იმ დონემდე, რომ ღმერთის სიტყვა გავიგოთ და განვახორციელოთ ჭეშმარიტებაში. როდესაც სულიერ სიყვარულს ვიქონიებთ, ჩვენ შევძლებთ მივიღოთ ღმერთის სიყვარული და კურთხევები და შევიდეთ ახალ იერუსალიმში, ყველაზე ლამაზ საცხოვრებელ ადგილას ზეცაში. სიყვარული არის ღმერთის ადამიანთა შექმნის და მათი გაშენების ძირითადი მიზანი. მე ვლოცულობ, რომ ყველა მკითხველს ეყვარება ღმერთი და რომ ეყვარებათ თავიანთი მოყვასნი როგორც საკუთარი თავები უყვართ, რათა მიიღონ გასაღებები, რომლითაც შეძლებენ ახალი იერუსალიმის მარგალიტის კარიბჭეების გაღებას.

გეუმსუნ ვინი
სარედაქციო ბიუროს დირექტორი

სარჩევი

წინასიტყვაობა · VII

შესავალი · XI

ნაწილი 1 სიყვარულის მნიშვნელობა
თავი 1 სულიერი სიყვარული · 2

თავი 2 ხორციელი სიყვარული · 10

ნაწილი 2 სიყვარული, როგორც სიყვარულის თავში
თავი 1 სიყვარული, რომელიც ღმერთს სურს · 24

თავი 2 სიყვარულის მახასიათებლები · 42

თავი 3 სრულყოფილი სიყვარული · 160

ნაწილი 3 სიყვარული არის რჯულის აღსრულება
თავი 1 ღმერთის სიყვარული · 172

თავი 2 ქრისტეს სიყვარული · 184

ლუკა 6:32

„თუ გეყვარებათ თქვენი მოყვასნი, რას მიითვლით მადლად? რადგან თავიანთი მოყვასნი ცოდვილთაც უყვართ."

ნაწილი 1
სიყვარულის მნიშვნელობა

თავი 1 სულიერი სიყვარული

თავი 2 ხორციელი სიყვარული

სულიერი სიყვარული

„საყვარელნო, გვიყვარდეს ერთმანეთი, რადგანაც სიყვარული ღვთისაგან არის; ვისაც უყვარს, ღვთისგანაა შობილი და იცნობს ღმერთს. ვისაც არ უყვარს, ვერ შეუცვნია ღმერთი, რადგანაც ღმერთი სიყვარულია."
(1 იოანე 4:7-8)

უბრალოდ სიტყვა „სიყვარულის“ გაგებით ჩვენი გულები ფანცქალს იწყებენ. თუ ჩვენ შეგვიძლია გვიყვარდეს ვინმე და გავუზიაროთ მას ჭეშმარიტი სიყვარული მთელი ცხოვრების განმავლობაში, ეს იქნება სიყვარული, რომელიც ყველაზე დიდი ბედნიერებით არის სავსე. ზოგჯერ ჩვენ გვესმის ადამიანების შესახებ, რომლებიც ისეთ სიტუაციებს უძლებენ, როგორიც არის სიკვდილი და თავიანთ ცხოვრებას ლამაზს ხდიან ძალის სიყვარულით. სიყვარული აუცილებელია ბედნიერი ცხოვრებისათვის; მას აქვს დიდი ძალა, რომ შეცვალოს ჩვენი ცხოვრება.

მერიამ-ვებსტერის ონლაინ ლექსიკონი განმარტავს სიყვარულს, როგორც „ძლიერი გრძნობა ნათესაობით წარმოქმნილი ან პირადი კავშირებით მეორე ადამიანისადმი“ ან „გრძნობა დაფუძნებული აღტაცებაზე, კეთილმოსურნეობაზე ან საერთო ინტერესებზე.“ მაგრამ სიყვარული, რომელზეც ღმერთი საუბრობს, არის სიყვარული, რომელიც უფრო მაღალი დონეა და ეს არის სულიერი სიყვარული. სულიერ სიყვარულს სურს სხვების სიკეთე; იგი მათ აძლევს სიხარულს, იმედს და სიცოცხლეს და არასოდეს იცვლება. გარდა ამისა, ეს არა მარტო სარგებლობას გვაძლევს ამ დროებითი ცხოვრებისას დედამიწაზე, არამედ ასევე ჩვენს სულებს ხსნისაკენ უძღვება და გვაძლევს საუკუნო სიცოცხლეს.

ქალის ამბავი, რომელიც წარუძღვა თავის ქმარს ეკლესიისაკენ

იყო ერთი ქალი, რომელიც როგორც ქრისტიანი, ერთგული იყო. მაგრამ ქმარს არ მოსწონდა რომ იგი ეკლესიაში დადიოდა და ყოველთვის ცუდ მდგომარეობაში

აყენებდა ამის გამო. ასეთ გაჭირვებაშიც კი, ქალი ყოველდღე საღამოს ლოცვებს ესწრებოდა და თავისი ქმრისთვის ლოცულობდა. ერთ დღეს, იგი დილით ადრე წავიდა სალოცავად და ხელში თავისი ქმრის ფეხსაცმელები ეჭირა. მას ფეხსაცმელები გულმკერდთან ჰქონდა მიტანილი და ცრემლებით ლოცულობდა, „ღმერთო, დღეს მხოლოდ ეს ფეხსაცმელები მოვიდა ეკლესიაში, მაგრამ შემდეგზე, მიეცი საშუალება ამ ფეხსაცმელების პატრონს თვითონ მოვიდეს ეკლესიაში."

ცოტა ხნის შემდეგ გასაოცარი რამ მოხდა. ქმარი მივიდა ეკლესიაში. ამბავი ასე გრძელდება: გარკვეულ მომენტში, როდესაც ქმარი სახლიდან სამსახურში მიდიოდა, მან ფეხსაცმელებში სითბო იგრძნო. და ერთ დღეს, მან დაინახა, რომ მისი მეუღლე სადღაც მიდიოდა თავისი ფეხსაცმელებით და გაჰყვა მას. ქალი შევიდა ეკლესიაში.

იგი გაბრაზებული იყო, მაგრამ ცნობისმოყვარეობას ვერ გაუძლო. მას სურდა გაეგო, თუ რას აკეთებდა ქალი ეკლესიაში მისი ფეხსაცმელებით. იგი ჩუმად შევიდა ეკლესიაში, მისი ცოლი გულში ჩაკრული ფეხსაცმელებით ლოცულობდა. მან გაიგონა ლოცვა და ლოცვის ყოველი სიტყვა მისი ჯანმრთელობის და კეთილდღეობის შესახებ. მას გული აუჩუყდა, და თავს დამნაშავედ გრძნობდა, რადგან ასე ცუდად ექცეოდა თავის ცოლს. საბოლოოდ, ქმარს გული აუჩუყდა ცოლის სიყვარულით და გახდა გულწრფელი ქრისტიანი.

ცოლების უმრავლესობა ასეთ სიტუაციაში მე მთხოვდა რომ მათთვის მელოცა, „ჩემი ქმარი არ მაძლევს საშუალებას ეკლესიაში ვიარო. გთხოვ ილოცე ჩემთვის, რომ მან შეწყვიტოს ჩემი დევნა." მაგრამ შემდეგ მე ვეტყოდი,

4

სიყვარული: რჯულის აღსრულება

„გახდი ნაკურთხი და შედი სულში. ეს არის გზა შენი პრობლემის მოგვარებისა." ისინი უფრო მეტ სულიერ სიყვარულს მისცემენ თავიანთ ქმრებს და ამით განდევნიან ცოდვებს და შევლენ სულში. რომელი ქმარი გაუკეთებს ასეთ რაღაცას თავის ცოლს, რომელიც გულის სიღრმიდან მას ემსახურება?

წარსულში, ცოლი ყველაფერს ქმარს დააბრალებდა, მაგრამ ახალა, როდესაც იგი ჭეშმარიტებით შეიცვალა, იგი იტყოდა რომ თვითონ იყო დამნაშავე და თავს დაიმდაბლებდა. შემდეგ სულიერი სინათლე განდევნის წყვდიადს და ქმარიც შეიცვლება. ვინ ილოცებდა სხვა ადამიანისთვის, რომელიც მას ცხოვრებას ურთულებს? ვინ გასწირავს საკუთარ თავს მიტოვებული მოყვასებისთვის და გაუზიარებს მათ ჭეშმარიტ სიყვარულს? ღმერთის შვილებს, რომლებმაც უფლისგან ისწავლეს ჭეშმარიტი სიყვარული, შეუძლიათ ასეთი სიყვარული სხვებსაც გაუზიარონ.

დავითის და იონათანის უცვლელი სიყვარული და მეგობრობა

იონათანი იყო საულის, ისრაელის პირველი მეფის ვაჟი. როდესაც მან დაინახა დავითის მიერ ფილისტინელების ჩემპიონის, გოლიათის დამარცხება, მან იცოდა, რომ დავითი იყო მეომარი, რომელთანაც ღმერთის სული მივიდა. რადგან თვითონ არმიის გენერალი იყო, იონათანის გული დავითის მამაცობამ დაიპყრო. აქედან მოყოლებული იონათანს დავითი ისე უყვარდა როგორც საკუთარი თავი და დავითთან ძლიერი მეგობრობის ჩამოყალიბება დაიწყო. იონათანს იმდენად უყვარდა დავითი, რომ არაფერს იშურებდა მისთვის.

მოათავა საულთან ლაპარაკი და შეეკრა იონათანის სული დავითის სულს; და შეიყვარა იგი იონათანმა როგორც საკუთარი თავი. წაიყვანა იმ დღეს იგი საულმა და არ გაუშვა მამის სახლში. შეკრა იონათანმა დავითთან კავშირი, რადგან შეიყვარა იგი როგორც საკუთარი თავი. „გაიძრო იონათანმა მოსასხამი, თან რომ ჰქონდა, და მისცა დავითს; აგრეთვე შესამოსელი, მახვილი, მშვილდი და სარტყელი“ (1 სამუელი 18:1-4).

იონათანი იყო სამეფო ტახტის მემკვიდრე, რადგან მეფე საულის პირველი ვაჟი იყო და ადვილად შეეძლო შეძულებოდა დავითი, რადგან ხალხს დავითი ძალიან უყვარდა. მაგრამ მას არ სურდა მეფობის სახელის მიღება. და როდესაც საული ცდილობდა დავითის მოკვლას სამეფო ტახტის შესანარჩუნებლად, იონათანმა საკუთარი სიცოცხლე გასწირა დავითის გადასარჩენად. ასეთი სიყვარული არასოდეს შეცვლილა მის სიკვდილამდე. როდესაც იონათანი გილბოას ბრძოლაში მოკვდა, დავითი დაღონდა და ტიროდა და საღამომდე მარხულობდა.

„ვწუხვარ შენზე, ძმაო იონათან! დიდად ძვირფასი იყავ ჩემთვის, საკვირველი იყო შენი სიყვარული ჩემდამი, ქალის სიყვარულზე ძლიერი“ (2 სამუელი 1:26).

მას შემდეგ რაც დავითი მეფე გახდა, მან იონათანის ერთადერთი ვაჟი მეფიბოშეთი იპოვნა, საულის მთელი ქონება მას გადასცა და სასახლეში საკუთარი შვილივით უვლიდა (2 სამუელი 9). ასე, სულიერი სიყვარული არის მეორე ადამიანის უცვლელი გულით სიყვარული, მაშინაც კი, როდესაც ეს მას სარგებელს არ აძლევს და ზიანსაც კი

აყენებს. უბრალოდ კეთილშობიერად ყოფნა იმის იმედით, რომ უკან რაღაცას მიიღებ, არ არის ჭეშმარიტი სიყვარული. სულიერი სიყვარული არის თავგანწირვა და უპირობოდ სხვა ადამიანებისთვის მიცემა, წმინდა და ჭეშმარიტი განზრახვით.

ღმერთის და უფლის უცვლელი სიყვარული ჩვენდამი

მრავალი ადამიანი განიცდის გულგამგმირავ ტკივილს მათ ცხოვრებაში ხორციელი სიყვარულის გამო. როდესაც ტკივილს განვიცდით და თავს მარტოდ ვგრძნობთ ისეთი სიყვარულის გამო, რომელიც ადვილად იცვლება, არსებობს ვიღაც, ვინც ნუგეშს გვცემს და ჩვენი მეგობარი ხდება. ეს არის უფალი. ხალხმა მას შეურაცხყოფა მიაყენა და შეიზიზღა იგი, მიუხედავად იმისა, რომ უდანაშაულო იყო (ესაია 53:3), ამიტომ მას კარგად ესმის ჩვენი გულის. მან მიატოვა თავისი ზეციური დიდება და ჩამოვიდა დედამიწაზე წამებული გზის მისაღებად. ამით იგი გახდა ჩვენი ჭეშმარიტი ნუგეშისმცემელი და მეგობარი. მან მოგვცა ჭეშმარიტი სიყვარული სანამ ჯვარზე გარდაიცვალა.

სანამ ღმერთს ვიწამებდი, მე მრავალი ავადმყოფობისგან ვიტანჯებოდი და საფუძვლიანად განვიცადე სიღარიბისგან გამოწვეული ტკივილი და მარტოობა. შვიდწლიანი ავადმყოფობის შემდეგ მხოლოდ ჩემი დაავადებული სხეულიღა გამაჩნდა, სწრაფად მზარდი ვალები, ხალხის მიერ აბუჩად აგდება, მარტოობა და სასოწარკვეთილება. ყველამ, ვინც მიყვარდა და ვისაც ვენდობოდი, მიმატოვა. მაგრამ ვიღაც მოვიდა, როდესაც

მთელს სამყაროში სრულიად მარტო ვიყავი. ეს იყო ღმერთი. როდესაც ღმერთს შევხვდი, მე განვიკურნე ყველა დაავადებისგან და დავიწყე ახალი ცხოვრებით ცხოვრება.

სიყვარული, რომელიც ღმერთმა მომცა, იყო უფასო საჩუქარი. თავიდან მე იგი არ მიყვარდა. ჯერ იგი ჩემთან მოვიდა და ხელი გამომიწოდა. როდესაც ბიბლიის კითხვა დავიწყე, მე მესმოდა ღმერთის ჩემდამი სიყვარულის გრძნობა.

„განა დაივიწყებს ქალი თავის ჩვილს? არ შეიბრალებს თავისი მუცლის ნაშიერს? მათ რომც დაივიწყონ, მე არ დაგივიწყებ შენ. აჰა, ხელისგულებზე მყავხარ გამოსახული, შენი კედლები მუდამ ჩემს წინაა“ (ესაია 49:15-16).

„ღვთის სიყვარული იმით გამოგვეცხადა, რომ ღმერთმა თავისი მხოლოდშობილი ძე მოავლინა ამ ქვეყნად, რათა მისი წყალობით ვცხონდეთ. სიყვარული ისაა, რომ ჩვენ კი არ შევიყვარეთ ღმერთი, არამედ მან შეგვიყვარა ჩვენ, და მოავლინა თავისი ძე ჩვენი ცოდვების მალხინებლად“ (1 იოანე 4:9-10).

ღმერთმა არ მიმატოვა მაშინაც კი, როდესაც ყველასგან მიტოვებული ვიყავი და ვიტანჯებოდი. როდესაც მისი სიყვარული ვიგრძენი, ცრემლებს ვეღარ ვიკავებდი. მე ვგრძნობდი, რომ ღმერთის სიყვარული ჭეშმარიტია იმ ტკივილების გამო, რომლებითაც ვიტანჯებოდი. ახლა, მე გავხდი პასტორი, ღმერთის მსახური, რათა მრავალი სულის გულს ნუგეში ვცე და უკან გადავიხადო ის წყალობა, რომელიც ღმერთმა მომცა.

ღმერთი თვით სიყვარულია. მან თავისი ერთადერთი

ვაჟი, იესო გამოგზავნა დედამიწაზე ჩვენთვის, რომლებიც ცოდვილები ვართ. და იგი გველოდება ჩვენ, რომ ზეციურ სასუფეველში ავიდეთ, რომელიც მან ლამაზად და ძვირფასად მოამზადა. ჩვენ შეგვიძლია ვიგრძნოთ ღმერთის უხვი და ნაზი სიყვარული, თუ კი ჩვენს გულებს სულ ცოტათი მაინც გავაღებთ.

„და მართლაც, მისი უხილავი სრულყოფილება, წარუვალი ძალა და ღვთაებრიობა, ქვეყნიერების დასაბამიდან მისსავ ქმნილებებში ცნაურდება და ხილული ხდება: ასე რომ, არა აქვთ პატიება" (რომაელთა 1:20).

რატომ არ ფიქრობ ლამაზ ბუნებაზე? ლურჯი ცა, წმინდა ზღვა და ყველა ხე და მცენარე არის ის, რაც ღმერთმა ჩვენთვის შექმნა, რათა სანამ დედამიწაზე ვცხოვრობთ, შეგვიძლია გვქონდეს ზეცის სამეფოს იმედი.

ტალღები, რომლებიც ძღვის ნაპირს ეხება; ვარსკვლავები, რომლებიც ისე კაშკაშებენ, რომ გეგონება ცეკვავენო; ჩანჩქერების ხმამაღალი ქუხილი; და სიო, რომელიც ჩაგვივლის ხოლმე, ჩვენ შეგვიძლია ვიგრძნოთ ღმერთის სუნთქვა, რომელიც გვეუბნება „მე შენ მიყვარხარ." რადგან ჩვენ არჩეულნი ვართ, როგორც მოსიყვარულე ღმერთის შვილები, როგორი სიყვარული უნდა გვქონდეს? ჩვენ უნდა გვქონდეს საუკუნო და ჭეშმარიტი სიყვარული და არა უაზრო სიყვარული, რომელიც იცვლება, როდესაც სიტუაცია სარგებელს არ გვაძლევს.

თავი 2 — ხორციელი სიყვარული

ხორციელი სიყვარული

ლუკა 6:32

„თუ გეყვარებათ თქვენი მოყვასნი, რას მიითვლით მადლად? რადგან თავიანთი მოყვასნი ცოდვილთაც უყვართ."

კაცი დგას დიდი ბრბოს წინაშე და იყურება გალილეის ზღვის მხარეს. მის უკან ზღვაზე ლურჯი ტალღები თითქოს ცეკვავენო. მთელი ბრბო გაჩუმებულია, რათა მისი სიტყვები გაიგონ. ხალხს იგი ეუბნებოდა, რომ გამხდარიყვნენ სინათლე და სამყაროს მარილი და რომ მტრებიც კი ჰყვარებოდათ.

„რადგანაც თუ გეყვარებათ თქვენი მოყვასნი, რა იქნება თქვენი საზღაური? განა ასევე არ იქცევიან მებაჟენიც? ანდა თუ მოიკითხავთ მხოლოდ თქვენს მოძმეთ, უჩვეულოს რას სჩადიხართ? განა ასევე არ იქცევიან წარმართნიც?" (მათე 5:46-47)

ზუსტად როგორც იესო ამბობდა, ურწმუნოებსაც და ბოროტ ადამიანებსაც კი შეუძლიათ აჩვენონ სიყვარული იმ ადამიანებისადმი, რომლებიც კარგად ექცევიან მათ და რომლებიც სარგებელს აძლევენ. ასევე არსებობს ცრუ სიყვარული, რომელიც გარედან თითქოს კარგია, მაგრამ ჭეშმარიტება არ არის მასში. ხორციელი სიყვარულია, რომელიც იცვლება გარკვეული დროის შემდეგ და პატარა უთანხმოებების გამო ქრება.

ხორციელი სიყვარული დროთა განმავლობაში ნებისმიერ დროს შეიძლება შეიცვალოს. თუ კი სიტუაცია ან გარემოება შეიცვლება, ხორციელი სიყვარული შეიძლება შეიცვალოს. ხალხი ხშირად იცვლის თავიანთ ურთიერთდამოკიდებულებას მიღებული უპირატესობის ან სარგებელის მიხედვით. ხალხი მხოლოდ მაშინ გასცემს, როდესაც ჯერ სხვისგან მიიღებენ რაიმეს ან მხოლოდ მაშინ იძლევიან, როდესაც გაცემა მათთვის სასიკეთოთ იქნება. თუ ჩვენ გავცემთ და გვსურს იგივე რაოდენობის უკან მიღება, ან

თუ იმედგაცრუებულად ვგრძნობთ თავს, როდესაც სხვები უკან არაფერს გვაძლევენ, ეს ასევე იმიტომ არის, რომ ჩვენ გვაქვს ხორციელი სიყვარული.

სიყვარული მშობლებსა და შვილებს შორის

მშობლების სიყვარული, რომლებიც განუწყვეტლივ აძლევენ თავიანთ შვილებს, ბევრს გულს უჩუყებს. მშობლები არასოდეს ამბობენ, რომ ძნელია შვილების მოვლის შემდეგ, რადგან მათ უყვართ თავიანთი შვილები. ჩვეულებრივ მშობლებს სურთ, რომ შვილებს ყველაფერი მისცენ, მაშინაც კი, თუ ეს იმას ნიშნავს, რომ თვითონ ნორმალური საკვები ან ტანსაცმელი არ ექნებათ. მაგრამ, ყოველთვის არის ადგილი მშობლების გულში, სადაც ისინიც ეძებენ საკუთარ სარგებელს.

თუ კი მათ მართლა უყვართ თავიანთი შვილები, მათ საკუთარი სიცოცხლის გაწირვაც უნდა შეეძლოთ უკან მიღების სურვილის გარეშე. მაგრამ არსებობენ ისეთი მშობლებიც, რომლებიც შვილებს საკუთარი სარგებლის და ღირსების გამო ზრდიან. ისინი ამბობენ „მე ამას შენივე კეთილდღეობისთვის გეუბნები," მაგრამ სინამდვილეში ისინი ცდილობენ შვილების გაკონტროლებას, რომ შეავსონ საკუთარი რეპუტაციის და დიდების სურვილები ან ფულის სარგებლის გამო. როდესაც შვილები ირჩევენ საკუთარ კარიერას ან ქორწინდებიან, თუ კი ისინი აირჩევენ ისეთ კარიერას ან მეუღლეს, რომლებსაც მშობლები არ იღებენ, ისინი ეწინააღმდეგებიან შვილებს და იმედგაცრუებულნი რჩებიან. ეს ამტკიცებს, რომ მათი თავდადება თავიანთი შვილებისადმი იყო პირობითი. ისინი სიყვარულის სანაცვლოდ შვილებით ცდილობენ იმის მიღებას, რაც მათ

სურთ.

შვილების სიყვარული ჩვეულებრივ ნაკლებია, ვიდრე მშობლების. არსებობს კორეული ნათქვამი, „თუ კი მშობლები ავადმყოფობით იტანჯებიან დიდი ხნის განმავლობაში, შვილები მიატოვებენ მათ." თუ კი მშობლები ავად არიან და მოხუცებულნი და არ არსებობს გამოჯანმრთელების შანსი და თუ კი შვილებმა უნდა მოუარონ მათ, ისინი დიდ სირთულეს განიცდიან ასეთ სიტუაციაში. როდესაც ისინი პატარები არიან, ზოგჯერ მშობლებს ეუბნებიან კიდეც, „მე არ დავქორწინდები და ყოველთვის თქვენთან ერთად ვიცხოვრებ." მათ შეიძლება იფიქრონ კიდეც, რომ მთელი ცხოვრება მშობლებთან ერთად ცხოვრება უნდათ. მაგრამ როდესაც იზრდებიან, ისინი ინტერესს კარგავენ მშობლებში, რადგან დაკავებული ცხოვრება აქვთ. დღეს ადამიანების გულები მეტად გაშეშებულია ცოდვებისადმი და ბოროტება იმდენად არის გაბატონებული, რომ ზოგჯერ შვილები კლავენ მშობლებს ან მშობლები კლავენ საკუთარ შვილებს.

სიყვარული ქმარსა და ცოლს შორის

თავიდან, როდესაც ხვდებიან, ერთმანეთს ტკბილ სიტყვებს ეუბნებიან, „მე შენს გარეშე ვერ ვიცხოვრებ. მე შენ სამუდამოდ მეყვარები." მაგრამ რა ხდება ქორწინების შემდეგ? ისინი ბრაზდებიან საკუთარ მეუღლეზე და ამბობენ, „შენს გამო როგორც მინდა ისე ვერ ვცხოვრობ. შენ მე მომატყუე."

ისინი ერთმანეთისადმი სიყვარულს აღიარებდნენ, მაგრამ ქრონწინების შემდეგი ხშირად ახსენებენ დაშორებას

ან განქორწინებას მხოლოდ იმიტომ, რომ მათი ოჯახის წარსული, განათლება ან ხასიათები არ ემთხვევა ერთმანეთს. თუ კი საჭმელი ისეთი გემრიელი არ არის, როგორიც ქმარს სურს, იგი საყვედურს აძლევს თავის ცოლს, „რა საჭმელია ეს? სახლში საჭმელად არაფერი არ არის!" ასევე, თუ კი ქმარი საკმარის ფულს არ მოიტანს სახლში, ცოლი ჩივის ქმართან, „ჩემი მეგობრის ქმარი უკვე დაწინაურდა დირექტორად და მეორე კიდევ აღმასრულებელ დირექტორად... შენ როდის უნდა დაწინაურდე... და ჩემმა მეგობარმა უფრო დიდი სახლი იყიდა და სულ ახალი მანქანა და ჩვენ? როდის გვექნება უკეთესი რაღაცეები?"

კორეაში ოჯახური ძალადობის სტატისტიკაში, დაქორწინებული წყვილების თითქმის ნახევარი ძალადობას იყენებს თავიანთი მეუღლისადმი. მრავალი დაქორწინებული წყვილი კარგავს სიყვარულს და სძულდებათ ერთმანეთი და სულ ჩხუბობენ. ამჟამად, არსებობენ წყვილები, რომლებიც ერთმანეთს თაფლობის თვის დროს შორდებიან! ქორწინებიდან განქორწინებამდე დროის საშუალო ხანგრძლივობა უფრო და უფრო მცირდება. ისინი ფიქრობდნენ რომ ძალიან უყვარდათ თავიანთი მეუღლეები, მაგრამ ერთად ცხოვრებისას ისინი ერთმანეთში უარყოფით თვისებებს ხედავენ. რადგან მათი გემოვნება და აზროვნება ერთმანეთისგან განსხვავდება, ისინი გამუდმებით ჩხუბობენ ყველაფერზე. როდესაც ამას აკეთებენ, მათი ყველა ემოცია, რომლებიც ეგონათ რომ სიყვარული იყო, ქრება.

მაშინაც კი, თუ გარკვეული უსიამოვნება არ აქვთ, ისინი ეჩვევიან ერთმანეთს და პირველი სიყვარულის ემოცია

დროთა განმავლობაში ქრება. შემდეგ, ისინი იხედებიან სხვა მამაკაცებისკენ ან ქალებისკენ. ქმარი იმედგაცრუებულია, როდესაც ცოლი დილით აწეწილად გამოიყურება და როდესაც ასაკში შევა და წონაში მოიმატებს, მას იგი აღარ მოსწონს. სიყვარული დროთა განმავლობაში უნდა გაღრმავდეს, მაგრამ ხშირ შემთხვევაში ეს არ ხდება. საბოლოოდ, ცვლილებები მათში მხარს უჭერს იმ ფაქტს, რომ ეს სიყვარული იყო ხორციელი.

სიყვარული ძმებს შორის

დედმამიშვილები, რომლებსაც ერთი და იგივე მშობლები ჰყავთ და ერთად იზრდებიან, უფრო ახლოს უნდა იყვნენ ერთმანეთთან ვიდრე სხვა ადამიანები. ისინი ენდობიან ერთმანეთს და სიყვარული აქვთ ერთმანეთისადმი. მაგრამ ზოგ დედმამიშვილს შეჯიბრების გრძნობა აქვს და ძმების და დების შურს.

პირველმა შვილმა შეიძლება იგრძნოს, რომ მშობლების სიყვარული, რომელიც მას ჰქონდა, გადაეცა თავის უმცროს დედმამიშვილებს. მეორე შვილმა შეიძლება თავი არასტაბილურად იგრძნოს, რადგან დიდ ძმას ან დიდ დას ემორჩილებიან. იმ დედმამიშვილებმა, რომლებსაც უფროსი და უმცროსი და-ძმები ჰყავთ, შეიძლება არასტაბილურობაც იგრძნონ უფროსი და-ძმისადმი და დამძიმებულობაც, რადგან უმცროსებს უნდა დაუთმონ. მათ შეიძლება თავი მსხვერპლადაც იგრძნონ, რადგან მშობლებისგან ყურადღებას ვერ იღებენ. თუ კი დედმამიშვილები სათანადოდ არ გადალახავენ ამ ემოციებს, მათ შეიძლება ჰქონდეთ უხერხული ურთიერთობა ძმებთან და დებთან.

ადამიანთა მოდგმის ისტორიაში პირველი მკვლელობაც ძმებს შორის მოხდა. ეს გამოიწვია კაენის შურმა თავისი უმცროსი ძმის აბელისადმი. ადამიანთა მოდგმის ისტორიაში აქედან მოყოლებული, განუწყვეტელი ბრძოლებია ძმებსა და დებს შორის. იოსები თავის ძმებს სძულდათ და იგი ეგვიპტეს მონად მიჰყიდეს. დავითის ძემ, აბესალომმა საკუთარი ძმა მოაკვლევინა. დღეს მრავალი დედმამიშვილები ჩხუბობენ მათი მშობლების მემკვიდრეობის გამო. ისინი ერთმანეთის მტრები ხდებიან.

თუმცა არა ისე სერიოზულად, როგორც ზემოთ ხსენებულ შემთხვევებში, როდესაც ქორწინდებიან და საკუთარ ოჯახებს ქმნიან, ისინი ვეღარ აქცევენ საკუთარ და-ძმას ყურადღებას, როგორც ადრე. ექვს და-ძმაში მე ყველაზე უმცროსი ვიყავი. ჩემს უფროს და-ძმას ძალიან ვუყვარდი, მაგრამ როდესაც შვიდი წლის განმავლობაში ავად ვიყავი, სიტუაცუა შეიცვალა. მე მათთვის კიდევ უფრო დიდი ტვირთი გავხდი. გარკვეულწილად მათ სცადეს ჩემი განკურნება, მაგრამ როდესაც აღარაფრის იმედი აღარ ჩანდა, მათ დაიწყეს ზურგის შექცევა.

სიყვარული მოყვასებს შორის

კორეელ ხალხს აქვთ ასეთ გამოთქმა „მეზობელი დეიდაშვილები.“ ეს იმას ნიშნავს, რომ მოყვასები იმდენად ახლოს არიან, რამდენადაც ჩვენი ოჯახის წევრები. როდესაც ხალხი ძველად სასოფლო-სამეურნეო საქმიანობას ეწეოდნენ, მათთვის მეზობელი ძვირფასი ადამიანი იყო, რადგან ერთმანეთს ეხმარებოდნენ. მაგრამ ეს გამოთქმა უფრო და უფრო მცდარი ხდება. ახლანდელ დროში, ხალხი კარებს კეტავს მათი მეზობლების წინაშეც კი. ჩვენ მძიმე

უსაფრთხოების სისტემასაც კი ვიყენებთ. ხალხმა ისიც კი არ იცის, თუ ვინ ცხოვრობს მათ გვერდით.

მათ არ აინტერესებთ სხვები და არც აქვთ იმის ინტერესი, რომ გაიგონ თუ ვინ არიან მათი მეზობლები. ისინი მხოლოდ თავიანთ თავებზე ზრუნავენ და მხოლოდ უახლოესი ოჯახის წევრებისადმი, რომლებიც მნიშვნელოვანნი არიან მათთვის. ისინი არ ენდობიან ერთმანეთს. ასევე, თუ კი გრძნობენ, რომ მათი მეზობლები რაიმე უხერხულობას იწვევენ ან ზიანს აყენებენ მათ, უყოყმანოდ აძევებენ მათ ან ჩხუბს იწყებენ. დღეს მრავალი ადამიანია, რომლებიც მეზობლებს უმნიშვნელო საკითხებზე სასამართლო სამქეს უღძრავენ. იყო ერთი ადამიანი, რომელმაც დანა ჩაარჭო თავის მეზობელს ხმაურის გამო.

სიყვარული მეგობრებს შორის

შენ შეიძლება იფიქრო, რომ ერთ-ერთი მეგობარი ყოველთვის შენს მხარეს იქნება. მაგრამ, მაშინაც კი, თუ ვინმეს ასეთ მეგობრად თვლი, მან შეიძლება გიღალატოს და მიგატოვოს.

ზოგ შემთხვევაში ადამიანმა შეიძლება სთხოვოს თავის მეგობრებს, რომ ფული ასესხონ ან თავდებად ჩაუდგნენ, რადგან იგი გაკოტრების პირასაა. თუ კი მეგობრები უარს ეტყვიან, იგი იტყვის, რომ მათ უღალატეს და აღარ სურს მათი დანახვა. მაგრამ ვინ იქცევა აქ არასწორედ?

თუ შენ მართლა გიყვარს შენი მეგობარი, ამ მეგობარს შენ ზიანს არასოდეს მიაყენებ. თუ კი გაკოტრების პირას ხარ და შენი მეგობარი თავდებში ჩაგიდგება, რასაკვირველია შენი მეგობარი და მისი ოჯახის წევრები შენთან ერთად

დაიტანჯებიან. სიყვარულია ის, რომ შენი მეგობარი ასეთი რისკის ქვეშ ჩააყენო? ეს არ არის სიყვარული. მაგრამ დღეს, ასეთი რაღაცეები ხშირად ხდება. გარდა ამისა, ღმერთის სიტყვა გვიკრძალავს ფულის სესხებას ან გასესხებას ან ვინმესთვის თავდებად ჩადგომას. როდესაც ჩვენ ღმერთის ასეთ სიტყვებს დავემორჩილებით, ხშირ შემთხვევაში იქნება სატანის ქმედებები და ის ყველა ადამიანი, რომელიც ამ შემთხვევაშია გარეული, ზარალს ნახავს.

„შვილო თუ თავდებად დაუდგები შენს ახლობელს, ხელი ხელს დაჰკრავ უცხოს გულისთვის, მახეში ხარ გაბმული შენი ბაგის ნათქვამით, დაჭერილი ხარ შენი ბაგის ნათქვამით" (იგავნი 6:1-2).

„ნუ იქნები იმათთაგანი, ვინც ვალს იღებს და გადახდის პირობას დებს" (იგავნი 22:26).

ზოგი ადამიანი ჭკვიანურად იძენს მეგობარს იმის და მიხედვით, თუ რა სარგებელს მიიღებენ მისგან. ფაქტია, რომ დღეს ძალიან რთულია ისეთი ადამიანის პოვნა, რომელიც სიამოვნებით და ჭეშმარიტი სიყვარულით დაუთმობს დროს, ძალისხმევას და ფულს თავის მეზობლებს ან მეგობრებს.

ბავშვობიდან მოყოლებული ბევრი მეგობარი მყავდა. სანამ მორწმუნე გავხდებოდი, მეგობრებს შორის ერთგულებას ჩემს ცხოვრებად მივიჩნევდი. მეგონა, რომ ჩვენი მეგობრობა სამუდამოდ გაგრძელდებოდა. მაგრამ როდესაც ავად გავხდი, მე გავაცნობიერე, რომ ეს სიყვარული მეგობრებს შორის, შეიცვალა მათი საკუთარი

სარგებელის მიხედვით.

თავიდან, ჩემმა მეგობრებმა მოიძიეს კარგი ექიმები ან ხალხური საშუალებები და მომიტანეს, მაგრამ როდესაც არ გამოვჯანმრთელდი, მათ სათითაოდ მიმატოვეს. მოგვიანებით, ჩემი მეგობრები იყვნენ ისეთი ადამიანები, რომლებიც სვამდნენ და აზარტულ თამაშებს თამაშობდნენ. ეს მეგობრებიც კი იმიტომ არ მოდიოდნენ ჩემთან, რომ ვუყვარდი, არამედ იმიტომ, რომ დროის გასატარებელი ადგილი ჰქონოდათ. ხორციელ სიყვარულშიც კი ამბობენ, რომ ერთმანეთი უყვართ, მაგრამ ეს მალევე იცვლება.

რა კარგი იქნებოდა, თუ კი მშობლები და შვილები, ძმები და დები, მეგობრები და მეზობლები არასოდეს შეიცვლიდნენ ამ დამოკიდებულებას? თუ კი ასეთი შემთხვევაა, ეს იმას ნიშნავს, რომ მათ აქვთ სულიერი სიყვარული. მაგრამ უმეტეს შემთხვევაში, მათ არ აქვთ ეს სულიერი სიყვარული და ჭეშმარიტ კმაყოფილებას ვერ გრძნობენ. მათ სურს სიყვარული თავიანთი ოჯახის წევრებისგან და იმ ადამიანებისგან, რომლებიც მათ გარშემო არიან. მაგრამ თუ კი ასე გააგრძელებენ, სიყვარულისთვის კიდევ უფრო მწყურვალნი გახდებიდან.

ბლეიზ პასკალმა თქვა, რომ თითოეული ადამიანის გულში არის ღმერთის ფორმის მქონე სიცარიელე, რომელიც მხოლოდ ღმერთით, შემოქმედით შეივსება. ჩვენ ვერ შევიგრძნობთ ჭეშმარიტ კმაყოფილებას და დავიტანჯებით უაზროებით გარდა იმ შემთხვევისა, თუ კი ეს სიცარიელე შეივსება ღმერთის სიყვარულით. მაშინ, ეს იმას ნიშნავს, რომ ამ სამყაროში არ არსებობს სულიერი სიყვარული, რომელიც არასოდეს იცვლება? არა, ეს ასე არ არის. ეს ჩვეულებრივი რამ არ არის, მაგრამ სულიერი

სულიერი სიყვარულის შემოწმების გზები

არსებობენ ადამიანები, რომლებსაც შეცდომით სწამთ, რომ ღმერთი უყვართ. იმისათვის, რომ შევამოწმოთ, თუ რამდენად გვაქვს ჭეშმარიტი სულიერი სიყვარული გაშენებული და რამდენად გვიყვარს ღმერთი, ჩვენ უნდა განვიხილოთ ემოციები და ქმედებები, რომლებიც მაშინ გვქონდა, როდესაც სირთულეებს და გამოცდებს ვუმკლავდებოდით. ჩვენ შეგვიძლია საკუთარი თავები შევამოწმოთ, თუ რამდენად დავამუშავეთ ჭეშმარიტი სიყვარული, იმის შემოწმებით მართლა სიხარულით ვართ სავსენი თუ არა და მადლიერები ვართ თუ არა გულის სიღრმიდან, ჩვენ გამოდმებით მივჰყვებით ღმერთის ნებას.

თუ ჩვენ უკმაყოფილებას გამოვთქვამთ და გავბრაზდებით და ამქვეყნიურ მეთოდებს მივმართავთ და ხალხს მივენდობით, ეს იმას ნიშნავს, რომ ჩვენ არ გვაქვს სულიერი სიყვარული. ეს უბრალოდ ამტკიცებს, რომ ჩვენი ღმერთის ცოდნა არის უბრალოდ ცოდნა. ზუსტად როგორც ყალბი ბანკნოტი გამოიყურება როგორც ნამდვილი ფული, როდესაც სინამდვილეში უბრალო ფურცელია, სიყვარული, რომელიც მხოლოდ ცოდნაშია ცნობილი, არ არის ჭეშმარიტი სიყვარული. ამას არავითარი ფასი არ აქვს. თუ ჩვენი უფლისადმი სიყვარული არ შეიცვლება და თუ ჩვენ ნებისმიერ სიტუაციასა და გაჭირვებაში ღმერთს მივენდობით, მაშინ შეგვიძლია ვთქვათ, რომ ჭეშმარიტი სიყვარული გავაშენეთ, რომელიც სულიერი სიყვარულია.

სიყვარული უდავოდ არსებობს. 1 კორინთელთა 13 ნათლად გვეუბნება ჭეშმარიტი სიყვარულის შესახებ.

„სიყვარული სულგრძელია და კეთილმოწყალე; სიყვარულს არ შურს, არ ქედმაღლობს, არ ზვაობს; არ უკეთურობს, არ ეძებს თავისას, არ მრისხანებს, არ იზრახავს ბოროტს; არ შეჰხარის უსამართლობას, არამედ ჭეშმარიტებით ხარობს; ყველაფერს იტანს, ყველაფერი სწამს, ყველაფრის იმედი აქვს, ყველაფერს ითმენს“ (1 კორინთელთა 13:4-7).

ღმერთი ასეთ სიყვარულს ეძახის სულიერ და ჭეშმარიტ სიყვარულს. თუ ჩვენ ვიცით ღმერთის სიყვარული და ჭეშმარიტებით შევიცვლებით, ჩვენ შევძლებთ სულიერი სიყვარულის ქონას. დაე გვქონდეს სულიერი სიყვარული, რომლითაც მთელი გულით და უცვლელი დამოკიდებულებით გვეყვარება ერთმანეთი.

„ჯერჯერობით კი ეს სამია: სარწმუნოება, სასოება და სიყვარული; ხოლო ამათში უმეტესი სიყვარულია."

1 კორინთელთა 13:13

ნაწილი 2
სიყვარული, როგორც სიყვარულის თავში

თავი 1 სიყვარული, რომელიც ღმერთს სურს

თავი 2 სიყვარულის მახასიათებლები

თავი 3 სრულყოფილი სიყვარული

სიყვარული, რომელიც ღმერთს სურს

„კაცთა და ანგელოზთა ენებზეც რომ ვმეტყველებდე, სიყვარული თუ არა მაქვს, მხოლოდ რვალი ვარ მოჟღრიალე, მხოლოდ წკრიალა წინწილი. წინასწარმეტყველების მადლიც რომ მქონდეს, ვიცოდე ყველა საიდუმლო და მქონდეს მთელი რწმენა, ისე, რომ მთების დაძვრაც შემეძლოს, სიყვარული თუ არა მაქვს, არარა ვარ. მთელი ჩემი ქონება რომ გავიღო გლახაკთათვის და დასაწვავად მივცე ჩემი სხეული, სიყვარული თუ არა მაქვს, არას მარგია."
1 კორინთელთა 13:1-3

შემდეგი არის ინციდენტი, რომელიც მოხდა ობოლთა თავშესაფარში სამხრეთ აფრიკაში. ბავშვები სათითაოდ ავად გახდნენ და რაოდენობაც გაიზარდა. მაგრამ ვერ პოულობდნენ მათი ავადმყოფობის მიზეზს. ობოლთა თავშესაფარმა მოიწვია ცნობილი ექიმები მათთვის დიაგნოზის დასმისთვის. სრულყოფილი გამოკვლევის შემდეგ, ექიმებმა თქვეს, „როდესაც ღვიძავთ, ათი წუთის განმავლობაში ბავშვებს ჩაეხუტეთ და მათდამი სიყვარული გამოხატეთ."

მათ გასაკვირად, ავადმყოფობამ დაიწყო გაქრობა. ეს იმიტომ, რომ თბილი სიყვარული იყო ის, რაც ბავშვებს ყველაზე მეტად სჭირდებოდათ. მიუხედავად იმისა, რომ ჩვენ არ გვჭირდება საცხოვრებელ ხარჯებზე ნერვიულობა და სიუხვეში ვცხოვრობთ, სიყვარულის გარეშე ჩვენ ვერ გვექნება სიცოცხლის იმედი ან ცხოვრების სურვილი. შეიძლება ითქვას, რომ ჩვენს ცხოვრებაში სიყვარული ყველაზე მნიშვნელოვანი ფაქტორია.

სულიერი სიყვარულის მნიშვნელობა

1 კორინთელთა მეცამეტე თავი, რომელსაც ეწოდება სიყვარულის თავი, ჯერ ხაზს უსვამს სიყვარულის მნიშვნელობას სანამ დეტალურად განმარტავდეს სულიერ სიყვარულს. ეს იმიტომ, რომ კაცთა და ანგელოზთა ენებზეც რომ ვმეტყველებდე, სიყვარული თუ არა მაქვს, მხოლოდ რვალი ვარ მოჟღრიალე, მხოლოდ წკრიალა წინწილი.

„კაცთა ენები" არ გულისხმობს ენებზე ლაპარაკს, როგორც სული წმინდის ერთ-ერთ საჩუქარს. ეს გულისხმობს ადამიანთა ყველა ენას, როგორიც არის ინგლისური, იაპონური, ფრანგული, რუსული და ასე შემდეგ. ცივილიზაცია და ცოდნა სისტემიზირებულია და გადმოიცემა ენებით და ამგვარად ჩვენ შეგვიძლია ვთქვათ,

რომ ენის ძალა დიდია. ენით ჩვენ ასევე შეგვიძლია ემოციების და აზრების გამოხატვა, რათა დავარწმუნოთ სხვა ან გული ავუჩუყოთ სხვა ადამიანებს. კაცთა ენებს აქვთ ძალა ადამიანებზე ზეგავლენა მოახდინონ და ძალა, რომ მრავალ რამეს მიაღწიონ.

„ანგელოზთა ენები" გულისხმობს ლამაზ სიტყვებს. ანგელოზები არიან სულიერი არსებები და ისინი წარმოადგენენ „სილამაზეს". როდესაც სხვა ადამიანები ლამაზი სიტყვებით და ხმით საუბრობენ, ხალხი მათ ახასიათებენ, როგორც ანგელოზებრივს. მაგრამ ღმერთი ამბობს, რომ ადამიანთა მჭერმეტყველი სიტყვებიც ან ანგელოზებრივი ლამაზი სიტყვებიც კი მოჟღრიალე რვალია ან წკრიალა წინწილი სიყვარულის გარეშე (1 კორინთელთა 13:1).

სინამდვილეში, მძიმე, მყარი ფოლადი ან სპილენძი არ გამოსცემს დიდ ხმას, როდესაც რაიმე ურტყამს. თუ კი სპილენძი ხმას გამოსცემს, ეს იმას ნიშნავს, რომ შიგნით სიცარიელეა ან წვრილი და მსუბუქია. თეფშები ხმამაღალ ხმას გამოსცემენ, რადგან წვრილი თითბერის ნაწილით არის გაკეთებული. იგივეა ადამიანებშიც. ჩვენ ხორბლის ღირებულება მაშინ გვაქვს, როდესაც ღმერთის ჭეშმარიტი შვილები გავხდებით ჩვენი გულების სიყვარულით ავსებით. პირიქით, ის ადამიანები, რომლებსაც არ აქვთ სიყვარული, გამოფიტული ჩალასავით არიან. რატომ არის ეს ასე?

1 იოანე 4:7-8-ში წერია, „საყვარელნო, გვიყვარდეს ერთმანეთი, რადგანაც სიყვარული ღვთისაგან არის; ვისაც უყვარს, ღვთისგანაა შობილი და იცნობს ღმერთს. ვისაც არ უყვარს, ვერ შეუცვნია ღმერთი, რადგანაც ღმერთი სიყვარულია." სახელდობრ, ამ ადამიანებს, რომლებსაც არ უყვართ, არაფერი ესაქმებათ ღმერთთან და არიან

ჩალასავით, რომელსაც მარცვალი არ აქვს.

ასეთი ადამიანების სიტყვები არაფრად არ ღირს, მაშინაც კი, თუ მათი სიტყვები ლამაზი და მჭერმეტყველია, რადგან მათ არ შეუძლიათ სხვებს ჭეშმარიტი სიყვარული ან სიცოცხლე მისცენ. ისინი მხოლოდ დისკომფორტს იწვევენ სხვა ადამიანებთან როგორც მოჟღრიალე რვალია ან წკრიალა წინწილი, რადგან ისინი არიან მსუბუქები და ცარიელები. მეორეს მხრივ, სიტყვები, რომლებშიც სიყვარულია, აქვთ სიცოცხლის მიცემის გასაოცარი ძალა. ასეთი მტკიცებულება შეგვიძლია იესოს ცხოვრებაში ვიპოვნოთ.

ნამდვილი სიყვარული იძლევა სიცოცხლეს

ერთ დღეს იესო ასწავლიდა ტაძარში და წიგნიერებმა და ფარისევლებმა მიუყვანეს ქალი. მათ იგი მრუშობის დროს დაიჭირეს. სულ პატარა ნუგეშის ცემის გრძნობასაც კი ვერ იპოვნიდით მწიგნიერებში და ფარისევლებში, რომლებმაც ქალი მიიყვანეს.

„და უთხრეს იესოს: მოძღვარო, ეს ქალი მრუშობისას შევიპყარით; მოსემ კი რჯულში გვამცნო ამნაირების ჩაქოლვა; შენ რაღას იტყვი?" (იოანე 8:4-5)

რჯული ისრაელში არის ღმერთის სიტყვა და რჯული. მასში არის წინადადება, რომელიც ამბობს, რომ მრუშები ქვებით უნდა ჩაიქოლონ. თუ კი იესო იტყოდა, რომ რჯულის მიხედვით ქალი უნდა ჩაექოლათ, ეს იმას ნიშნავდა, რომ იგი საკუთარ სიტყვებს ეწინააღმდეგებოდა, რადგან იგი ხალხს ასწავლიდა, რომ საკუთარი მტრებიც კი უნდა ჰყვაროდათ. და თუ კი იტყოდა, რომ მისთვის უნდა მიეტევათ, მაშინ ეს აშკარად რჯულის წაბილწვა იქნებოდა. ეს იყო ღმერთის სიტყვის წინაშე დადგომა.

მწიგნობრები და ფარისევლები საკუთარი თავებით ამაყობდნენ, ფიქრობდნენ, რომ ახლა იესოს დამარცხების შანსი ჰქონდათ. რადგან მან კარგად იცოდა მათი გულები, იესო დაიხარა და თითი მიწაზე რაღაც დაწერა. შემდეგ იგი ადგა და უთხრა მათ, „ვინც თქვენს შორის უცოდველია, პირველად იმან ესროლოს ქვა" (იოანე 8:7).

როდესაც იესო კიდევ ერთხელ დაიხარა და თითით მიწაზე დაწერა, ხალხმა სათითაოდ დაიწყო წასვლა და ბოლოს იესო და ქალიღა დარჩენილიყვნენ. იესომ გადაარჩინა ეს ქალი რჯულის წაბილწვის გარეშე.

გარედან, რასაც მწიგნობრები და ფარისევლები ამბობდნენ არ იყო არასწორი, რადგან ისინი უბრალოდ იმას აცხადებდნენ, რასაც ღმერთის რჯული ამბობდა. მაგრამ მოტივი მათ სიტყვებში ძალიან განსხვავდება იესოს სიტყვებისაგან. ისინი ცდილობდნენ სხვებისთვის ზიანის მიყენებას, როდესაც იესო ცდილობდა სულების გადარჩენას.

თუ იესოს ნაირი გული გვაქვს, ჩვენ ვილოცებთ იმაზე, თუ როგორი სიტყვები მისცემს სხვებს ძალას და წარუძღვება მათ ჭეშმარიტებისაკენ. ჩვენ ვეცდებით თითოეული სიტყვით სიცოცხლე გავცეთ. ზოგი ადამიანი ღმერთის სიტყვით ადამიანების დარწმუნებას ცდილობს ან ცდილობენ ადამიანებს ქცევა გაუსწორონ მათი ნაკლების და შეცდომების აღნიშვნით, რომლებიც მათი აზრით არ არის სწორი. მაშინაც კი, თუ ასეთი სიტყვები სწორია, მათ არ შეუძლიათ შეცვალონ სხვა ადამიანები ან სიცოცხლე მისცენ მათ, თუ კი სიტყვებს სიყვარულით არ წარმოსთქმავენ.

ამგვარად, ჩვენ ყოველთვის უნდა შევამოწმოთ ჩვენი თავები ვლაპარაკობთ თუ არა თვით-სამართლიანობით და საკუთარი აზრებით, თუ სიყვარულით, რათა სხვებს სიცოცხლე მივცეთ. სიტყვას, რომელშიც სულიერი

28

სიყვარული: რჯულის აღსრულება

სიყვარულია, შეუძლია გახდეს სიცოცხლის წყალი სულების წყურვილის მოსაკლავად.

სიყვარული თავგანწირვის ქმედებებით

ჩვეულებრივ „წინასწარმეტყველება" ნიშნავს მომავალ შემთხვევებზე ლაპარაკს. ბიბლიური გაგებით ეს არის ღმერთის გულის მიღება სული წმინდის შთაგონებით კონკრეტული მიზნით და მომავალ შემთხვევებზე ლაპარაკი. წინასწარმეტყველება არ არის რაღაც, რისი გაკეთებაც ადამიანის ნებით ხდება. 2 პეტრე 1:21-ში წერია, „რადგანაც წინასწარმეტყველება არასოდეს კაცის ნებით არ წარმოთქმულა, არამედ სული წმიდის კარნახით წარმოსთქვამდნენ მას ღვთის წმიდა კაცნი." ეს წინასწარმეტყველების ნიჭი შემთხვევით არ ეძლევა უბრალოდ ვიღაცას. ღმერთი ამ ნიჭს არ აძლევს ადამიანს, რომელიც არ არის კურთხეული, რადგან იგი შეიძლება გახდეს ამპარტავანი.

„წინასწარმეტყველების ნიჭი", როგორც როგორც სიყვარულის თავში, არ არის ნიჭი, რომელიც გადაეცემა რამდენიმე განსაკუთრებულ ადამიანს. ეს იმას ნიშნავს, რომ ნებისმიერ ადამიანს, რომელსაც იესო ქრისტესი სწამს და ჭეშმარიტებაში ცხოვრობს, შეუძლია მომავლის წინასწარ დანახვა. სახელდობრ, როდესაც უფალი ცაში დაბრუნდება, გადარჩენილები ავლენ ჰაერში და მონაწილეობას მიიღებენ შვიდ წლიან საქორწინო წვეულებაში, როდესაც ის ადამიანები, რომლებიც არ იხსნენ, დაიტანჯებიან შვიდ წლიან დიდ ჭირში დედამიწაზე და ჩავარდებიან ჯოჯოხეთში დიდი თეთრი ტახტის განაჩენის შემდეგ. მაგრამ მიუხედავად იმისა, რომ ღმერთის ყველა შვილს აქვს წინასწარმეტყველების ნიჭი, ყოველ მათგანს არ აქვს

სულიერი სიყვარული. ბოლოს და ბოლოს, თუ მათ არ აქვთ სულიერი სიყვარული, ისინი შეიცვლიან დამოკიდებულებას და გაჰყვებიან საკუთარ უპირატესობას და ამგვარად წინასწარმეტყველების ნიჭი არაფერის მიუტანს მათ. თვითონ ნიჭს არ შეუძლია სიყვარულის წარმოება ან გადამეტება.

„სიშლეგე" აქ გულისხმობს საიდუმლოებას, რომელიც დროის დაწყებამდე იყო დამალული და რომელიც ჯვრის სიტყვაა (1 კორინთელთა 1:18). ჯვრის სიტყვა არის ადამიანთა მოდგმის გაშენების განგება, რომელიც ღმერთმა შექმნა დროის დასაწყისამდე. ღმერთმა იცოდა, რომ ადამიანები ჩაიდენდნენ ცოდვებს და სიკვდილის გზას დაადგებოდნენ. ამ მიზეზის გამო, მან მოამზადა იესო ქრისტე, რომელიც გახდებოდა ხსნელი. სანამ ეს განგება აღსრულდებოდა, ღმერთი ამას საიდუმლოდ ინახავდა. რატომ გააკეთა მან ეს? თუ კი ხსნის გზა ცნობილი იქნებოდა, მაშინ ვერ აღსრულდებოდა ეშმაკის დაბრკოლებების გამო (1 კორინთელთა 2:6-8). ეშმაკი ფიქრობდა, რომ თუ კი იესოს მოკლავდა, სამუდამოდ ექნებოდა ის ძალაუფლება, რომელიც ადამისგან მიიღო. მაგრამ, ხსნის გზა იმიტომ გაიღო, რომ მან წააქეზა ბოროტი ადამიანები და იესო მოაკვლევინა! თუმცა, მიუხედავად იმისა, რომ ჩვენ ვიცით ასეთი დიდი საიდუმლოება, ასეთი ცოდნის ქონა არაფერ სარგებელს არ გვაძლევს თუ კი სულიერი სიყვარული არ გვაქვს.

იგივეა ცოდნაზეც. აქ ტერმინი „ყველა ცოდნა" არ გულისხმობს აკადემიურ სწავლებას. ეს ნიშნავს ღმერთის და ჭეშმარიტების ცოდნა, რომელიც ბიბლიის 66 წიგნშია. როდესაც ბიბლიიდან ღმერთის შესახებ შევისწავლით, ჩვენ ასევე უნდა შევხვდეთ მას და გამოვცადოთ და ვირწმუნოთ იგი მთელი გულით. სხვაგვარად, ღმერთის სიტყვის ცოდნა

დარჩება როგორც ცოდნის ნაწილი ჩვენს თავში. ჩვენ შეიძლება გამოვიყენოთ კიდეც ეს ცოდნა უსარგებლო გზით, მაგალითად სხვა ადამიანების განკიცხვაში. ამგვარად, ცოდნა სულიერი სიყვარულის გარეშე არაფერ სარგებელს არ გვაძლევს.

რა მოხდება, თუ კი ისეთი რწმენა გვაქვს, რომელსაც მთის დაძვრა შეუძლია? დიდი რწმენის ქონა არ ნიშნავს დიდი სიყვარულის ქონას. მაშინ ზუსტად რატომ არ ემთხვევა რწმენის მოცულობა სიყვარულის მოცულობას? რწმენის გაზრდა შესაძლებელია ნიშნებით და სასწაულებით და ღმერთის სამუშაოებით. პეტრემ იესოს მიერ მოხდენილი მრავალი ნიშანი და სასწაული ნახა და ამ მიზეზის გამო მანაც შეძლო წყალზე გავლა, როდესაც იესომ გაიარა წყალზე. მაგრამ იმ დროს პეტრეს არ ჰქონდა სულიერი სიყვარული, რადგან ჯერ სული წმინდა მიღებული არ ჰქონდა. მას არც გული ჰქონდა წინდაცვეთილი ცოდვების განდევნით. ამიტომ, მოგვიანებით, როდესაც მის სიცოცხლეს საფრთხე ემუქრებოდა, მან იესო სამჯერ უარჰყო.

ჩვენ გვესმის, თუ რატომ იზრდება ჩვენი რწმენა გამოცდილებით, მაგრამ სულიერი სიყვარული მაშინ მოდის ჩვენს გულებში, როდესაც ცოდვების განდევნისთვის გვაქვს ძალისხმევები და თავდადება. მაგრამ ეს იმას არ ნიშნავს, რომ არ არსებობს პირდაპირი ურთიერთობა სულიერ რწმენასა და სიყვარულს შორის. ჩვენ შეგვიძლია ვცადოთ ცოდვების განდევნა და ვცადოთ ღმერთის და სულების სიყვარული, რადგან ჩვენ გვაქვს რწმენა. მაგრამ ქმედებების გარეშე, რომ უფალს დავემსგავსოთ და ჭეშმარიტი სიყვარული მოვიპოვოთ, ჩვენი ღმერთის სამეფოსადმი სამუშაოებს არაფერი ესაქმებათ ღმერთთან, არ აქვს მნიშვნელობა რამდენად ვეცდებით ერთგულები ვიქნებით. ზუსტად ისე იქნება, როგორც იესომ თქვა, „და მაშინ ვეტყვი

მათ: არასოდეს მიცვნიხართ თქვენ: გამშორდით, ურჯულოების მოქმედნო“ (მათე 7:23).

სიყვარული, რომელსაც მოაქვს ზეციური ჯილდოები

ჩვეულებრივ, წლის დასასრულისაკენ, მრავალი ორგანიზაცია და ინდივიდუალური პირი წირავს ფულს რადიომაუწყებლობის ან გაზეთის კომპანიებს, რომ გაჭირვებულებს დაეხმარონ. რა მოხდება, თუ კი მათ სახელებს არ ახსენებენ რადიოგადაცემაში ან გაზეთში? შანსია, რომ აღარ იქნება მრავალი კომპანია და ინდივიდუალური პირი, რომლებიც კიდევ შესწირავენ ფულს.

იესომ თქვა მათე 6:1-2-ში, „ეკრძალეთ სიმართლის ქმნას კაცთა წინაშე, მათ დასანახად; თორემ ვერ მიიღებთ საზღაურს თქვენი ზეციერი მამისგან. და როცა გასცემ მოწყალებას, ნუ აყვირებ შენს წინაშე ბუკ-ნაღარას, როგორც იქცევიან თვალთმაქცნი სინაგოგებსა თუ ქუჩაბანდებში, რათა განადიდოს ისინი ხალხმა. ჭეშმარიტად გეუბნებით თქვენ: უკვე მიიღეს თავიანთი საზღაური.“ თუ კი ჩვენ სხვებს დავეხმარებით, რომ ღირსება მივიღოთ ადამიანებისგან, ჩვენ შეიძლება ღირსეულად ჩავითვალოთ იმ მომენტში, მაგრამ ღმერთისგან ვერანაირ ჯილდოს ვერ მივიღებთ.

ეს გაცემა არის მხოლოდ საკუთარი თავის დაკმაყოფილება ან რომ ამით ვიამაყოთ. თუ კი ადამიანი საქველმოქმედო საქმიანობას ეწევა მხოლოდ ფორმალობით, მისი გული უფრო მაღლა და მაღლა აიწევა, როდესაც უფრო და უფრო მრავალ დიდებას მიიღებს. თუ კი ღმერთი აკურთხებს ასეთ ადამიანს, მან შეიძლება საკუთარი თავი სათანადოდ ჩათვალოს ღმერთის თვალში. მაშინ, იგი წინ არ დაცვეთს საკუთარ გულს და ეს მხოლოდ

მავნებელია მისთვის. თუ შენ საქველმოქმედო საქმიანობას ეწევი სიყვარულით შენი მეზობლებისადმი, შენ არ დაგაინტერესებდა ის, რომ სხვა ადამიანები ამას ხედავენ თუ არა. ეს იმიტომ, რომ შენ გწამს რომ მამა ღმერთი, რომელიც ხედავს რასაც შენ ჩუმად აკეთებს, დაგაჯილდოებს (მათე 6:3-4).

საქველმოქმედო სამუშაოები უფალში არ არის მხოლოდ სიცოცხლისთვის საჭირო ძირითადი საჭიროებების მომარაგება, როგორიც არის ტანსაცმელი, საკვები და სახლით უზრუნველყოფა. ეს არის სულიერი პურის მომარაგების შესახებ, რომ სული გადაარჩინო. დღეს, არიან ისინი უფალში მორწმუნეები თუ არა, მრავალი ადამიანი ამბობს, რომ ეკლესიის როლი არის ავადმყოფების და გაჭირვებულების დახმარება. რა თქმა უნდა ეს არ არის არასწორი, მაგრამ ეკლესიის პირველი მოვალეობები არის სახარების ქადაგება და სულების გადარჩენა, რათა მათ სულიერი სიმშვიდე მიიღონ. საქველმოქმედო სამუშაოების ძირითადი მიზნები არის ეს.

ამგვარად, როდესაც სხვებს ვეხმარებით, ძალიან მნიშვნელოვანია, რომ სწორად გავაკეთოთ საქველმოქმედო სამუშაო სული წმინდის წინამძღოლობის მიღებით. თუ კი ადამიანს არასწორი დახმარება მიეცემა, ამ ადამიანისთვის შეიძლება კიდევ უფრო ადვილი იყოს, რომ უფრო მეტად ჩამოშორდეს ღმერთს. უარეს შემთხვევაში, ამან შეიძლება იგი სიკვდილის გზაზეც კი დააყენოს. მაგალითად, თუ ჩვენ დავეხმარებით ისეთ ადამიანებს, რომლებიც გაღარიბდნენ გადაჭარბებული სმის და აზარტული თამაშების გამო ან რომლებიც გაჭირვებაში არიან, რადგან ღმერთის წინააღმდეგ წავიდნენ, მაშინ დახმარება გამოიწვევს მათ კიდევ უფრო არასწორი გზისკენ წასვლას. რა თქმა უნდა ეს იმასაც არ ნიშნავს, რომ ჩვენ არ უნდა დავეხმაროთ

ურწმუნოებს. ჩვენ ურწმუნოებს ღმერთის სიყვარულის მიცემით უნდა დავეხმაროთ. თუმცა, არ უნდა დაგვავიწყდეს, რომ საქველმოქმედო სამუშაოების მთავარი მიზანი არის სახარების გავრცელება.

ახალი მორწმუნეების შემთხვევაში, რომლებსაც სუსტი რწმენა აქვთ, აუცილებელია, რომ ჩვენ გავაძლიეროთ ისინი სანამ მათი რწმენა გაიზრდება. ზოგჯერ იმ ადამიანებშიც კი, რომლებსაც რწმენა აქვთ, არიან ისეთებიც, რომლებსაც აქვთ თანდაყოლილი ნაკლი ან დაავადებები და რომლებსაც უბედური შემთხვევა გადახდათ და არ შეუძლიათ მუშაობა. ასევე არიან მოხუცები, რომლებიც მარტო ცხოვრობენ ან ბავშვები, რომლებსაც ოჯახის შენახვა უწევთ, რადგან მშობლები არ ჰყავთ. ასეთ ადამიანებს შეიძლება სჭირდებოდეთ საქველმოქმედო სამუშაოები. თუ ჩვენ ამ ადამიანებს დავეხმარებით, ღმერთიააყვავებს ჩვენს სულებს და ყველაფერი კარგად იქნება ჩვენს ცხოვრებაში.

საქმენი 10-ში, კორნელიოსი არის ადამიანი, რომელმაც მიიღო კურთხევა. კორნელიოსს ღმერთის შიში ჰქონდა და ხშირად ეხმარებოდა ებრაელებს. იგი იყო ასისთავი, ისრაელის მმართველი არმიის მაღალი რანგის ოფიცერი. ასეთ სიტუაციაში მისთვის რთული იქნებოდა დახმარებოდა ადგილობრივ ადამიანებს. ებრაელები და მისი კოლეგებიც ალბათ ფრთხილად აკვირდებოდნენ თუ რას აკეთებდა იგი. მაგრამ, რადგან ღმერთის შიში ჰქონდა, მას არ შეუწყვიტავს კეთილი და საქველმოქმედო საქმიანობები. ღმერთმა დაინახა მისი ქმედებები და მასთან გაგზავნა პეტრე, რათა მთელ მის ოჯახს და მის სახლში მყოფ ადამიანებს მიეღოთ სული წმინდა და ხსნა.

სულიერი სიყვარულით არა მარტო საქველმოქმედო საქმიანობები უნდა შესრულდეს, არამედ ღმერთისთვის შეწირვებიც. მარკოზი 12-ში ჩვენ ვკითხულობთ ქვრივი

ქალის შესახებ, რომელსაც იესო ადიდებდა, რადგან მან მთელი გულით გააკეთა შესაწირი. მან გასცა ორი სპილენძის ფული, რაც ყველაფერი იყო რაც კი მას გააჩნდა. მაშინ, რატომ უბრძანა მას იესომ? მატე 6:21-ში წერია, „ვინაიდან სადაც არის საუნჯე თქვენი, იქვე იქნება გული თქვენი." როგორც ნათქვამია, როდესაც ქვრივმა ყველაფერი გასცა, ეს იმას ნიშნავს, რომ მთელი მისი გული ღმერთისკენ იყო. ეს იყო მისი ღმერთისადმი სიყვარულის გამოხატვა. ამის საპირისპიროდ, უხალისოდ გაცემული შესაწირები ღმერთს არ სიამოვნებს. მაშასადამე, ასეთ შესაწირებს სარგებელი არ მოაქვს გამცემისთვის.

მოდით ახლა თავგანწირვაზე ვისაუბროთ. „დასაწვავად მივცე ჩემი სხეული" აქ ნიშნავს „საკუთარი თავის მთლიანად გაწირვა." ჩვეულებრივ შესაწირები ხდება სიყვარულით, მაგრამ შეიძლება გაკეთდეს ცარიელი სიყვარულით. მაშინ რა არის შესაწირები, რომლებიც სიყვარულის გარეშე კეთდება?

სხვადასხვა რაღაცეებზე ჩივილი ღმერთის სამუშაოს შესრულების შემდეგ არის სიყვარულის გარეშე შესაწირის გაკეთების მაგალითი. ეს არის მაშინ, როდესაც მთელი ძალა, დრო და ფული დახარჯე ღმერთის სამუშაოებზე, მაგრამ არავინ ხედავს ამას და არავინ აღიარებს და მაშინ შენ თავს ნაღვლიანად გრძნობ და ამაზე ჩივილს იწყებ. ეს არის მაშინ, როდესაც შენ ხედავ შენს კოლეგებს და გრძნობ, რომ ისინი არ არიან შენსავით ბეჯითები მიუხედავად იმისა, რომ აცხადებენ რომ ღმერთის და უფალი უყვართ. შენ შეიძლება გაიფიქრო კიდევაც რომ ისინი ზარმაცები არიან. საბოლოოდ ეს არის შენი მათი განკიცხვა და განსჯა. ამ დამოკიდებულებით, შენ ფარულად გსურს, რომ სხვებს შეატყობინო შენი დამსახურებები, რათა მათგან ქება მიიღო

და შენი ერთგულებით იტრაბახო. ასეთმა შესაწირმა შეიძლება სიმშვიდე დაარღვიოს ადამიანებს შორის და ღმერთის მწუხარება გამოიწვიოს. ასე არ მოაქვს სარგებელი სიყვარულის გარეშე გაკეთებულ შესაწირს.

შენ შეიძლება სიტყვებით არ გამოხატო უკმაყოფილება, მაგრამ თუ კი არავინ არ მოიწონებს შენს ერთგულ სამუშაოებს, შენ სიმამაცეს მოკლებული იქნები და იფიქრებ, რომ არაფერს არ წარმოადგენ და შენი უფლისადმი თავდადება გაცივდება. თუ კი ვინმე აღნიშნავს სუსტ წერტილს შენს გაკეთებულ საქმიანობაში, რომელიც საკუთარი თავგანწირვით შეასრულე, შენ შეიძლება დაკარგო გული და დააბრალო იმ ადამიანებს, რომლებიც გაკრიტიკებდნენ. როდესაც სხვა ადამიანი შენზე მეტ ნაყოფს ისხამს და მას უფრო მეტად ადიდებენ, შენ ეჭვიანობას იწყებ და მისი გშურს. შემდეგ, არ აქვს მნიშვნელობა როგორი ერთგული და გულმოდგინე იყავი, შენს გარეშე ჭეშმარიტ სიხარულს ვერ მიიღებ. შენ შეიძლება დანებდე კიდეც შენს მოვალეობებს.

ასევე არსებობენ ისეთი ადამიანებიც, რომლებიც მხოლოდ მაშინ ასრულებენ ყველაფერს გულმოდგინეთ, როდესაც სხვები უყურებენ. როდესაც ვერავინ ვერ ხედავს მათ, ისინი ხდებიან ზარმაცები და არასწორად აკეთებენ სამუშაოს. ისინი ცდილობენ მხოლოდ ისეთი სამუშაოს შესრულებას, რომელიც სხვებისთვის უაღრესად შესამჩნევია. ეს იმიტომ ხდება, რომ მათ სურთ საკუთარი თავი გამოამჟღავნონ უფროსებთან და სხვა მრავალ ადამიანთან და რომ მათგან ქება-დიდება მიიღონ.

ამგვარად, თუ კი ადამიანს აქვს რწმენა, როგორ შეუძლია მას თავგანწირვა სიყვარულის გარეშე გააკეთოს? ეს იმიტომ, რომ მათ აქვთ სულიერი სიყვარულის უკმარისობა. მათ არ აქვთ მფლობელობის გრძნობა, გულში სწამთ, რომ

36

სიყვარული: რჯულის აღსრულება

ყველაფერი რაც ღმერთისაა არის მათი და რაც ყველაფერი რაც მათია, ღმერთისაა.

მაგალითად, შეადარეთ სიტუაციები, რომელშიც ერთი ფერმერი მუშაობს საკუთარ მიწაზე და ღარიბი გლეხი მუშაობს სხვის მიწაზე ფულის გამო. როდესაც ფერმერი საკუთარ მიწაზე მუშაობს, იგი ხალისიანად შრომობს დილიდან საღამომდე. იგი არაფერს არ ტოვებს, ყველაფერს ასრულებს და შეცდომის გარეშე ასრულებს მთელს სამუშაოს. მაგრამ როდესაც დაქირავებული მუშა მუშაობს მიწაზე, რომელიც სხვას ეკუთვნის, იგი მთელი ძალისხმევით არ ასრულებს სამუშაოდ და სამაგიეროდ ნატრობს, რომ მზე მალე ჩავიდეს, რათა ხელფასი მიიღოს და სახლში დაბრუნდეს. ასევე ანალოგიური პრინციპი ეხება ღმერთის სამეფოს. თუ კი ადამიანებს გულში არ აქვთ ღმერთის სიყვარული, ისინი მისთვის ზედაპირულად იმუშავებენ, როგორც დაქირავებული ხელი, რომელსაც მხოლოდ ხელფასი სურს. ისინი ამოიოხრებენ და უკმაყოფილებას გამოთქვამენ, თუ კი ხელფასს არ მიიღებენ.

ზუსტად ამიტომ კოლასელთა 3:23-24-ში წერია, „ყველაფერი, რასაც აკეთებთ, გულით აკეთეთ, როგორც ღვთისათვის და არა კაცთათვის. იცოდეთ, რომ უფლისგან საზღაურად მიიღებთ მემკვიდრეობას, ვინაიდან უფალ იესოს ემსახურებით." სხვებისთვის დახმარების გაწევას და სიყვარულის გარეშე თავგანწირვას, არაფერი ესაქმება ღმერთთან, რაც იმას ნიშნავს, რომ ჩვენ ღმერთისგან ჯილდოს ვერ მივიღებთ (მათე 6:2).

თუ გვსურს, რომ ჭეშმარიტი გულით გავაკეთოთ შესაწირი, ჩვენ გულში უნდა გვქონდეს სულიერი სიყვარული. თუ ჩვენი გული ჭეშმარიტი სიყვარულით არის სავსე, შეგვიძლია გავაგრძელოთ უფლისთვის ჩვენი სიცოცხლის მიძღვნა, მიუხედავად იმისა სხვები ამას

ხედავენ თუ არა. ზუსტად როგორც სანთელი ინთება და წყვდიადში ანათებს, ჩვენ შეგვიძლია ყველაფერი ჩავაბაროთ რასაც ვფლობთ. ძველ აღთქმაში, როდესაც მღვდლებმა მოკლეს ცხოველი ღმერთისთვის შესაწირად, მათ მისი სისხლი დაღვარეს და ხორცი საკურთხევლის ცეცხლზე დაწვეს. ჩვენმა უფალმა იესომ დაღვარა თავისი სისხლი და წყალი ჩვენი ცოდვებისგან გამოსასყიდად. მან გვიჩვენა ჭეშმარიტი მსხვერპლის მაგალითი.

რატომ იყო მისი მსხვერპლი ეფექტური, რომ მრავალ სულს მიეღო ხსნა? ეს იმიტომ, რომ მან მსხვერპლი სრულყოფილი სიყვარულით გაიღო. იესომ შეასრულა ღმერთის ნება საკუთარი სიცოცხლის გაწირვით. მან გაიღო შუამავალი ლოცვა სულებისთვის ჯვარცმის ბოლო მომენტშიც კი (ლუკა 23:34). ამ ჭეშმარიტი მსხვერპლისთვის, ღმერთმა იგი აიტაცა და ზეცაში ყველაზე დიდებული ადგილი მისცა.

ამგვარად, ფილიპელთა 2:9-10-ში წერია, „ამიტომაც აღამაღლა იგი ღმერთმა და ყველა სახელზე უზენაესი სახელი მისცა, რათა იესოს სახელის წინაშე მოიდრიკოს ყოველი მუხლი, ზეცისაც, ქვეყნისაც და ქვესკნელისაც."

თუ ჩვენ განვდევნით სიხარბეს და ბინძურ სურვილებს და მსხვერპლად შევწირავთ ჩვენს თავებს წმინდა გულით, როგორც იესომ ქნა, ღმერთი აგვამაღლებს და წარგვიძღვება უფრო მაღალი ადგილისაკენ. ჩვენი უფალი მათე 5:8-ში ამბობს „ნეტარ არიან წმიდანი გულითა, ვინაიდან ისინი ღმერთს იხილავენ." ამგვარად, ჩვენ მივიღებთ კურთხევას, რომ ღმერთი პირისპირ ვნახოთ.

სიყვარული, რომელიც სამართლიანობას სცდება

პასტორ იანგ ვონ სონს ჰქვია „სიყვარულის ატომური

ბომბი.“ მან გვიჩვენა მსხვერპლის სიყვარული, რომელიც ჭეშმარიტი სიყვარულით იყო გაკეთებული. იგი მთელი ძალისხმევით ზრუნავდა კეთროვნებზე. ასევე იგი დააპატიმრეს, რადგან უარი თქვა თაყვანი ეცა იაპონური ომის აკლდამებზე კორეაში იაპონური მმართველობის ქვეშ. მიუხედავად მისი ღმერთისადმი მიძღვნილი სამუშაოსი, მან გაიგო აღმაშფოთებელი ამბავი. 1948 წლის ოქტომბერს, მისი ორი ვაჟი მოკლეს მემარცხენე ჯარისკაცებმა მმართველი ხელისუფლების წინააღმდეგ აჯანყებაში.

ჩვეულებრივი ადამიანი ღმერთთან ჩივილს დაიწყებდა, „თუ კი ღმერთი ცოცხალია, მაშინ როგორ გამიკეთა მე ასეთი რამე?“ მაგრამ იგი მხოლოდ მადლიერი იყო, რომ მისი ორი ვაჟი ეწამა და ზეცაში იყვნენ უფლის გვერდით. გარდა ამისა, მან მიუტევა იმ ჯარისკაცს, რომელმაც მისი შვილები მოკლა და შვილადაც კი აიყვანა იგი. მან მადლობა გადაუხადა ღმერთს მადლიერების ცხრა ასპექტში მისი შვილების დასაფლავებაზე.

„პირველ რიგში, მე მადლიერი ვარ, რომ ჩემი შვილები გახდნენ წამებულები, მიუხედავად იმისა, რომ ჩემი მოდგმის იყვნენ, რადგან მე უსამართლობით ვარ სავსე.

მეორე, მე მადლიერი ვარ, რომ ღმერთმა მომცა ეს ძვირფასი ადამიანები, რომ ყოფილიყვნენ ჩემი ოჯახი მრავალი მორწმუნის ოჯახებს შორის.

მესამე, მე მადლიერი ვარ, რომ ჩემი ორივე ვაჟი მსხვერპლშეწირულნი იქნენ, რომლებიც ჩემს სამ ვაჟთა და სამ ქალიშვილთა შორის, ყველაზე ლამაზები იყვნენ.

მეოთხე, რთულია ერთი ვაჟი წამებული გახდეს, მაგრამ ჩემი ორი ვაჟი გახდა წამებული და მე ამის მადლიერი ვარ.

მეხუთე, დალოცვაა, რომ მოკვდე მშვიდობაში რწმენით უფალ იესოში და მე მადლიერი ვარ, რომ მათ მიიღეს მოწამეობის დიდება სახარების ქადაგების დროს სიკვდილით.

მეექვსე, ისინი ემზადებოდნენ, რომ შეერთებულ შტატებში სასწავლებლად წასულიყვნენ და ახლა ისინი ზეცის სამეფოში წავიდნენ, რომელიც შეერთებულ შტატებზე ბევრად უკეთესი ადგილია. მე შვებამოგვრილი ვარ და მადლიერი.

მეშვიდე, მე მადლიერი ვარ ღმერთის, რომელმაც მომცა საშვალება შვილად ამეყვანა ის ადამიანი, რომელმაც ჩემი შვილები მოკლა.

მერვე, მე მადლიერი ვარ, რადგან მწამს, რომ იქნება ზეცის უხვი ნაყოფი ჩემი ორი ვაჟის მარტვილობით.

მეცხრე, მე მადლიერი ვარ ღმერთის, რომელმაც საშვალება მომცა გამეცნობიერებინა ღმერთის სიყვარული, რომ შემეძლო ასეთ გაჭირვებაშიც კი სიხარულით დავმტკბარიყავი."

ავამყოფი ადამიანების მოსავლელად, პასტორი იანგ ვონ სონი კორეული ომის დროსაც კი არ დანებდა. საბოლოოდ კომუნისტმა ჯარისკაცებმა იგი აწამეს. იგი ისეთ ავადმყოფ ადამიანებს უვლიდა, რომლებიც სხვებნისგან მიტოვებულები იყვნენ და სიკეთით იგი მტერს უვლიდა, რომელმაც თავისი შვილები მოკლა. მან ამის გაკეთება იმიტომ შეძლო, რომ იგი ღმერთისადმი და სხვა სულებისადმი ჭეშმარიტი სიყვარულით სავსე იყო. კოლასელთა 3:14-ში ღმერთი გვეუბნება, „ყოველივე ამას

კი თან ახლდეს სიყვარული, რომელიც არის საკვრელი სრულქმნილებისა.“ მაშინაც კი, თუ შეგვიძლია ანგელოზების ლამაზი სიტყვებით საუბარი და წინასწარმეტყველება და დიდი რწმენა და თავგანწირვა იმ ადამიანებისადმი, რომლებიც გაჭირვებაში არიან, ქმედებები ღმერთის თვალში არ არის სრულყოფილი, თუ ამას ჭეშმარიტი სიყვარულით არ ვაკეთებთ. ახლა, მოდით ღრმად შევისწავლოთ ჭეშმარიტი სიყვარულის თითოეული მნიშვნელობა, რათა შევაღწიოთ ღმერთის სიყვარულის უსაზღვრო სივრცეში.

სიყვარულის მახასიათებლები

„სიყვარული სულგრძელია და კეთილმოწყალე; სიყვარულს არ შურს, არ ქედმაღლობს, არ ზვაობს; არ უკეთურობს, არ ეძებს თავისას, არ მრისხანებს, არ იზრახავს ბოროტს; არ შეჰხარის უსამართლობას, არამედ ჭეშმარიტებით ხარობს; ყველაფერს იტანს, ყველაფერი სწამს, ყველაფრის იმედი აქვს, ყველაფერს ითმენს."

1 კორინთელთა 13:4-7

მათე 24-ში ჩვენ ვხედავთ სცენას, სადაც იერუსალიმის შემყურე იესო გლოვობს, რადგან მან იცის, რომ მისი დრო ახლოს იყო. ღმერთის განგების მიხედვით იგი ჯვარს უნდა ეცვათ, მაგრამ როდესაც იმ უბედურებაზე, რომელიც იერუსალიმს და ებრაელებს დაემართებოდათ, იგი გლოვობდა. მოწაფეები ამაზე გაოცდნენ და ჰკითხეს მას: „რა იქნება ნიშანი შენი მოსვლისა და საუკუნის დასასრულისა?" (სტროფი 3)

ამიტომ, იესომ უთხრა მათ ნიშნების შესახებ და დარდით უთხრა მათ, რომ სიყვარული განელდებოდა: „ურჯულოების მომრავლების გამო მრავალში განელდება სიყვარული" (სტროფი 12).

დღეს, ჩვენ უდავოდ ვგრძნობთ, რომ ხალხის სიყვარული განელდა. მრავალ ადამიანს სურს სიყვარული, მაგრამ არ იციან რა არის ჭეშმარიტი სიყვარული, სახელდობრ სულიერი სიყვარული. ჩვენ არ შეგვიძლია გვქონდეს ჭეშმარიტი სიყვარული, რადგან ჩვენ გვინდა რომ ის გვქონდეს. ჩვენ მას მივიღებთ, როდესაც ღმერთის სიყვარული მოვა ჩვენს გულებში. შემდეგ ჩვენ გავიგებთ, თუ რა არის ეს და გულიდან ბოროტების განდევნას დავიწყებთ.

რომაელთა 5:5-ში წერია „სასოება კი არ გვარცხვენს, რადგანაც ღვთის სიყვარული ჩაისახა ჩვენს გულში სული წმიდის მიერ, რომელიც მოგვეცა ჩვენ." როგორც ნათქვამია, ჩვენ შეგვიძლია ღმერთის სიყვარული ჩვენს გულში სული წმინდის საშუალებით შევიგრძნოთ.

1 კორინთელთა 13:4-7-ში ღმერთი გვეუბნება სულიერი სიყვარულის თითოეული მახასიათებლის შესახებ. ღმერთის შვილებმა უნდა ისწავლონ მათ შესახებ და ხორცი შეასხან მათ, რათა გახდნენ სიყვარულის მომასწავებლები, რომლებსაც შეუძლიათ ხალხს სულიერი სიყვარული აგრძნობინონ.

1. სიყვარული არის მომთმენი

თუ კი ადამიანს არ აქვს საკმარისი მოთმინება, სულიერი სიყვარულის სხვა ყველა მახასიათებლებს შორის, მას შეუძლია სხვა ადამიანებს ადვილად აუბნიოს თავგზა. წარმოვიდგინოთ, რომ ზედამხედველი ვიღაცას აძლევს გარკვეულ სამუშაოს და ეს ადამიანი ამ სამუშაოს სათანადოდ არ ასრულებს. ამგვარად, ზედამხედველი მალევე სხვა ადამიანს აძლევს მის სამუშაოს. პირველი პირი, რომელსაც სამუშაო გადაეცა, შეიძლება სასოწარკვეთილებაში ჩავარდეს, რადგან კიდევ ერთი შანსი არ მიეცა, რომ გამოესწორებინა თავისი საქციელი. ღმერთმა „მოთმინება" სულიერი სიყვარულის პირველ მახასიათებლად იმიტომ დაასახელა, რომ ეს არის სულიერი სიყვარულის გაშენებისთვის ყველაზე ძირითადი მახასიათებელი. თუ ჩვენ სიყვარული გვაქვს, მოთმინება არ არის მოსაბეზრებელი.

როდესაც ღმერთის სიყვარულს გავაცნობიერებთ, ჩვენ ვცდილობთ რომ ეს სიყვარული ჩვენს გარშემო მყოფ ადამიანებს გავუზიაროთ. ზოგჯერ, როდესაც ჩვენ ვცდილობთ სხვა ადამიანების სიყვარულს ამ გზით, საპასუხოდ მტრულ რეაქციებს ვიღებთ ადამიანებისგან, რომლებმაც შეიძლება დიდი ტკივილი მოგვაყენონ. შემდეგ, ეს ადამიანები ჩვენს თვალში სასიამოვნოები აღარ იქნებიან და ვეღარ შევძლებთ მათ გაგებას. სულიერი სიყვარულის მოპოვებისთვის, ჩვენ უნდა ვიყოთ მომთმენი და ეს ადამიანებიც კი უნდა გვიყვარდეს. მაშინც კი, თუ ისინი ცილს გვწამებენ ან ეცდებიან ტკივილი მოგვაყენონ ყოველივე მიზეზის გარეშე, ჩვენ უნდა ვაკონტროლოთ საკუთარი გონება, რათა ვიყოთ მომთმენნი და გვიყვარდეს ისინი.

ერთხელ ეკლესიის წევრმა მთხოვა მისი ცოლის დეპრესიისთვის მელოცა. მან ასევე თქვა, რომ იგი ლოთი იყო და როგორც კი სმას დაიწყებდა, სრულიად სხვა ადამიანი ხდებოდა და თავის ოჯახის წევრებს დიდ ტკივილს აყენებდა. თუმცა, მისი ცოლი ყოველთვის ითმენდა და სიყვარულით ცდილობდა მისი დანაშაულის დაფარვას. მაგრამ მისი ჩვეულებები არასოდეს შეცვლილა და დროთა განმავლობაში იგი გალოთდა. მისმა ცოლმა სიცოცხლის ძალა დაკარგა და დეპრესია მოერია.

მან ოჯახს დიდი ტკივილი მიაყენა თავისი სმის გამო, მაგრამ იგი მოვიდა ჩემი ლოცვის მისაღებად, რადგან თავისი ცოლი უყვარდა. მისი ამბავის მოსმენის შემდეგ, მე ვუთხარი მას, „თუ კი მართლა გიყვარს შენი ცოლი, რა არის რთული სმის და მოწევის დანებებაში?“ მას არაფერი უთქვამს და თითქოს თავდაჯერებულება აკლდა. მე შემეცოდა მისი ოჯახი. ვილოცე მისი ცოლისთვის, რომ დეპრესიისგან განკურნებულიყო და ვილოცე მისთვის, რომ მიეღო ძალა შეეწყვიტა სმა და მოწევა. ღმერთის ძალა იყო გასაოცარი! ლოცვის მიღებისთანავე მან შეძლო დალევაზე ფიქრის შეწყვეტა. აქამდე მან ვერაფრით მოახერხა სმის შეწყვეტა, მაგრამ როგორც კი ლოცვა მიიღო, სმას თავი დაანება. მისი ცოლიც განიკურნა დეპრესიისგან.

მოთმინება არის სულიერი სიყვარულის დასაწყისი

სულიერი სიყვარულის გაშენებისთვის, ჩვენ სხვებთან უნდა ვიყოთ მომთმენნი ნებისმიერ სიტუაციაში. დისკომფორტი გაქვს შეუპოვრობის გამო? ან, ამ ამბავში ცოლის შემთხვევაში, თავგზა გაქვს აბნეული, როდესაც დიდი ხნის განმავლობაში მომთმენი იყავი და სიტუაცია უკეთესობისკენ საერთოდ არ შეცვლილა? მაშინ, სანამ

გარემოებას ან სხვა ადამიანებს დავადანაშაულებდეთ, პირველ რიგში ჩვენი გული უნდა შევამოწმოთ. თუ ჩვენ სრულიად გავაშენეთ ჭეშმარიტება ჩვენს გულში, არ არსებობს სიტუაცია, რომელშიც მომთმენი ვერ ვიქნებით. სახელდობრ, თუ ჩვენ არ შეგვიძლია მოთმინება, ეს იმას ნიშნავს, რომ გულში ჯერ კიდევ გვაქვს ბოროტება, რომელიც არაჭეშმარიტებაა და ამავე ზომით ჩვენ არ გაგვაჩნია მოთმინება.

მოთმინება, ნიშნავს იმას, რომ ჩვენ საკუთარი თავების და იმ უბედურებების მომთმენნი ვართ, რომლებსაც მაშინ ვეჯახებით, როდესაც ჭეშმარიტი სიყვარულის გამომჟღავნებას ვცდილობთ. შეიძლება იყოს რთული სიტუაციები, როდესაც ვცდილობთ ყველა გვიყვარდეს ღმერთის სიტყვის მორჩილებაში და სულიერი სიყვარულის მოთმინებაა, რომ ვიყოთ მომთმენნი ნებისმიერ სიტუაციაში.

ეს მოთმინება განსხვავდება იმ მოთმინებისგან, რომელიც გალათელთა 5:22-23-ში სული წმინდის ცხრა ნაყოფშია. როგორ არის განსხვავებული? „მოთმინება", რომელიც სული წმინდის ერთ-ერთი ცხრა ნაყოფთაგანია, მოგვიწოდებს, რომ ყველაფერში მომთმენნი ვიყოთ

მოთმინება როგორც სული წმინდის ცხრა ნაყოფში	1. ეს არის ყოველივე არაჭეშმარიტების განდევნა და ჭეშმარიტებით გულის გაშენება 2. ეს არის სხვა ადამიანების გაგება, მათ სარგებლობაზე ფიქრი და მათთან სიმშვიდის დამყარება 3. ეს არის ლოცვებზე პასუხის მიღება, ხსნა და ის ყველაფერი, რასაც ღმერთ დაგვპირდა

ღმერთის სამართლიანობისა და სამეფოსათვის, როდესაც მოთმინება სულიერ სიყვარულში არის მოთმინება სულიერი სიყვარულის გასაშენებლად და ამგვარად აქვს უფრო შემოფარგლული და გარკვეული მნიშვნელობა. ჩვენ შეგვიძლია ვთქვათ, რომ ეს ეკუთვნის მოთმინებას, რომელიც სული წმინდის ერთ-ერთ ცხრა ნაყოფთაგანია.

ჩვენს დროში, ხალხი ერთმანეთს ადვილად უყენებს სარჩელს სასამართლოში მათი საკუთრებისადმი სულ მცირე ზიანის მიყენების გამო. ხშირად ისინი უჩივიან საკუთარ მეუღლეებს ან საკუთარ მშობლებს და შვილებს. თუ მოთმინება გაქვს სხვა ადამიანებისადმი, ხალხმა შეიძლება დაგცინონ კიდეც და სულელად ჩაგთვალონ. მაგრამ, რას ამბობს იესო?

მათე 5:39-ში ნათქვამია, „ხოლო მე გეუბნებით თქვენ: ნუ აღუდგებით წინ ბოროტს: არამედ ვინც შემოგკრას მარჯვენა ყვრიმალში, მეორეც მიუშვირე მას," და მათე 5:40-ში, „და თუ ვინმეს სურს გიჩივლოს და წაგართვას შენი პერანგი, მიეცი მას მოსასხამიც."

იესო არა მარტო იმას გვეუბნება, რომ ბოროტებას ბოროტებით არ უნდა ვუპასუხოდ, არამედ ვიყოთ მომთმენნიც. იგი ასევე გვეუბნება, რომ გავაკეთოთ სიკეთე იმ ადამიანებისთვის, რომლებიც ბოროტები არაიან. ჩვენ შეიძლება ვიფიქროთ, „როგორ შეიძლება სიკეთე გავუკეთოთ ამ ადამიანებს, თუ კი ასეთი გაბრაზებულები ვართ?" თუ რწმენა და სიყვარული გვაქვს, ჩვენ ამის გაკეთებას ადვილად შევძლებთ. ეს არის რწმენა ღმერთის სიყვარულში, რომელმაც მოგვცა თავისი ერთადერთი ვაჟი, როგორც ჩვენი ცოდვების მწყალობელი. თუ კი გვწამს, რომ ჩვენ ასეთი სიყვარული მივიღეთ, მაშინ ჩვენ შეგვიძლია მივუტევოთ ისეთ ადამიანებსაც კი, რომლებმაც დიდი ტკივილი მოგვაყენეს. თუ კი გვიყვარს ღმერთი და უფალი,

ჩვენ შევძლებთ ნებისმიერი ადამიანის სიყვარულს.

მოთმინება შეზღუდვების გარეშე

ზოგი ადამიანი ფარავს თავის სიძულვილს, რისხვას ან გაბრაზებას და სხვა უარყოფით ემოციებს, სანამ მიაღწევენ მოთმინების ზღვარს და საბოლოოდ განრისხდებიან. ზოგი საკუთარ თავზე ჩაფიქრებული ადამიანი ადვილად არ გამოხატავს საკუთარ თავს და გულში იტანჯება და ამის შედეგი არის გადაჭარბებული სტრესის მიერ გამოწვეული ჯანმრთელობის პრობლემები. ასეთი მოთმინება არის ზუსტად ხელით რკინის ზამბარაზე მოჭერასავით. თუ კი ხელს აიღებ, ხტუნვას დაიწყებს.

ისეთ მოთმინება, რომელიც ღმერთს სურს რომ გვქონდეს, არის ბოლომდე მოთმინება დამოკიდებულების შეცვლის გარეშე. უფრო ზუსტად რომ ვთქვათ, თუ ასეთი რწმენა გვაქვს, ჩვენ არც კი დაგვჭირდება რაიმეს მოთმენა. ჩვენ გულში არ დავიგროვებთ სიძულვილს და გულისწყრომას და განვდევნით თავდაპირველ ბოროტ ბუნებას, რომელიც იწვევს ასეთ ძლიერ გრძნობებს და გადავაქცევთ სიყვარულსა და თანაგრძნობაში. ეს არის მოთინების სულიერი მნიშვნელობის არსი. თუ ჩვენ არ გვაქვს ბოროტება ჩვენს გულებში, არამედ მხოლოდ სულიერი სიყვარული, არ არის რთული ჩვენი მტრებიც კი გვიყვარდეს. ჩვენ არ მივცემთ საშვალებას მტრობა განვითარდეს ჩვენში.

თუ ჩვენი გულები სიძულვილით, უთანხმოებით, შურით და ეჭვიანობით არის სავსე, ჩვენ პირველ რიგში სხვა ადამიანების უარყოფით წერტილებს დავინახავთ, მიუხედავად იმისა, რომ ჩვენ გულკეთილები ვართ. თუმცა, მეორეს მხრივ, თუ ჩვენი გული სიყვარულით არის სავსე, მაშინ იმ ადამიანებსაც კი მშვენიერებით დავინახავთ,

48

რომლებიც ბოროტულად იქცევიან. არ აქვს მნიშვნელობა რა ნაკლი ან სისუსტე ექნებათ, ჩვენ ისინი არ შეგვძულდებიან. მაშინაც კი თუ მათ ვძულვართ და ბოროტულად გვექცევიან, სამაგიეროდ ჩვენ არ შეგვძულდებიან ისინი.

მოთმინება ასევე იესოს გულშიც არის, რომელიც „მოტეხილ ლერწამს არ გადატეხს და მბჟუტავ პატრუქს არ დაშრეტს." არის სტეფანის გულში, რომელმაც იმ ადამიანებისთვისაც კი ილოცა, რომლებიც ქოლავდნენ მას, „უფალო, ნუ მიუთვლი მათ ამას ცოდვად!" (საქმე 7:60) მათ იგი მხოლოდ იმიტომ ჩაქოლეს, რადგან სახარებას ქადაგებდა მათთვის. რთული იყო იესოსტვის ცოდვილები ყვარებოდა? რა თქმა უნდა არა! ეს იმიტომ, რომ მისი გული თვით ჭეშმარიტებაა.

ერთ დღეს პეტრემ იესოს კითხვა დაუსვა. „უფალო, რამდენჯერ მივუტევო ჩემს ძმას, რომელიც ჩემს წინააღმდეგ სცოდავს? შვიდჯერ?" (მათე 18:21) შემდეგ იესომ თქვა, „არ გეუბნები: შვიდჯერ-მეთქი, არამედ სამოცდაათგზის შვიდჯერ" (სტროფი 22).

ეს იმას არ ნიშნავს, რომ ჩვენ 490-ჯერ უნდა მივუტევოთ. შვიდი სულიერი გაგებით სიმბოლურად გამოხატავს სრულყოფილებას. ამგვარად, 490-ჯერ მიტევება ნიშნავს სრულყოფილ მიტევებას. ჩვენ ვგრძნობთ იესოს უსაზღვრო სიყვარულს და შენდობას.

მოთმინება, რომელიც აღწევს სულიერ სიყვარულს

რა თქმა უნდა არ არის ადვილი ერთ ღამეში სიძულვილის სიყვარულად გადაქცევა. ჩვენი დიდი ხანი უნდა ვიყოთ მომთმენნი. ეფესელთა 4:26-ში წერია,

„მრისხანებისას ნუ სცოდავთ; ნუ ჩაესვენება მზე თქვენი რისხვით."

აქ წერია „მრისხანებისას" მიმართავს იმ ადამიანებ, რომლებსაც აქვთ სუსტი რწმენა. ღმერთი ამ ადამიანებს ეუბნება, რომ თუ კი გაბრაზდებიან რწმენის ნაკლებობის გამო, მათ კი არ უნდა დაიგროვონ სიბრაზე, არამედ უნდა გაუშვან ეს უარყოფითი გრძნობები. თითოეული ადამიანის რწმენის ზომაში, მაშინაც კი, როდესაც ადამიანს შეიძლება ბრაზის ძლიერი გრძნობა ჰქონდეს, თუ კი იგი ეცდება ამ გრძნობების განდევნას მოთმინებითა და გამძლეობით, იგი შეძლებს გულის ჭეშმარიტებაში გარდაქმნას და თანდათან სულიერი სიყვარული გაიზრდება მის გულში.

რაც შეეხება ცოდვილ ბუნებას, რომელმაც ღრმად გაიდგა ფესვი ადამიანის გულში, მას შეუძლია მისი განდევნა მგზნებარე ლოცვით სული წმინდის სისავსეში. ძალიან მნიშვნელოვანია, რომ ჩვენ ვეცადოთ ადამიანებს, რომლებიც არ მოგვწონს, შევხედოთ კეთილგანწყობილებით და ვაჩვენოთ მათ სიკეთის ქმედებები. როდესაც ამას გავაკეთებთ, სიძულვილი ჩვენს გულებში მალე გაქრება და შემდეგ შევძლებთ ამ ადამიანების სიყვარულს. ჩვენ აღარ გვექნება კონფლიქტები და აღარავინ შეგვძულდება. ჩვენ ასევე შევძლებთ ბედნიერი ცხოვრებით ვიცხოვროთ როგორც ზეცაში, „ვინაიდან, აჰა, ღმრთის სასუფეველი თვითონ თქვენშია" (ლუკა 17:21).

როდესაც ხალხი ბედნიერია, ისინი ამბობენ რომ ზეცაში არიან. ამგვარად, თქვენში ზეცის სასუფეველი გულისხმობს გულიდან ყოველგვარი ჭეშმარიტების განდევნას და მის ჭეშმარიტებით, სიყვარულით და სიკეთით ავსებას. შემდეგ შენ აღარ დაგჭირდება იყო მომთმენი, რადგან ყოველთვის მხიარული და ბედნიერი იქნები და წყალობით სავსე და რადგან შენს გარშემო მყოფი, თითოეული ადამიანი

გიყვარს. რაც უფრო მეტად განდევნი ბოროტებას და სიკეთეს მიაღწევ, მით უფრო ნაკლებად დაგჭირდება მომთმენი იყო. როდესაც სულიერ სიყვარულს მიაღწევ, შენ აღარ დაგჭირდება იყო მომთმენი; შენ შეძლებ მოთმინებით და მშვიდად დაელოდო სხვებს, რომ სიყვარულით შეიცვალონ.

ზეცაში არ არსებობს ცრემლები, მწუხარება და ტკივილი. რადგან იქ ბოროტება არ არსებობს, ზეცაში მხოლოდ სიყვარული და სიკეთეა, შენ არ შეიძულებ და არ გაბრაზდები სხვა ადამიანებზე. ამგვარად, შენ არ დაგჭირდება ემოციების შეკავება და გაკონტროლება. რა თქმა უნდა ღმერთს არ სჭირდება იყოს მომთმენი, რადგან იგი თვით სიყვარულია. მიზეზი იმისა, რომ ბიბლია ამბობს, რომ „სიყვარული მომთმენია" არის ის, რომ როგორც ადამიანებს, ჩვენ გვაქვს სული და აზრები და გონებრივი სტრუქტურა. ღმერთს სურს, რომ დაეხმაროს ადამიანებს გაიგონ. რაც უფრო მეტად განდევნი ბოროტებას და სიკეთეს მიაღწევ, მით უფრო ნაკლებად დაგჭირდება მომთმენი იყო.

მოთმინებით მტრის მეგობრად გადაქცევა

აბრაამ ლინკოლნს, შეერთებული შტატების მეთექვსმეტე პრეზიდენტი და ედვინ სტენტონს არ ჰქონდათ კარგი ურთიერთობა, როდესაც ადვოკატები იყვნენ. სტენტონი მდიდარი ოჯახის შვილი იყო და კარგი განათლება მიიღო. ლინკოლნის მამა კი იყო ღარიბი მეწაღე და მას დაწყებითი სკოლაც კი არ ჰქონდა დამთავრებული. სტენტონი ლინკოლნს არასასიამოვნო სიტყვებით დასცინოდა. მაგრამ ლინკოლნი არასოდეს გაბრაზებულა და მას მტრულად არასოდეს დალაპარაკებია.

ლინკოლნის პრეზიდენტად არჩევის შემდეგ, მან სტენტონი დანიშნა ომის მდივნად, რაც მთავრობაში ერთ-

ერთი ყველაზე მნიშვნელოვანი პოზიცია იყო. ლინკოლნმა იცოდა, რომ სტენტონი ამ სამუშაოსთვის შესაფერისი ყიო. მოგვიანებით, როდესაც ლინკოლნს ფორდის თეატრში ესროლეს, უამრავი ადამიანი საკუთარი სიცოცხლის გადასარჩენად გაიქცა. მაგრამ სტენტონი მაშინათვე ლინკოლნისკენ გაიქცა. მას ლინკოლნი მკლავებში ეჭირა, თვალები ცრემლებით ჰქონდა სავსე და თქვა, „აქ წევს ყველაზე დიდი ადამიანი მთელი მსოფლიოს წინაშე. იგი არის ისტორიაში ყველაზე ძლიერი ლიდერი."

სულიერ სიყვარულში მოთმინებამ შეიძლება სასწაულებიც კი მოახდინოს მტრების მეგობრებად გადაქცევით. მათე 5:45-ში წერია, „რათა იყოთ შვილნი თქვენი ზეციერი მამისა, ვისაც თავისი მზე ამოჰყავს კეთილთა და ბოროტთათვის და წვიმას უგზავნის მართალთაც და უსამართლოთაც."

ღმერთი არის მომთმენი იმ ადამიანებისაც კი, რომლებიც ბოროტებას ჩადიან, რადგან მას სურს, რომ ისინი შეიცვალონ. თუ ჩვენ ბოროტ ადამიანს ბოროტებით მოვექცევით, ეს იმას ნიშნავს, რომ ჩვენც ბოროტები ვართ, მაგრამ თუ მოვითმენთ და შევიყვარებთ მათ, მოგვიანებით ჩვენ მივიღებთ ლამაზ საცხოვრებელ ადგილს ზეცაში (ფსალმუნნი 37:8-9).

2. სიყვარული არის კეთილი

აესპოის იგავ-არაკებში არის ამბავი მზის და ქარის შესახებ. ერთ დღეს მზემ და ქარმა სანაძლეო დადეს, რომ ვინ იქნებოდა პირველი, რომელიც ადამიანს პალტოს გაახდევინებდა. ქარი წავიდა პირველი და ძლევამოსილად ჩაიქროლა და ისე დაუბერა, რომ ხე გადააყირავა. კაცმა პალტო კიდევ უფრო მეტად შემოიფარა. შემდეგ მზემ ღიმილით და ნაზად თბილი სინათლე გამოაშუქა. როგორც კი დათბა, კაცმა იგრძნო სითბო და მალევე პალტო გაიხადა.

ეს ამბავი გვაძლევს ძალიან კარგ გაკვეთილს. ქარმა დააძალა კაცს პალტო გაეხადა, მაგრამ მზემ ნებაყოფლობით გაახდევინა კაცს პალტო. სიკეთეც მსგავსი რამ არის. სიკეთე არის ის, რომ შეეხო და მიიღო სხვა ადამიანების გული არა ძალადობით, არამედ სიკეთითა და სიყვარულით.

სიკეთე იღებს ნებისმიერ ადამიანს

იმ ადამიანს, რომელსაც აქვს სიკეთე, შეუძლია ნებისმიერი ადამიანი მიიღოს. სიკეთის ლექსიკონის განმარტება არის „ხარისხი ან მდგომარეობა რომ იყო კეთილი" და კეთილად ყოფნა არის სულგრძელების ბუნება. როდესაც ბამბის პატარა ნაჭერზე დაფიქრდები, სიკეთეს უკეთესად გაიგებ. ბამბა არ გამოსცემს არნაირ ხმას მაშინაც კი, როდესაც სხვა ობიექტი ეხება მას. იგი უბრალოდ ეხვევა სხვა ობიექტებს.

ასევე, კეთილი ადამიანი არის ხესავით, რომელზეც მრავალი ადამიანი ისვენებს. ცხელ ზაფხულის დღეს რომ ხის ქვეშ დაჯდე მცხუნვარე მზის სხივების ასარიდებლად, შენ თავს უკეთესად და გრილად გრძნობ. ამგვარად, თუ კი

ერთ ადამიანს კეთილი გული აქვს, მრავალ ადამიანს მოუნდება ასეთ ადამიანთან იყოს და თავი მშვიდად იგრძნოს.

ჩვეულებრივ, როდესაც ადამიანი ისეთი კეთილი და მშვიდია, რომ არავის უბრაზდება როდესაც აწუხებენ და დაჟინებით არ მოითხოვს საკუთარი აზრის გატანას, მას მიიჩნევენ როგორც თავმდაბალ და კეთილი გულის პატრონ ადამიანად. მაგრამ არ აქვს მნიშვნელობა რამდენად მშვიდი და თავმდაბალია იგი, თუ კი ამ სიკეთეს ღმერთი არ აღიარებს, იგი ვერ ჩაითვლება თავმდაბალ ადამიანად. არსებობენ ადამიანები, რომლებიც სხვებს იმიტომ ემორჩილებიან, რომ მათი ბუნება არის სუსტი და კონსერვატიული. არიან ისეთებიც, რომლებიც ახშობენ საკუთარ რისხვას, მიუხედავად იმისა, რომ მათი გონება აღელვებულია, როდესაც სხვები ზიანს აყენებენ. მაგრამ ისინი ვერ ჩაითვლებიან კეთილ ადამიანებად. ადამიანებს, რომლებსაც არ აქვთ ბოროტება და მხოლოდ სიყვარული აქვთ გულებში, იღებენ და უთმენენ ბოროტ ადამიანებს სულიერი თავმდაბლობით.

ღმერთს სურს სულიერი სიკეთე

სულიერი სიკეთე არის სულიერი სიყვარულის სისავსის შედეგი, რომელსაც არ გააჩნია არანაირი ბოროტება. ასეთი სულიერი სიკეთით შენ არ ეწინააღმდეგები ხალხს და იღებ მათ, არ აქვს მნიშვნელობა ისინი რამდენად ბოროტები არიან. ასევე, შენ ამას იმიტომ იტან, რომ კეთილგონიერი ხარ. მაგრამ ჩვენ უნდა დავიმახსოვროთ, რომ ჩვენ არ ჩავითვლებით კეთილ ადამიანებად მხოლოდ იმიტომ, რომ უპირობოდ გვესმის სხვების და ვპატიობთ მათ. ჩვენ ასევე უნდა გვქონდეს სამართლიანობა, კეთილშობილება და ძალაუფლება, რომ წარვუძღვეთ სხვებს და მათზე

ზეგავლენა მოვახდინოთ. ამგვარად, სულიერად კეთილი ადამიანი არა მარტო მშვიდია, არამედ კეთილგონიერი და პატიოსანიც არის. ასეთი ადამიანი ცხოვრობს სამაგალითო ცხოვრებით. უფრო კონკრეტულად სულიერი სიკეთე არის გულში თავმდაბლობის ქონა და ასევე რომ იყო სულგრძელი ადამიანი.

მაშინაც კი, თუ გვექნება გული, რომელსაც არ აქვს ბოროტება და მხოლოდ სიკეთით არის სავსე, თუ კი მხოლოდ შინაგანი სინაზე გვაქვს, ეს სინაზე მხოლოდ ვერ მოგვცემს სარგებელს და არ ექნება ამას დადებითი ზემოქმედება სხვებზე. ამგვარად, როდესაც ჩვენ არამარტო შიდა სიკეთე გვაქვს, არამედ გარე სათნო სულგრძელობის მახასიათებლებიც, ჩვენი სიკეთე გაუმჯობესდება და დიდ ძალას გამოვამჟღავნებთ. თუ კი სულგრძელობა გვექნება კეთილ გულთან ერთად, ჩვენ მოვიპოვებთ მრავალი ადამიანის გულს და კიდევ უფრო ბევრ რამეს მივაღწევთ.

ადამიანს ჭეშმარიტი სიყვარულის ჩვენება სხვებისთვის მაშინ შეუძლია, როდესაც მას გულში აქვს სიკეთე, თანაგრძნობა და სულგრძელობა, რათა სხვებს სწორი გზისაკენ წარუძღვეს. შემდეგ, იგი შეძლებს ადამიანების ხსნის გზისაკენ წაძღოლას. სიკეთეს შიგნიდან არ შეუძლია გამონათება გარედან სათნო სულგრძელობის გარეშე. ახლა, მოდით განვმარტოთ თუ რა უნდა ვქნათ შინაგანი სიკეთის გასაშენებლად.

შინაგანი სიკეთის გაზომვის სტანდარტი არის განწმენდა

სიკეთის მისაღწევად, პირველ რიგში ჩვენ გულიდან უნდა განვდევნოთ ყველა ბოროტება და განვიწმინდოთ. კეთილი გული არის ბამბასავით და მაშინაც კი, თუ ვინმე

აგრესიულად მოიქცევა, ასეთი გული ხმას არ გამოსცემს და ამ ადამიანს ეხვევა. კეთილი გულის პატრონს არ აქვს არანაირი ბოროტება და არ აქვს კონფლიქტი სხვა ადამიანებთან. მაგრამ თუ ჩვენ გულში სიძულვილი და შური გვექნება ან გაქვავებული თვით-სამართლიანობის გული, რთული იქნება სხვა ადამიანები გულში ჩავიკრათ.

როდესაც ქვა ჩამოვარდება და მეორე მყარ ქვას დაეცემა ან მჭიდრო ლითონის ობიექტს, ხმას გამოსცემს და უკან ვარდება. ანალოგიურად, თუ ჩვენ ხორციელი მე ჯერ კიდევ ცოცხალია, ჩვენ ვამჟღავნებთ ჩვენს არაკომფორტულ გრძნობებს, მიუხედავად იმისა, რომ ადამიანები სულ მცირე დისკომფორტს გვიქმნიან. როდესაც ისეთი ადამიანები აღიარებულნი არიან, რომლებსაც ხასიათის ნაკლებობა აქვთ და სხვა ნაკლოვანებები, ჩვენ შეიძლება ისინი არ დავიცვათ ან არ გავუგოთ მათ და სამაგიეროდ განვკიცხოთ ისინი და ვიჭორაოთ მათზე. მაშინ ეს იმას ნიშნავს, რომ ჩვენ ვართ პატარა ჭურჭელივით, რომელიც პირამდე ივსება თუ კი რამეს ჩავდებთ შიგნით.

პატარა გულია, რომელიც მრავალი ბინძური რამით ივსება და აღარ არის ადგილი დარჩენილი სხვა რამისთვის. მაგალითად, ჩვენ შეიძლება თავი შეურაცხყოფილად ვიგრძნოთ, როდესაც ვინმე ჩვენს შეცდომას აღნიშნავს. ან, როდესაც სხვები ჩურჩულებენ, ჩვენ შეიძლება ვიფიქროთ, რომ ისინი ჩვენზე საუბრობენ და დავინტერესდეთ, თუ რას ამბობენ. ჩვენ შეიძლება სხვები მხოლოდ იმიტომ განვსაჯოთ, რომ გვათვალიერებენ და უცნაურად გვიყურებენ.

გულში ბოროტების არ ქონა, არის ძირითადი პირობა სიკეთის გასაშენებლად. მიზეზი ის არის, რომ როდესაც ბოროტება არ არსებობს, ჩვენ შეგვიძლია სათუთად მოვექცეთ სხვებს და სიკეთით და სიყვარულით შევხედოთ მათ. კეთილი ადამიანი სხვებს ყოველთვის მოწყალებით და

თანაგრძნობით უყურებს. მას არ აქვს სხვების განსჯის განზრახვა; იგი უბრალოდ ცდილობს მათ გაგებას სიყვარულითა და სიკეთით და ბოროტი ადამიანების გულებიც კი დნება მისი სითბოთი.

განსაკუთრებით მნიშვნელოვანია, რომ ის ადამიანები, რომლებიც სხვებს ასწავლიან და გზას აჩვენებენ, იყვნენ განწმენდილნი. იმის გათვალისწინებით, რომ მათ ბოროტება აქვთ, ისინი გამოიყენებენ საკუთარ ხორციელ აზრებს. ამავე დონეზე, მათ არ შეუძლიათ სწორად განასხვავონ ჯოგის სიტუაციები, ამგვარად არ შეუძლიათ სულებს წარუძღვნენ მწვანე საძოვრებისკენ და მშვიდი წყლისაკენ. ჩვენ შეგვიძლია მივიღოთ სული წმინდის წინამძღოლობა და გავიგოთ ჯოგის სიტუაცია სწორედ, რათა წარვუძღვეთ მათ საუკეთესო გზით მხოლოდ მაშინ, როდესაც სრულყოფილად ვართ განწმენდილნი. ღმერთიც ასევე აღიარებს მხოლოდ იმ ადამიანებს, რომლებიც სრულყოფილად არიან განწმენდილნი, რათა ჭეშმარიტად კეთილები იყვნენ. სხვადასხვა ადამიანებს სხვადასხვა სტანდარტები აქვთ თუ როგორი ადამიანები არიან კეთილები. მაგრამ სიკეთე ადამიანის თვალში და ღმერთის თვალში განსხვავდება ერთმანეთისგან.

ღმერთმა აღიარა მოსეს სიკეთე

ბიბლიაში, მოსე ღმერთმა მისი სიკეთის გამო აღიარა. რიცხვნი 12-ში ჩვენ შეგვიძლია ვისწავლოთ, თუ როგორი მნიშვნელოვანია, რომ ღმერთის მიერ აღიარებულ იქნა. ერთხელ მოსეს ძმამ აარონმა და მისმა დამ მირიამმა, იგი გააკრიტიკეს, რადგან ხუშელ ქალს ირთავდა ცოლად.

რიცხვნი 12:2-ში წერია, „ამბობდნენ: ნუთუ მხოლოდ მოსეს ელაპარაკებოდა უფალი? განა ჩვენც არ გველაპარაკებოდა? გაიგონა ეს უფალმა."

რა თქვა ღმერთმა მათ ნათქვამზე? „პირისპირ ველაპარაკები მას, ცხადლივ, და არა იგავურად. უფლის ხატებას ჭვრეტს იგი. უფლის ხატებას ჭვრეტს იგი. რატომ არ გეშინიათ, ჩემს მორჩილს მოსეს რომ ჰკიცხავთ?“ (რიცხვნი12:8)

აარონის და მირიამის განსჯის კომენტარებმა მოსეზე, ღმერთი გააბრაზა. ამის გამო მირიამი გახდა კეთროვანი. აარონი ორატორივით იყო მოსესთვის და მირიამიც ასევე ჯგუფის ერთ-ერთი ლიდერი იყო. რადგან ფიქრობდნენ, რომ ღმერთს ისინიც ძალიან უყვარდა, როდესაც ეგონათ, რომ მოსემ რაღაც არასწორი გააკეთა, მათ დაუყოვნებლივ დაიწყეს მისი გაკრიტიკება.

ღმერთმა არ მიიღო ის ფაქტი, რომ აარონმა და მირიამმას განკიცხეს მოსე საკუთარი სტანდარტებით. როგორი ადამიანი იყო მოსე? ღმერთმა იგი აღიარა როგორც მოკრძალებული და ყველაზე თავმდაბალი მთელი დედამიწის ზურგზე. იგი ასევე ღმერთის ერთგული იყო და ამიტომ მას ღმერთი იმდენად ენდობოდა, რომ მას ღმერთთან პირისპირ საუბარიც კი შეეძლო.

თუ ჩვენ შევხედავთ ისრაელის ხალხის ეგვიპტიდან გაქცევის პროცესს, ჩვენ გავიგებთ, თუ რატომ აღიარა ასე ღმერთმა მოსე. ადამიანები, რომლებიც ეგვიპტიდან გამოვიდნენ, ცოდვებს იდენდნენ და ღმერთის ნების წინააღმდეგ მიდიოდნენ. ისინი ჩიოდნენ მოსესთან და სულ მცირე სირთულეებსაც კი მას აბრალებდნენ და ეს იყო იგივე, რაც ღმერთთან ჩივილი. ყოველ ჯერზე, როდესაც უკმაყოფილებას გამოთქვამდნენ, მოსე ღმერთს შეწყალებას სთხოვდა.

მოხდა ერთი შემთხვევა, რომელმაც მკვეთრად გამოხატა მოსეს სიკეთე. როდესაც მოსე სინას მთაზე იყო მცნებების მისაღებად, ხალხმა კერპი შექმნა – ოქროს ხბო – და დაიწყეს სმა და ჭამა და გართობა, როდესაც თაყვანს სცემდნენ ამ

კერპს. ეგვიპტელები ღმერთს ხარივით და ძროხასავით სცემდნენ თაყვანს და მათ ასეთი ღმერთების იმიტირება გააკეთეს. ღმერთმა აჩვენა მათ, რომ მათთან ერთად იყო, მაგრამ მათ გარდაქმნის არანაირი ნიშანი არ უჩვენებიათ. საბოლოოდ, მათ ღმერთის რისხვა დაატყდათ. მაგრამ ამ დროს მოსემ შუამდგომლობა გაუწია მათ საკუთარი სიცოცხლის შედარებით: „ახლა მიუტევე მათ ეს ცოდვა, თუ არა და, ამომშალე შენი დაწერილი წიგნიდან“ (გამოსვლა 32:32).

„შენი დაწერილი წიგნი“ გულისხმობს სიცოცხლის წიგნში, რომელშიც ჩაწერილია იმ ადამიანების სახელები, რომლებიც გადარჩენილები არიან. თუ კი შენი სახელი ამოშლილია სიცოცხლის წიგნიდან, შენ ვერ გადარჩები. ეს არა მარტო იმას ნიშნავს, რომ ხსნას ვერ მიიღებ, არამედ ასევე ნიშნავს იმას, რომ სამუდამოდ ჯოჯოხეთში დაიტანჯები. მოსემ კარგად იცოდა სიკვდილის შემდეგ სიცოცხლის შესახებ, მაგრამ მას სურდა ხალხის გადარჩენა, მაშინაც კი, თუ საკუთარი ხსნის დათმობა დასჭირდებოდა მათთვის. მოსეს ასეთი გული ღმერთის გულის მსგავსი იყო, რომელსაც სურს რომ არავინ დაიღუპოს.

მოსემ სიკეთე გამოცდების მეშვეობით გააშენა

რა თქმა უნდა, მოსეს თავიდანვე არ ჰქონია ასეთი სიკეთე. მიუხედავად იმისა, რომ იგი ებრაელი იყო, იგი გაიზარდა როგორც ეგვიპტელი პრინცესის ვაჟი და არაფერი აკლდა. მან მიიღო ყველაზე მაღალი განათლება მიიღო ეგვიპტის ცოდნის და საბრძოლო უნარების. მას ასევე ჰქონდა სიამაყე და თვით-სამართლიანობა. ერთ დღეს, მან დაინახა თუ როგორ სცემდა ეგვიპტელი ებრაელს და საკუთარი თვით-სამართლიანობის გამო, მან მოკლა ეგვიპტელი.

ამის გამო იგი დეზერტირი გახდა. საბედნიეროდ, იგი გახდა მწყემსი უდაბნოში მიდიანის მღვდლის დახმარებით, მაგრამ მას ყველაფერი დაკარგული ჰქონდა. ნახირის მოვლა იყო ის, რასაც ეგვიპტელები თვლიდნენ ძალიან უბრალოდ. 40 წლის განმავლობაში იგი იმას აკეთებდა, რასაც ჩვეულებრივ ზემოდან გადმოჰყურებდა ხოლმე. ამასობაში იგი სრულიად თავმდაბალი ადამიანი გახდა, გააცნობიერა მრავალი რამ სიყვარულის ღმერთის და სიცოცხლის შესახებ.

ღმერთს არ უთქვამს მოსესთვის, ეგვიპტის პრინცისთვის, რომ ისრაელის ხალხის ლიდერი ყოფილიყო. ღმერთმა მოსეს უწოდა მწყემსი, რომელმაც მრავალჯერ დაიმდაბლა თავი. მან თავი მთლიანად დაიმდაბლა და განდევნა ყოველგვარი ბოროტება თავისი გულიდან გამოცდების საშუალებით და ამ მიზეზის გამო, მას შეეძლო 600000-ზე მეტი კაცის ეგვიპტიდან გაყვანა და კანაანის მიწაზე მიყვანა.

ამგვარად, მნიშვნელოვანი რამ სიკეთის გაშენებაში არის ის, რომ ჩვენ უნდა გავაშენოთ სიკეთე და სიყვარული ჩვენი თავის დამდაბლებით ღმერთის წინაშე იმ გამოცდებში, რომელიც მან გამოგვიგზავნა. ჩვენი თავმდაბლობა დიდ ზეგავლენას ახდენს ჩვენს სიკეთეზეც. თუ ჩვენ კმაყოფილები ვართ ჩვენი ამჟამინდელი მდგომარეობით, ვფიქრობთ, რომ გავაშენეთ ჭეშმარიტება და რომ სხვების მიერ ვართ აღიარებულნი, როგორც აარონის და მირიამის შემთხვევაში, ჩვენ კიდევ უფრო ქედმაღალი ადამიანები გავხდებით.

სათნო სულგრძელობა სრულყოფილს ხდის სულიერ სიკეთეს

სულიერი სიკეთის გასაშენებლად, ჩვენ არა მარტო უნდა განვიწმინდოთ ბოროტების განდევნით, არამედ ასევე უნდა

გავაშენოთ სათნო სულგრძელება. სათნო სულგრძელობა არის სხვების გაგება და მათი უბრალოდ მიღება; სწორი საქციელის გაკეთება ადამიანის მოვალეობათა მიხედვით; და ასევე არის ისეთი ხასიათის ქონა, რომ სხვებს საშუალება მისცე გული გადაგიშალონ, მათი შეცდომების გაგებით და მათი მიღებით და არა ფიზიკური ძალით. ადამიანებს, რომლებიც ასე არიან, უნდა უყვარდეთ, რათა სხვებს შთააგონონ ნდობა.

სათნო სულგრძელება არის ტანსაცმელივით, რომელსაც ხალხი იცმევს. არ აქვს მნიშვნელობა თუ რამდენად კარგები ვართ შიგნიდან, თუ შიშვლები ვართ, სხვები ზემოდან გადმოგვხედავენ. ანალოგიურად, არ აქვს მნიშვნელობა რამდენად კეთილები ვართ, ჩვენ კარგად ვერ გამოვამჟღავნებთ ჩვენი სიკეთის ღირებულებას, თუ ეს სათნო სულგრძელება არ გვექნება. მაგალითად, ადამიანი შიგნიდან არის კეთილი, მაგრამ ამბობს მრავალ უსარგებლო რაღაცეებს, როდესაც სხვებს ესაუბრება. ასეთ ადამიანს არ აქვს ბოროტი განზრახვები, მაგრამ იგი ვერ მოიგებს სხვა ადამიანების ნდობას, რადგან იგი არ გამოიყურება მანერულ ან განათლებულ ადამიანად. ზოგ ადამიანებს არ აქვთ მძიმე გრძნობები, რადგან ისინი ფლობენ სიკეთეს და სხვებს ზიანს არ აყენებენ. მაგრამ თუ ისინი აქტიურად არ დაეხმარებიან სხვებს და არ იზრუნავენ სხვებზე, მათთვის რთული იქნება მრავალი ადამიანის გულის მოგება.

ყვავილებს, რომლებსაც არ აქვთ ლამაზი ფერები ან კარგი სუნი, არ შეუძლიათ ფუტკრების ან პეპლების ყურადღების მოგება. აგრეთვე, მაშინაც კი, თუ ძალიან კეთილები ვართ და შეგვიძია მეორე ლოყა შევუბრუნოთ როდესაც ერთი შემოგვარტყამენ, ჩვენი სიკეთე არ გაანათებს, სანამ არ გვექნება სათნო სულგრძელება ჩვენს სიტყვებში და ქმედებებში. ჭეშმარიტი სიკეთე სრულყოფილია და მას მხოლოდ შეუძლია ჭეშმარიტი

ღირებულების ჩვენება, როდესაც შინაგანი სიკეთე ატარებს სათნო სულგრძელების გარე ტანისამოსს.

იოსებს ჰქონდა ეს სათნო სულგრძელება. იგი იყო იაკობის, მთელი ისრაელის მამის მეთერთმეტე ვაჟი. იგი თავის ძმებს სძულდათ და ეგვიპტეს მონად მიჰყიდეს. მაგრამ ღმერთის დახმარებით ოცდაათი წლის ასაკში იგი ეგვიპტის პრემიერ მინისტრი გახდა. იმ დროს ეგვიპტე ძალიან ძლიერი ერი იყო ცენტრირებული ნილოსზე. ეს იყო ერთ-ერთი ოთხ ძირითად „ცივილიზაციის სამშობლოთაგანი." მმართველები და ხალხი დიდად ამაყობდნენ თავიანთი თავებით და ადვილი რამ არ იყო, რომ უცხოელი პრემიერ მინისტრი გამხდარიყავი. თუ კი მას რაიმე ნაკლი ექნებოდა, დაუყოვნებლივ გადადგომა მოუწევდა.

თუმცა, ასეთ სიტუაციაშიც კი, იოსები კარგად და კეთილგონიერად მართავდა ეგვიპტეს. იგი იყო კეთილი და თავმდაბალი და არავითარი ნაკლი არ ჰქონდა თავის სიტყვებში და ქმედებებში. ასევე, როგორც მმართველს, მას ჰქონდა კეთილშობილება და კეთილგონიერება. მას დიდი ძალა ჰქონდა, მაგრამ არასოდეს უცდია ხალხის დომინირება ან საკუთარი თავით სიამაყი. იგი თავის თავთან მკაცრი იყო, მაგრამ სხვებთან სათნო და სულგრძელი იყო. ამგვარად, მეფეს და სხვა მინისტრებს არ შურდათ მისი; ისინი მთლიანად ენდობოდნენ მას. ჩვენ შეგვიძლია დავასკვნათ ეს ფაქტი იმის მხედველობაში მიღებით, თუ როგორ თბილად მიიღეს ეგვიპტელებმა იოსების ოჯახი, რომლებიც კანაანიდან ეგვიპტეში გადავიდნენ, რათა შიმშილობისთვის თავი დაეხწიათ.

იოსების სიკეთეს თან ახლდა სათნო სულგრძელება

თუ კი ადამიანს აქვს ასეთი სათნო სულგრძელება, ეს იმას ნიშნავს, რომ მას აქვს დიდი გული და იგი არასოდეს განკიცხავს სხვებს საკუთარი სტანდარტებით, მიუხედავად იმისა რომ სიტყვებით და ქცევებით იგი პირდაპირია. იოსების ეს მახასიათებლები კარგად იყო გამოსახული, როდესაც მისი ძმები, რომლებმაც იგი ეგვიპტეს მონად მიჰყიდეს, შევიდნენ ეგვიპტეში საჭმლის მოსაპოვებლად.

თავდაპირველად, ძმებმა ვერ იცნეს იოსები. ეს სავსებით გასაგებია, რადგან მათ ერთმანეთი ოც წელზე მეტი არ ენახათ. გარდა ამისა, ისინი ვერც კი წარმოიდგენდნენ, რომ იოსები ეგვიპტის პრემიერ მინისტრი გახდებოდა. ახლა, რა იგრძნო იოსებმა, როდესაც თავისი ძმები დაინახა, რომლებმა თითქმის მოკლეს იგი და საბოლოოდ ეგვიპტელებს მონად მიჰყიდეს? მას ჰქონდა იმის ძალა, რომ მათთვის სამაგიერო გადაეხადა მათი ცოდვისთვის. მაგრამ იოსებს არ სურდა შურისძიება. მან გადამალა თავისი იდენტურობა და გამოცადა ისინი რამდენჯერმე, რათა ენახა მათი გულები ისევ ისეთი იყო როგორც წარსულში, თუ არა.

იოსები მათ შესაძლებლობას აძლევდა, რომ ღმერთის წინაშე მოენანიებინათ ცოდვები, რადგან საკუთარი ძმის მოკვლის ცდის და მისი მონად გაყიდვის ცოდვა, არ იყო პატარა რამ. მან განურჩევლად არ აპატია ან დასაჯა ისინი, მაგრამ ისეთი სიტუაცია შექმნა, რომ მის ძმებს ცოდვა მოენანიებინათ საკუთარი ნებით. საბოლოოდ, მხოლოდ მას შემდეგ, რაც ძმებმა გაიხსენეს საკუთარი შეცდომა და მოინანიეს, იოსებმა გამოავლინა თავისი იდენტურობა.

ამ დროს ძმები შეშინდნენ. მათი სიცოცხლე მისი ძმის, იოსების ხელში იყო, რომელიც ახლა ეგვიპტის, იმ დროს დედამიწაზე ყველაზე ძლიერი ერის პრემიერ მინისტრი იყო. მაგრამ იოსებს არ სურდა მათთვის ეკითხა თუ რატომ გააკეთეს ის, რაც მათ გააკეთეს. იგი მათ არ დამუქრებია და არ უთქვამს, „ახლა თქვენ პასუხს აგებთ თქვენი ცოდვებისთვის." მაგრამ სამაგიეროდ იგი ცდილობდა

მათთვის ნუგეშისცემას. „ნუღარ იწუხებთ და ნურც თავს გაკიცხავთ, აქ რომ გამყიდეთ. თქვენი სიცოცხლის სახსრად გამომგზავნა ღმერთმა“ (დაბადება 45:5).

მან აღიარა ის ფაქტი, რომ ყველაფერი ღმერთის გეგმის მიხედვით იყო. იოსებმა არა მარტო გულით აპატია თავის ძმებს, არამედ ასევე ნუგეში სცა მათ გულს მგრძნობიარე სიტყვებით. ეს იმას ნიშნავს, რომ იოსებმა გამოამჟღავნა ისეთი საქციელი, რომელიც მტრებსაც კი ააღელვებდა, რაც გარე სათნო სულგრძელობაა. იოსების სიკეთე, რომელსაც თან ახლდა სათნო სულგრძელობა, იყო ძალის წყარო, რომ გადაერჩინა მრავალი ადამიანი ეგვიპტეში და მის გარეთ. ისევ როგორც აქამდე განვმარტე, სათნო სულგრძელობა არის შიდა სიკეთის გარე შესახედაობა და მას შეუძლია მრავალი ადამიანის გულის მოგება და დიდი ძალის გამომჟღავნება.

განწმენდა საჭიროა, რომ გქონდეს სათნო სულგრძელება

ზუსტად, როგორც შიდა სიკეთის მიღწევაა შესაძლებელი განწმენდით, სათნო სულგრძელობაც შეიძლება გაშენებულ იქნას, როდესაც ბოროტებას განვდევნით და განვიწმინდებით. რა თქმა უნდა, მაშინაც კი, როდესაც ადამიანი არ არის განწმენდილი, მან შეიძლება შეძლოს სათნო და სულგრძელი ქმედებების გამომჟღავნება განათლების მეშვეობით ან რადგან იგი დაბადებულია დიდი გულით. მაგრამ ჭეშმარიტი სათნო სულგრძელობა შეიძლება გამომჟღავნდეს ისეთი გულიდან, რომელშიც არ არის ბოროტება და რომელიც მხოლოდ ჭეშმარიტებაშია. თუ ჩვენ გვსურს, რომ სრულყოფილად გავაშენოთ სათნო სულგრძელობა, არ არის საკმარისი უბრალოდ ჩვენი გულიდან სიბოროტის ფესვების ამოგლეჯა. ჩვენ

ბოროტების ნაკვალევიც კი უნდა განვდევნოთ (1 თესალონიკელთა 5:22).

მათე 5:48-დან არის ამოღებული, „მაშ, იყავით სრულქმნილნი, როგორც სრულქმნილია თქვენი ზეციერი მამა." როდესაც ყველანაირ ბოროტებას განვდევნით ჩვენი გულიდან და ასევე სიტყვებით და ქმედებებითაც უმწიკლოები ვიქნებით, ჩვენ შევძლებთ სიკეთის გაშენებას, რათა მრავალი ადამიანის გული მოვიგოთ. ამ მიზეზის გამო, ჩვენ არ უნდა დავკმაყოფილდეთ, როდესაც საბოლოოდ მივაღწევთ იმ დონეს, რომელზეც ყველანაირი ცოდვა გვაქვს განდევნილი, მაგალითად როგორიც არის სიძულვილი, შური, ეჭვიანობა, ამპარტავნობა და ბრაზი. ჩვენ ასევე სულ მცირე ბოროტმოქმედებების უნდა განვდევნოთ ჩვენი სხეულიდან და გამოვამჟღავნოთ ჭეშმარიტების ქმედებები ღმერთის სიტყვის, მხურვალე ლოცვების და სული წმინდის წინამძღოლობის მიხების საშუალებით.

რა არის სხეულის ბოროტმოქმედებები? რომაელთა 8:13-ში წერია, „რადგან თუ ხორციელად ცხოვრობთ, სიკვდილი გელით, ხოლო თუ სულით მოაკვდინებთ ხორცის საქმეს, ცოცხალნი იქნებით."

აქ „სხეული" არ მიუთითებს უბრალოდ ჩვენს ფიზიკურ სხეულზე. სხეული სულიერად გულისხმობს ადამიანის სხეულს მას შემდეგ, რაც ჭეშმარიტება გამოვიდა მისგან. ამგვარად, სხეულის ქმედებები ნიშნავს ქმედებებს, რომლებიც მოდის არაჭეშმარიტებიდან, რომელმაც აავსო ხორცში გადაქცეული ადამიანთა მოდგმა. სხეულის ქმედებებში არა მარტო აშკარა ცოდვები შედის, არამედ ყველა სახის ნაკლოვანი ქმედებები.

წარსულში განსაკუთრებული რამ განვიცადე. როდესაც რაიმე ობიექტს შევეხებოდი, ვგრძნობდი თითქოს ელექტრო შოკს ვიღებდი და ყოველ ჯერზე ვტოკავდი. მეშინოდა რომ რამეს შევხებოდი. რასაკვირველია, როდესაც ამის შემდეგ

რაიმეს შევეხებოდი, უფალთან ვლოცულობდი ხოლმე. არ მქონდა ასეთი შეგრძნებები, როდესაც ობიექტს ძალიან ფრთხილად ვეხებოდი. როდესაც კარს ვაღებდი, სახეულრს ძალიან ნაზად ვკიდებდი ხელს. ეკლესიაშიც კი ძალიან ფრთხილად ვიყავი, როდესაც ეკლესიის წევრებს ხელს ვართმევდი. ეს ყველაფერი გაგრძელდა რამდენიმე თვეს და ჩემი ყველა ქმედება გახდა ფრთხილი და ნაზი. მოგვიანებით მე გავაცნობიერე, რომ ღმერთმა ჩემი სხეულის ქმედებები სრულყოფილი გახადა ასეთი გამოცდილებით.

ამას შეიძლება ჩვეულებრივ რამედ თვლიდნენ, მაგრამ ადამიანის ქცევა ძალიან მნიშვნელოვანია. ზოგ ადამიანს ჩვეულებრივ აქვს ადამიანთან ფიზიკური კონტაქტი, როდესაც იცინიან ან საუბრობენ ადამიანებთან, რომლებიც მათ გვერდით ზიან. ზოგ ადამიანს აქვს მაღალი ხმა და ხალხს დისკომფორტს უქმნიან. ეს ქცევები არ არის დიდი ნაკლოვანებები, მაგრამ მაინც სხეულის შეცდომებია. იმ ადამიანებს, რომლებსაც აქვთ სათნო სულგრძელობა, ასევე აქვთ პატიოსანი ქცევები ყოველდღიურ ცხოვრებაში.

გულის მახასიათებლისშეცვლა

შემდეგი, ჩვენ უნდა გავაშენოთ ჩვენი გულის მახასიათებელი, რათა სათნო სულგრძელობას ვფლობდეთ. გულის მახასიათებლები გულისხმობს გულის ზომას. თითოეული ადამიანის გულის მახასიათებლის მიხედვით, ზოგი ადამიანი უფრო მეტს აკეთებენ, ვიდრე მოეთხოვებათ, როდესაც სხვები იმას აკეთებენ, რაც ევალებათ ან შეიძლება კიდევ უფრო ნაკლებს. ადამიანს სათნო სულგრძელობით აქვს გულის მახასიათებელი, რომელიც არის დიდი, ამიტომ იგი არა მარტო პირად საკითხებზე ფიქრობს, არამედ სხვებზეც ზრუნავს.

ფილიპელთა 2:4-ში წერია, „მარტო თავის თავზე ნუკი ზრუნავს თვითეული თქვენგანი, არამედ სხვებზეც იზრუნოს.“ ეს გულის მახასიათებელი შეიძლება გახდეს განსხვავებული იმის და მიხედვით, თუ რამდენად გავაფართოვებთ ჩვენს გულს ყველა მდგომარეობაში, რათა შევიცვალოთ მუდმივი ძალისხმევით. თუ ჩვენ მოუთმენლად ვზრუნავთ მხოლოდ საკუთარ ინტერესებზე, ჩვენ უნდა ვილოცოთ დეტალურად და შევცვალოთ ჩვენი შეზღუდული აზროვნება უფრო ფართო აზროვნებად, რომელიც პირველ რიგში სხვებზე ზრუნავს.

სანამ იგი ეგვიპტეში მონად გაიყიდებოდა, იოსები იზრდებოდა როგორც სათბურში გაზრდილი მცენარეები და ყვავილები. იგი ვერ ახერხებდა სახლის საქმეების მოგვარებას ან გულის გაზომვას და თავისი ძმების სიტუაციებს, რომლებიც საკუთარ მამას არ უყვარდა. თუმცა, მრავალი გამოცდების საშუალებით, მან მოიპოვა გული, რომლითაც მას შეეძლო თავისი გარემოცვის ყოველი კუთხის მართვა და მან ისწავლა, თუ როგორ უნდა აღიარებინა სხვა ადამიანების გულებ.

ღმერთმა გააფართოვა იოსების გული იმ დროისათვის, როდესაც იოსები ეგვიპტის პრემიერ მინისტრი გახდებოდა. თუ ჩვენ მივაღწევთ ამ გულის მახასიათებელს კეთილ და წმინდა გულთან ერთად, ჩვენც შევძლებთ მთავარი ორგანიზაციის მართვას. ეს არის მახასიათებელი, რომელიც ყველა ლიდერს უნდა ჰქონდეს.

კურთხევები კეთილისთვის

როგორი კურთხევები მიეცემათ იმ ადამიანებს, რომლებმაც მიაღწიეს სრულყოფილ სიკეთეს გულიდან ბოროტების განდევნით და გარე სათნო სულგრძელობის გაშენებით? როგორც მათე 5:5-ში წერია, „ნეტარ არიან

თვინიერნი, ვინაიდან ისინი დაიმკვიდრებენ მიწას," და ფსალმუნნი 37:11-ში, „ხოლო თავმდაბალნი დაიმკვიდრებენ ქვეყნიერებას და დაამდებიან დიდი მშვიდობით," ისინი დაიმკვიდრებენ მიწას. ქვეყნიერება აქ სიმბოლურად გამოხატავს ზეცის სასუფევლის საცხოვრებელ ადგილს და მიწის ქვეყნიერების დამკვიდრება ნიშნავს „მომავალში ზეცაში დიდი ძალით სიამოვნება."

რატომ ისიამოვნებენ ისინი დიდი ძალაუფლებით ზეცაში? კეთილი ადამიანი აძლიერებს სხვა სულებს ჩვენი მამა ღმერთის გულით. რაც უფრო ნაზი გახდება ადამიანი, მით უფრო მეტ სულს მოუტანს სიმშვიდეს და წარუძღვება მათ ხსნისაკენ. თუ ჩვენ გავხდებით დიდი ადამიანი, რომელიც მრავალ ადამიანს სიმშვიდეს მოუტანს, ეს იმას ნიშნავს, რომ ჩვენ სხვებს დიდად ვემსახურეთ. ზეციური ძალაუფლება მიეცემა იმ ადამიანებს, რომლებიც ემსახურებიან. მათე 23:11-ში წერია, „ხოლო თქვენს შორის უდიდესი თქვენი მსახური იყოს."

შესაბამისად, ნაზ ადამიანს შეეძლება დიდი ძალით სიამოვნება და დაიმკვიდრებს დიდ მიწას, საცხოვრებელ ადგილს, როდესაც ზეცას მიაღწევს. დედამიწაზეც კი, იმ ადამიანებს, რომლებსაც აქვთ დიდი ძალაუფლება, სიმდიდრე და დიდება, მრავალი ადამიანი მიჰყვება. მაგრამ თუ ისინი ყველაფერს დაკარგავენ, ასევე დაკარგავენ თავიანთ ძალაუფლებას, და ხალხი მიატოვებს მათ. სულიერი ძალაუფლება, რომელიც კეთილ ადამიანს აქვს, განსხვავდება ამ სამყაროს ძალაუფლებისაგან. ის არც ქრება და არც იცვლება. დედამიწაზე, როდესაც მისი სული აყვავდება, იგი ყველაფერში წარმატებული იქნება. ასევე, ზეცაში ღმერთს იგი სამუდამოდ ეყვარება და უთვალავი სული პატივს სცემს მას.

3. სიყვარული არ არის ეჭვიანი

კარგი სტუდენტები აგროვებენ შენიშვნებს იმ კითხვებზე, რომლებიც ადრე გამოტოვეს ტესტების დროს. ისინი განიხილავენ მიზეზს, თუ რატომ გასცეს კითხვებზე არასწორი პასუხები და თემას კარგად შეისწავლიან სანამ გააგრძელებენ. ამბობენ, რომ ეს მეთოდი ძალიან ეფექტურია იმ თემის სწავლაზე, რომელიც მათთვის რთული იყო. ეს იგივე მეთოდი შეიძლება გამოყენებულ იქნას სულიერი სიყვარულის გაშენების დროს. თუ ჩვენ დეტალურად განვიხილავთ ჩვენს ქმედებებს და სიტყვებს და სათითაოდ განვდევნით ყოველ ნაკლს, მაშინ ჩვენ პატარა დროის განმავლობაში მივაღწევთ სულიერ სიყვარულს. მოდით განვიხილოთ სულიერი სიყვარულის შემდეგი მახასიათებელი – „სიყვარული არ არის ეჭვიანი."

ეჭვიანობა მაშინ ჩნდება, როდესაც ეჭვიანობის გრძნობა მწარდება და სევდა იზრდება გადაჭარბებულად და ხდება ბოროტი ქმედებების ჩადენა მეორე ადამიანის წინააღმდეგ. თუ ეჭვიანობის და შურის გრძნობები გვაქვს გონებაში, ჩვენ გვექნება ბოროტი გრძნობები, როდესაც ვხედავთ სხვა ადამიანის სიხარულს. თუ ჩვენ დავინახავთ, რომ სხვა ადამიანი ჩვენზე უფრო მცოდნე, მდიდარი და კომპეტენტურია, ან თუ ჩვენი კოლეგა წარმატებას მიაღწევს და მრავალი ადამიანისგან მოწონებას დაიმსახურებს, ჩვენ გვექნება შურის გრძნობები. ზოგჯერ ეს ადამიანი შეიძლება შეგვძულდეს კიდეც, მოგვინდება მისი მოტყუება და ფეხქვეშ გათელვა.

მეორეს მხრივ ჩვენ შეიძლება თავი ზნედაცემულად ვიგრძნოთ და ვიფიქროთ, „სხვებს იგი ძალიან მოსწონთ, მაგრამ მე რა ვარ? მე არაფერს არ წარმოვადგენ!" სხვა სიტყვებით რომ ვთქვათ, ჩვენ თავდაჯერება მოგვაკლდება,

რადგან საკუთარ თავს სხვებს ვადარებთ. როდესაც თავდაჯერებეა გვაკლდება, ზოგიერთმა ჩვენთაგანმა შეიძლება იფიქროს, რომ ეს არ არის ეჭვიანობა. მაგრამ, სიყვარული იხარებს ჭეშმარიტებასთან. სხვა სიტყვებით რომ ვთქვათ, თუ ჭეშმარიტი სიყვარული გვაქვს, ჩვენ გვიხარია, როდესაც სხვა ადამიანი წარმატებას აღწევს. თუ ჩვენ გული აგვიცრუვდება და საკუთარ თავს ვუსაყვედურებთ, ან ჭეშმარიტებასთან არ გავიხარებთ, ეს იმიტომ ხდება, რომ ჩვენი ეგო, საკუთარი მე ჯერ კიდევ აქტიურია. რადგან ჩვენი საკუთარი მე ცოცხალია, ჩვენი სიამაყე ტკივილია, როდესაც ვგრძნობთ, რომ სხვებზე ნაკლები ვართ.

როდესაც შურიანი გონება იზრდება და შემდეგ მოქმედებს ბოროტი სიტყვებით და ქმედებებით, ეს არის ეჭვიანობა, რომელზეც ეს სიყვარულის თავი საუბრობს. თუ კი ეჭვიანობა განვითარდება და უფრო მძიმე ფორმა მიეცემა, ადამიანმა შეიძლება ზიანი მიაყენს ან მოკლას კიდეც სხვა ადამიანი. ეჭვიანობა არის ბოროტი და ბინძური გულის გარე გამომჟღავნება და ამგვარად რთულია ასეთი ადამიანებისთვის ხსნის მიღება (გალათელთა 5:19-21). ეს იმიტომ, რომ ეჭვიანობა არის ხორცის ცხადი სამუშაო, რომელიც არის ცხადად ჩადენილი ცოდვა. ეჭვიანობა შესაძლებელია რამდენიმე სახის კატეგორიად დაიყოს.

ეჭვიანობა რომანტიულ ურთიერთობაში

ეჭვიანობა გამოწვეულია რომ იმოქმედოს, როდესაც ურთიერთობაში მყოფ ადამიანს სურს უფრო მეტი სიყვარულის მიღება მეორე ადამიანისგან. მაგალითად, იაკობის ორი ცოლი, ლეა და რახელი ერთმანეთზე ეჭვიანობდნენ და ორივეს სურდა იაკობისგან უფრო მეტი მოწონების მიღება. ლეა და რახელი იყვნენ დები, ორივე

იაკობის ბიძის, ლაბანის ქალიშვილები.

იაკობმა საკუთარი ნების გარეშე, მისი ბიძის, ლაბანის მოტყუების შედეგად, ლეა შეირთო ცოლად. სინამდვილეში იაკობს ლეას უმცროსი და, რახელი უყვარდა და თავის ბიძასთან 14 წლის მსახურობის შემდეგ, მან შეირთო რახელი. დასაწყისიდანვე იაკობს ლეაზე მეტად რახელი უყვარდა. მაგრამ ლეას ეყოლა ოთხი შვილი, როდესაც რახელს არ შეეძლო ბავშვების გაჩენა.

იმ დროს სამარცხვინო იყო ქალისთვის, რომ შვილები არ ჰყოლოდა და რახელს ყოველთვის ლეასი შურდა. იგი იმდენად იყო დაბრმავებული თავისი ეჭვიანობით, რომ იაკობსაც პრობლემებს უქმნიდა. „მომეცი შვილები, თორემ მოვკვდები" (დაბადება 30:1).

რახელმა და ლეამ საკუთარი მსახური მისცეს იაკობს, როგორც საყვარელი, რათა მისი სიყვარული უკლებლივ მიეღოთ. თუ კი მათ სულ მცირე ჭეშმარიტი სიყვარული ექნებოდათ გულებში, ისინი გახარებულები იქნებოდნენ, როდესაც ქმარს მეორე უფრო მეტად ეყვარებოდა. ეჭვიანობან თითოეული მათგანი უბედური გახადა. გარდა ამისა, ეს შვილებზეც ახდენდა ზეგავლენას.

ეჭვიანობა, როდესაც სხვა ადამიანები უფრო იღბლიანები არიან

თითოეული ადამიანის ეჭვიანობის ასპექტი განსხვავდება მათი ცხოვრების ფასეულობების მიხედვით. მაგრამ ჩვეულებრივ, როდესაც მეორე უფრო მცოდნე, მდიდარი და კომპეტენტურია ვიდრე ჩვენ ვართ ან უფრო მეტად უყვარს იგი ხალხს, ჩვენ შეიძლება ეჭვიანობის გრძნობა დაგვეუფლოს. არ არის რთული, რომ ეჭვიანობის სიტუაციაში აღმოვჩნდეთ სკოლაში, სამსახურში და სახლში, როდესაც ეჭვიანობა მოდის იმ გრძნობიდან, რომ ვინმე

ჩვენზე უკეთესია. როდესაც თანამედროვე წინ მიიწევს და ჩვენზე უფრო მეტად წარმატებულია, ჩვენ სხვები შეიძლება შევიძულოთ. ჩვენ შეიძლება ვიფიქროთ, რომ ფეხქვეშ უნდა გავთელოთ სხვები, რომ უფრო წარმატებულები ვიყოთ.

მაგალითად, ზოგი ადამიანი ამჟღავნებს სხვა ადამიანების შეცდომებს და ნაკლს სამსახურში და უფროსებში მისდამი უსამართლო ეჭვს და გაკრიტიკებას იწვევს, რადგან სურთ რომ თვითონ დაწინაურდნენ. ახალგაზრდა სტუდენტებიც ასე არიან. ზოგი სტუდენტი აწუხებს სხვა სტუდენტებს, რომლებიც ჯობნიან მათ ან აბუჩად იგდებენ იმ სტუდენტებს, რომლებიც მასწავლებელს მოსწონს. სახლში, შვილები ერთმანეთს ავად იხსენიებენ და კინკლაობენ, რათა მშობლებისგან უფრო დიდი მოწონება მიიღონ. სხვები ამას იმიტომ აკეთებენ, რომ მშობლებისგან უფრო დიდი ქონება მიიღონ მემკვიდრეობით.

იგივე შემთხვევა იყო კაენზეც, პირველი მკვლელი ადამიანთა მოდგმის ისტორიაში. ღმერთმა მხოლოდ აბელის შესაწირი მიიღო. კაენმა თავის შეურაცხყოფილად იგრძნო და რადგან მისი ეჭვიანობა კიდევ უფრო გაიზარდა, მან საბოლოოდ საკუთარი ძმა, აბელი მოკლა. მას ალბათ განუწყვეტლივ ესმოდა ცხოველის სისხლის შესაწირის შესახებ თავისი მშობლებისგან და კარგად ეცოდინებოდა ამის შესახებ. „ასე რომ, რჯულის მიხედვით, თითქმის ყველაფერი სისხლით განიწმიდება, და სისხლის დათხევის გარეშე არ არსებობს მიტევება" (ებრაელთა 9:22).

მიუხედავად ამისა, მან მხოლოდ მიწის მოსავლის შესაწირი გააკეთა. და პირიქით, აბელმა სისხლის შესაწირი გააკეთა თავისი გულით ღმერთის ნების მიხედვით. ზოგმა შეიძლება თქვას, რომ აბელისთვის არ იყო ცხვარი შეეწირა, რადგან მწყემსი იყო, მაგრამ ეს ასე არ იყო. მან შეისწავლა

ღმერთის ნება თავისი მშობლებისგან და სურდა მის ნებას გაჰყოლოდა. ამ მიზეზის გამო ღმერთმა მიიღოს აბელის შესაწირი. კაენი ეჭვიანობდა თავის ძმაზე. როდესაც მისი ეჭვიანობის ცეცხლი აინთო, ვეღარ ცხრებოდა და საბოლოოდ მან აბელი მოკლა. რამხელა ტკივილი ექნებოდათ ადამს და ევას ამის გამო!

ეჭვიანობა რწმენაში ძმებს შორის

ზოგი მორწმუნე რწმენაში თავის ძმაზე ან დაზე ეჭვიანობს, რომლებიც მათ წინ არიან რწმენაში ან უფრო ერთგულები არიან ღმერთის. მოვლენა ჩვეულებრივ მაშინ ხდება, როდესაც ადამიანები ერთი ასაკის არიან, იგივე პოზიციაში და როდესაც მსგავსი მორწმუნეობის ხანგრძლივობა აქვთ, ან კიდევ როდესაც მეორე ადამიანს კარგად იცნობენ.

როგორც მათე 19:30-ში წერია, „მაგრამ მრავალი პირველი იქნება უკანასკნელი, და უკანასკნელი – პირველი," ზოგჯერ ის ადამიანები, რომლებსაც ნაკლები ხანგრძლივობა აქვთ რწმენაში და უფრო დაბალი ეკლესიის წოდება, შეიძლება წინ გაგვასწრონ. შემდეგ, ჩვენ შეიძლება მათზე ეჭვიანობა დავიწყოთ. ასეთი ეჭვიანობა არ არსებობს მორწმუნეებში, რომლებიც ერთ და იგივე ეკლესიაში არიან. ეს შეიძლება არსებობდეს პასტორებს და ეკლესიის წევრებს შორის, ეკლესიებს შორის ან სხვადასხვა ქრისტიანულ ორგანიზაციებს შორის. როდესაც ადამიანი ღმერთს ადიდებს, ყველამ ერთად უნდა გაიხაროს, მაგრამ ისინი ცილს წამებენ ერთმანეთს, რათა დაამცირონ სხვა ადამიანები ან ორგანიზაციები. რას იგრძნობენ მშობლები, თუ კი მათი შვილები ერთმანეთში კინკლაობენ და ერთმანეთი სძულთ? მაშინაც კი, თუ შვილები მათ საკვებს და კარგ რაღაცეებს მისცემენ, ისინი არ იქნებიან

ბედნიერები. და თუ კი მორწმუნეები, რომლებიც ღმერთის შვილები არიან და ერთმანეთში კინკლაობენ, ან თუ კი ეჭვიანობა არსებობს ეკლესიებს შორის, ეს მხოლოდ ჩვენი უფლის დადარდიანებას გამოიწვევს.

საულის ეჭვიანობა დავითის მიმართ

საული ისრაელის პირველი მეფე იყო. მან საკუთარი ცხოვრება ტყუილად დახარჯა დავითის ეჭვიანობით. საულისთვის დავითი რაინდივით იყო, რომელმაც მისი ქვეყანა გადაარჩინა. როდესაც ჯარისკაცების მორალურმა მდგომარეობამ ფსკერს მიაღწია ფილისტელების გოლიათის დაფრთხობის გამო, დავითმა მეტეორული ამაღლება მოახდინა და უბრალო შურდულით ფილისტელების ჩემპიონი დაამარცხა. ამ ერთმა ქმედებამ ისრაელს გამარჯვება მოუტანა. მას შემდეგ დავითმა მრავალი საქები მოვალეობა შეასრულა ქვეყნის ფილისტელების შემოტევებისგან დაცვით. ამ ეტაპზე საულსა და დავითს შორის პრობლემა წამოიჭრა. საულმა შემაძრწუნებელი რამ გაიგონა ხალხისგან, რომლებიც ბრძოლის ველიდან გამარჯვებულ დავითს ესალმებოდნენ. „შემუსრა საულმა თავისი ათასი, ხოლი დავითმა თავისი ათი ათასი!“ (1 სამუელი 18:7)

საულმა უხერხულად იგრძნო თავი და გაიფიქრა, „როგორ მადარებენ დავითთან? იგი მხოლოდ მწყემსი ბიჭია!“

მისი რისხვა უფრო და უფრო გამწვავდა, როდესაც ამ გამოთქმაზე ფიქრობდა. იგი ფიქრობდა, რომ სწორი არ იყო მისი ხალხის მიერ დიდება და აქედან მოყოლებული დავითის ქმედებები მისთვის საეჭვო იყო. საული ალბათ ფიქრობდა, რომ დავითი ისე იქცეოდა, რომ ხალხის გული მოეგო. საულის რისხვის ისარი დავითისკენ მიუთითებდა. მან იფიქრა, „თუ კი დავითმა უკვე მოიგა ხალხის გულები,

აუცილებლად აჯანყება მოხდება!“

რაც უფრო გადამეტებულად გაიზარდა მისი ფიქრები, საული დავითის მოკვლის შესაძლებლობას ეძებდა. ერთ დროს, საული იტანჯებოდა ბოროტი სულებისგან და დავითმა არფაზე დაუკრა მისთვის. საულმა ხელში ჩაიგდო შესაძლებლობა და შუბი ესროლა. საბედნიეროდ დავითმა აიცდინა და გაიქცა. მაგრამ საული არ დანებდა. იგი განუწყვეტლივ დევნიდა დავითს თავისი არმიით.

მიუხედავად ამ ყველაფრისა, დავითს არ ჰქონდა საულისთვის ზიანის მიყენების სურვილი, რადგან მეფე ღმერთის მიერ იყო მირონცხებული და მეფე საულმა ეს იცოდა. მაგრამ საულის ეჭვიანობის ცეცხლი არ ჩამცხრალა. საული განუწყვეტლივ იტანჯებოდა აღმაშფოთებელი აზრებით თავისი ეჭვიანობის გამო. სანამ ბრძოლაში მოკვდებოდა, საული არ დამშვიდებულა დავითისადმი ეჭვიანობის გამო.

ის ადამიანები, რომლებსაც მოსესი შურდათ

რიცხვნი 16-ში ჩვენ ვკითხულობთ კორახის, დათანის და აბირამის შესახებ. კორახი იყო ლევიანი და დათანი და აბირამი რეუბენიანების ტომიდან იყვნენ. მათ შურდათ მოსესი და მისი ძმის და დამხმარე აარონის. ისინი აღშფოთებულები იყვნენ იმ ფაქტით, რომ მოსე ეგვიპტის პრინცი იყო და ახლა იგი მართავდა მათ, მიუხედავად იმისა, რომ მიდიამის მწყემსი და ლტოლვილი იყო. სხვა სიტყვებით რომ ვთქვათ, მათ სურდათ, რომ თვითონ გამხდარიყვნენ ლიდერები. ამიტომ, ისინი დაეკონტაქტნენ ხალხს, რომ მათ გრუპში გაწევრიანებულიყვნენ.

კორახმა, დათანმა და აბირამმა შეკრიბეს 250 ადამიანი, რომლებიც მათი მომხრეები იყვნენ და ფიქრობდნენ, რომ ძალას მოიპოვებდნენ. ისინი მივიდნენ მოსესთან და

აარონთან და კამათი დაიწყეს. მათ თქვეს, „გეყოფათ! წმიდაა ერთიანად მთელი საზოგადოება და უფალი არის მათ შორის. რატომ აღზევდით უფლის კრებულზე?“ (რიცხვნი16:3)

მიუხედავად იმისა, რომ მათ თავი არ შეიკავეს მისდამი დაპირისპირებაში, მოსეს უკან არაფერი უთქვამს მათთვის. იგი უბრალოდ ღმერთის წინაშე დაიჩოქა სალოცავად და ეცადა, რომ მათთვის მათი ნაკლი დაენახებინა და ღმერთს თხოვა თავისი განაჩენისთვის. ამ დროს ღმერთის რისხვა დაატყდათ კორახს, აბირამს და დათანს და მათთან მყოფ ადამიანებს. გაიხსნა დედამიწის პირი და კორახი, დათანი და აბრაამი და მათი მიმდევრები შვილებთან ერთად ქვესკნელში ჩავარდნენ. ცეცხლი ასევე უფლისგან გამოვიდა და ჩაყლაპა ორასორმოცდაათი ადამიანი, რომლებიც გუნდრუკს წირავდნენ.

მოსეს ხალხისათვის ზიანი არ მიუყენებია (რიცხვნი 16:15). მან უბრალოდ ძალისხმევა არ დაიშურა და ხალხს წინ უძღვებოდა. მან ნიშნებით და სასწაულებით დაამტკიცა, რომ ღმერთი მასთან ერთად იყო. მან მათ აჩვენა ეგვიპტეში ათი ჭირი; მან გადაალახვინა წითელი ზღვა მშრალი მიწით; მან მათ წყალი კლდიდან მისცა და ციური მანა აჭამა უდაბნოში. მაშინაც კი, მათ ცილი დასწამეს მოსეს და მის წინააღმდეგ წავიდნენ.

ღმერთმა მათ ასევე აჩვენა, თუ როგორი დიდი ცოდვა იყო, რომ მოსესი შურდათ. განსკა და განკიცხვა იმ ადამიანისა, რომელიც ღმერთის მიერ იყო დანიშნული, არის იგივე რაც თვითონ ღმერთის განსჯა და განკიცხვა. ამგვარად, ჩვენ დაუდევრად არ უნდა გავაკრიტიკოთ ეკლესიები ან ორგანიზაციები, რომლებიც მუშაობენ უფლის სახელით. რადგან ჩვენ ყველა დები და ძმები ვართ ღმერთში, ჩვენს შორის ეჭვიანობა ღმერთის წინაშე დიდი ცოდვაა.

ექვიანობა ისეთ რაღაცეებზე, რასაც დიდი მნიშვნელობა არ აქვს

მივიღებთ იმას რაც გვსურს ექვიანობით? რა თქმა უნდა არა! ჩვენ შეიძლება შევძლოთ სხვა ადამიანების რთულ სიტუაციაში ჩაგდება და ამის შედეგად შეიძლება ისე ვიგრძნოთ თავი, რომ მათზე უფრო წინ ვართ, მაგრამ ასე ყველაფერს ვერ მივიღებთ რაც გვსურს. იაკობი 4:2-3-ში წერია, „გსურთ და არა გაქვთ, კლავთ და გშურთ, მაგრამ საწადელს ვერ აღწევთ; იბრძვით და ომობთ."

ექვიანობის მაგივრად, გაითვალისწინეთ ის, რაც იობი 4:8-ში წერია, „როგორც მინახავს, სიავის მხვნელნი და სიცრუის მთესველნი მასვე მოიმკიან." ბოროტება, რასაც ჩაიდენ, უკანვე ბუმერანგივით დაგიბრუნდება.

რა ბოროტებასაც დასთეს სამაგიეროდ შეიძლება უბედურება მოხდეს შენს ოჯახში ან სამსახურში. როგორც იგავნი 14:30 ამბობს, „მანუგეშებელი გული ხორცის სიცოცხლეა, შური კი ძვალთა ლპობაა," შური შედეგს იღებს მხოლოდ თვით-მინიჭებულ ზიანში და ამგვარად სრულიად უაზროა. ამგვარად, თუ გსურს, რომ სხვებზე წინ იყო, შენუ ნდა სთხოვო ღმერთს, რომელიც აკონტროლებს ყველაფერს.

რა თქმა უნდა, შენ ვერ მიიღებ ყველაფერს, რასაც სთხოვ. იაკობი 4:3-ში წერი, „ითხოვთ და ვერ იღებთ, იმიტომ, რომ ბოროტად ითხოვთ, რათა თქვენივე ვნებები დაიცხროთ." თუ კი ისეთ რაღაცას სთხოვ, რასაც საკუთარი სიამოვნებისთვის გამოიყენებ, შენ ვერ მიიღებ მას, რადგან ეს ღმერთის ნება არ არის. მაგრამ ხშირ შემთხვევაში, ხალხი საკუთარი გულისთქმის გაყოლით სთხოვს. ისინი სთხოვენ სიმდიდრეს, დიდებას და ძალა საკუთარი კომფორტისა და სიამაყისთვის. ეს მე მამწუხრებს ჩემი სამღვდელოების მსვლელობისას. მართალი და ჭეშმარიტი კურთხევა არ

არის სიმდიდრე, დიდება და ძალა; ეს არის ადამიანის სულის აყვავება.

არ აქვს მნიშვნელობა რამდენი რამ გაქვს და რით იღებ სიამოვნებას, რა არის ამის სარგებლობა, თუ კი ხსნას ვერ მიიღებ? ჩვენ უნდა დავიმახსოვროთ, რომ დედამიწაზე ყველაფერი ნისლივით გაქრება. 1 იოანე 2:17 ამბობს, „ეს ქვეყანაც გარდავა და მისი გულისთქმაც, ღვთის ნებისმყოფელი კი წარუვალია უკუნისამდე," და ეკლესიასტე 12:8-ში წერია, „ამაოება ამაოებათა, თქვა ეკლესიასტემ, ყოველივე ამაო."

მე იმედი მაქვს, რომ შენ არ იეჭვიანებ შენს ძმებზე და დებზე და რომ გექნება გული, რომელიც ღმერთის ტვალში მართალია. შემდეგ ღმერთი უპასუხებს შენს ლოცვებს და მოგცემს ზეცის საუკუნო სასუფეველს.

ეჭვიანობა და სულიერი სურვილი

ხალხს ღმერთის სწამს და მაინც ხდებიან ეჭვიანები, რადგან მცირე რწმენა და სიყვარული აქვთ. თუ შენ არ გაქვს საკმარისი სიყვარული ღმერთისადმი და გაქვს ზეცის სასუფევლის მცირე რწმენა, შენ შეიძლება გახდე ეჭვიანი, რათა მიიღო ამ სამყაროს სიმდიდრე, დიდება და ძალა. თუ შენ გაქვს სრული რწმენა ღმერთის შვილების უფლებაში და ზეცის მოქალაქეობაში, ქრისტეში დები და ძმები უფრო ძვირფასები არიან, ვიდრე შენი ამქვეყნიური ოჯახი. ეს იმიტომ, რომ შენ გწამს, რომ მათთან ერთად სამუდამოდ იცხოვრებ ზეცაში.

ურწმუნოებიც კი, რომლებსაც იესო ქრისტე არ აქვთ მიღებული, ძვირფასები არიან და მათ უნდა წარვუძღვეთ ზეციური სასუფევლისაკენ. ამ რწმენის საფუძველზე, როდესაც ჭეშმარიტ სიყვარულს გავაშენებთ ჩვენში, ჩვენ მეზობლებს საკუთარი თავივით შევიყვარებთ. შემდეგ,

როდესაც სხვები შეძლებულები არიან, ჩვენ იმდენად ბედნიერები ვიქნებით, რომ თითქოს ჩვენ ვიყოთ შეძლებულები. იმ ადამიანებს, რომლებსაც ჭეშმარიტი რწმენა აქვთ, არ სურთ ამ სამყაროს უსარგებლო რაღაცეები, მაგრამ ისინი ეცდებიან ბეჯითები იყვნენ უფლის საქმეში, რათა მიაღწიონ ზეციურ სასუფეველს. სახელდობრ, მათ ექნებათ სულიერი სურვილები.

„ვინაიდან იოანე ნათლისმცემლიდან მოყოლებული დღემდე, ცათა სასუფეველი ძალით იღება, და ძალისმხმეველნი მიიტაცებენ მას“ (მათე 11:12).

სულიერი სურვილი რა თქმა უნდა განსხვავდება ეჭვიანობისგან. მნიშვნელოვანია გქონდეს სურვილი, რომ იყო აღფრთოვანებული და უფლის სამუშაოს ერთგული. მაგრამ თუ კი ძლიერი გრძნობა ხაზს გადაკვეთავს ჭეშმარიტებიდან ან სხვების წაბორძიკებას გამოიწვევს, ეს არ იქნება მისაღები. როდესაც ჩვენი უფლის სამუშაოში მგზნებარეები ვართ, ჩვენ ყურადღება უნდა მივაქციოთ ჩვენს გარშემომყოფების საჭიროებებს, უნდა ვეძებოთ მათი სარგებელი და ყველას სიმშვიდე დავუმკვიდროთ.

4. სიყვარული არ ტრაბახობს

არსებობენ ადამიანები, რომლებიც ყოველთვის თავიანთი თავებით ტრაბახობენ. მათ არ აინტერესებთ ის, თუ რას იგრძნობს სხვა ადამიანი, როდესაც ისინი ტრაბახობენ. მათ უბრალოდ სურთ იამაყონ იმით რაც აქვთ და სხვა ადამიანებისგან მოწონება სურთ. იოსები თავისი სიზმრით ტრაბახობდა, როდესაც ახალგაზრდა ბიჭი იყო. ამან გამოიწვია მისი ძმების სიძულვილი. რადგან მამამის იგი განსაკუთრებულად უყვარდა, მას ვერ გაეგო თავისი ძმების გულები. მოგვიანებით, იგი ეგვიპტეს მონად მიჰყიდეს და საბოლოოდ მრავალი გამოცდა გადაიტანა სულიერი სიყვარულის გასაშენებლად. სანამ ადამიანი სულიერ სიყვარულს გააშენებს, მან შეიძლება სიმშვიდე დაარღვიოს საკუთარი თავის ტრაბახით. ამიტომ ღმერთი ამბობს, „სიყვარული არ ტრაბახობს."

უბრალოდ რომ ვთქვათ, ტრაბახი არის საკუთარი თავის გამომჟღავნება და გამოჩენა. ხალხს ჩვეულებრივ სურთ მოწონება დაიმსახურონ, როდესაც სხვებზე მეტი აქვთ ან სხვებზე უკეთესები არიან. რა იქნება ასეთი ტრაბახის ეფექტი?

მაგალითად, ზოგი მშობელი მრავალფარდოვანი სიტყვებით საუბრობს და ტრაბახობს თავისი შვილით, რომელიც კარგად სწავლობს. შემდეგ, სხვა ადამიანებმა შეიძლება გაიხარონ მასთან ერთად, მაგრამ უმრავლესობის სიამაყეს ტკივილი მიეყენება და ბოროტი გრძნობები გაუჩნდებათ. მათ შეიძლება საკუთარ შვილებს საყვედური გამოუცხადონ მიზეზის გამო. არ აქვს მნიშვნელობა თუ რამდენად კარგად სწავლობს შენი შვილი, თუ შენ გაქვს სულ მცირე სიკეთე მაინც, რომ სხვების გრძნობები გაითვალისწინო, შენ ასე არ იტრაბახებ შენი შვილით. შენ ასევე მოგინდება, რომ მეზობლის შვილმაც კარგად

ისწავლოს და თუ კი იგი ამას გააკეთებს, შენ სიხარულით ეტყვი მას კომპლიმენტს.

ის ადამიანები, რომლებიც ტრაბახობენ, ასევე არ უყვართ სხვა ადამიანების კარგი საქმის აღიარება და მათი ქება. ასეა თუ ისე, მათ მიდრეკილება აქვთ სხვების დამცირებისაკენ, რადგან ისინი ფიქრობენ, რომ გაურკვევლები არიან იქამდე, სანამ სხვები არ მოიწონებენ. ასე ტრაბახი იწვევს უსიამოვნებას. ტრაბახა გული შორსაა ჭეშმარიტი სიყვარულისგან. შენ შეიძლება იფიქრო, რომ თუ კი საკუთარი თავით იამაყებ, ხალხი მოგიწონებს, მაგრამ ეს უფრო ართულებს სხვებისგან გულწრფელი პატივისცემის და სიყვარულის მიღებას. „თქვენი ქედმაღლობის გამო იქადით; მაგრამ ყოველგვარი სიქადული ბოროტებაა" (იაკობი 4:16).

სიცოცხლის მკვეხარა სიამაყე მოდის სამყაროს სიყვარულისგან

რატომ ტრაბახობს ხალხი საკუთარი თავით? ეს იმიტომ, რომ მათ აქვთ სიცოცხლის მკვეხარა სიამაყე. სიცოცხლის მკვეხარა სიამაყე გულისხმობს „ადამიანის ტრაბახობის ბუნებას საკუთარ თავზე ამ სამყაროს სიამოვნებების მიხედვით." ეს მოდის სამყაროს სიყვარულისგან. ხალხი ხშირად იმით ტრაბახობს, რასაც მნიშვნელოვნად თვლიან. ის ადამიანები, რომლებსაც ფული აქვთ, იტრაბახებენ ამით და ადამიანები, რომლებიც თვლიან რომ გარეგნობა მნიშვნელოვანია, თავიანთი გარეგნობით იტრაბახებენ. სახელდობრ, ისინი ღმერთზე წინ აყენებენ ფულს, გარეგნობას, სახელს, ან სოციალურ ძალას.

ჩვენი ეკლესიის ერთ-ერთ წევრს კორეაში ჰქონდა კომპიუტერების კონგლომერატებისთვის მიყიდვის წარმატებული ბიზნესი. მას უნდოდა თავისი ბიზნესის გაფართოება. მან მრავალი სესხი აიღო და ინვესტიცია

ჩადო ინტერნეტ კაფის ფრენჩაიზში. მან დააწესა კომპანია ორი ბილიონი ვონის საწყისი კაპიტალით, რომელიც დაახლოებით ორი მილიონი აშშ დოლარია.

მაგრამ ბრუნვა იყო ნელი და დანაკარგები გაიზარდა და კომპანია გაკოტრდა. მისი სახლი აუქციონზე გაიტანეს და მოვალეები დასდევდნენ მას. იგი ცხოვრობდა პატარა სახლებში, სარდაფებში ან სახურავებზე. შემდეგ მან დაიწყო გახსენება. მან გააცნობიერა, რომ ჰქონდა თავისი წარმატებით ტრაბახის სურვილი და ფულზე დახარბებული იყო. მან გააცნობიერა, რომ მის გარშემომ მყოფებს რთულ სიტუაციებს უქმნიდა, რადგან ბიზნესს საკუთარი შესაძლებლობების ფარგლებს გარეთ აფართოვებდა.

როდესაც ღმერთის წინაშე მოინანია მთლი გულით და განდევნა საკუთარი სიხარბე, იგი ბედნიერი იყო მაშინაც კი, როდესაც ისეთი სამსახური ჰქონდა, რომელიც იყო საკანალიზაციო მილების და სეფსისური ავზების გაწმენდა. ღმერთმა დაინახა მისი სიტუაცია და ახალი ბიზნესის დაწყების გზა აჩვენა. ახლა, მისი ბიზნესი ყვავის, რადგან ყოველთვის მართალი გზით მუშაობს.

1 იოანე 2:15-ში წერია, „ნუ შეიყვარებთ ამ ქვეყანას, ნურც ამქვეყნიურს რასმე; ვისაც ეს ქვეყანა უყვარს, მამის სიყვარული არ არის მასში. ვინაიდან ამ ქვეყნად ყველაფერი – გულისთქმა ხორცის, გულისთქმა თვალის და სიამაყე არსებობისა, მამისგან კი არა, ამ ქვეყნისაგან არის.“

ეზეკიელი, სამხრეთ იუდეას მეცამეტე მეფე, ღმერთის თვალში პატიოსანი ადამიანი იყო და მან ასევე გაწმინდა ტაძარი. მან დასძლია ასირიელების შემოტევები ლოცვით; როდესაც ავად გახდა, იგი ცრემლებით ლოცულობდა და მიიღო სიცოცხლის 15 წლიანი გაგრძელება. მაგრამ მაინც მას ჰქონდა დარჩენილი სიცოცხლის მკვეხარა სიამაყე. ავადმყოფობიდან გამოჯანმრთელების შემდეგ, ბაბილონმა გაგზავნა თავისი დიპლომატები.

ეზეკიელი ძალიან მოხარული იყო მათი მიღებით და მათ მთელი თავისი საუნჯე აჩვენა. მისი ტრაბახის გამო, სამხრეთ იუდეა ბაბილონმა დაიპყრო და მისი მთელი საუნჯე წაიღეს (ესაია 39:1-6). ტრაბახი მოდის ამ სამყაროს სიყვარულიდან და ეს იმას ნიშნავს, რომ ადამიანს არ აქვს ღმერთისადმი სიყვარული. ამგვარად, ჭეშმარიტი სიყვარულის გასაშენებლად, ადამიანმა საკუთარი გულიდან უნდა განდევნოს სიცოცხლის მკვეხარა სიამაყე.

უფლით ტრაბახი

არსებობს ტრაბახი, რომელიც კარგია. უფლით იქადობა არის როგორც 2 კორინთელთა 10:17-შია ნათქვამი, „ვინც იქადის, უფლით იქადოდეს." უფლით ტრაბახი არის ღმერთის დიდება, ამგვარად ეს კარგია. ასეთი ტრაბახის კარგი მაგალითი არის „მტკიცება".

პავლემ თქვა გალათელთა 6:14-ში, „ხოლო მე ღმერთმა დამიფაროს, რომ სხვა რამით ვიქადოდე და არა ჩვენი უფლის იესო ქრისტეს ჯვრით, რითაც ქვეყანა ჯვარცმულია ჩემთვის, მე კი – ქვეყნისთვის."

როგორც მან თქვა, ჩვენ ვტრაბახობთ იესო ქრისტეთი, რომელმაც გვიხსნა და მოგვცა ზეციური სასუფეველი. ჩვენ წინასწარ გვქონდა დანიშნული სამუდამო სიკვდილი ჩვენი ცოდვების გამო, მაგრამ იესოს დახმარებით, რომელმაც ჯვარზე ჩვენი ცოდვებისთვის ეცვა, ჩვენ მივიღეთ საუკუნო სიცოცხლე. როგორი მადლიერები უნდა ვიყოთ ჩვენ!

ამ მიზეზის გამო პავლე მოციქულმა იტრაბახა თავისი სისუსტის შესახებ. 2 კორინთელთა 12:9-ში წერია, „მომიგო: „შენთვის საკმარისია ჩემი მადლიც, რადგანაც ჩემი ძალა უფრო სრულად ვლინდება უძლურებაში." ამიტომაც მეტი ხალისით დავიქადი ჩემს უძლურებას, რათა ქრისტეს ძალა დამკვიდრდეს ჩემში."

სინამდვილეში, პავლემ მრავალი ნიშანი და სასწაული

მოახდინა და ხალხმა ხელსახოცების კი მოიტანა, რომელზეც პავლე შეეხო და შემდეგ ამით ავადმყოფები განიკურნენ. იგი გააკეთა სამი მისიონერთა მოგზაურობა და მრავალ ადამიანს უფლისკენ წარუძღვა და დანერგა ეკლესიები უამრავ ქალაქში. მაგრამ იგი ამბობს, რომ ეს ყველაფერი თვითონ მას არ გაუკეთებია. იგი მხოლოდ ტრაბახობდა, რომ ღმერთის წყალობამ და უფლის ძალამ მისცა მას საშუალება ეს ყველაფერი გაეკეთებინა.

დღეს, მრავალი ადამიანი ამტკიცებს, რომ ცოცხალ ღმერთს შეხვდნენ თავიანთ ყოველდღიურ ცხოვრებაში. მათ წარმოადგინეს ღმერთის სიყვარული, ამბობენ, რომ მიიღეს განკურნება, ფინანსური კურთხევა და ოჯახური სიმშვიდე, როდესაც ღმერთს დარწმუნებით ეძებდნენ და როდესაც გამოამჟღავნეს მისდამი სიყვარულის ქმედებები.

როგორც ნათქვამია იგავნი 8:17, „მიყვარს ჩემი მოყვარულნი და მიპოვნიან ჩემი მძებნელნი," ისინი მადლიერნი არიან, რომ გამოცადეს ღმერთის დიდი სიყვარული და მოიპოვეს რწმენა, რაც იმას ნიშნავს, რომ მათ მიიღეს სულიერი კურთხევები. უფლით ასეთი ამაყობა, ღმერთს ადიდებს და ადამიანთა გულებში რწმენასა და სიცოცხლეს ნერგავს. ამით ისინი ზეცაში ჯილდოებს იმარაგებენ და მათი გულის სურვილები კიდევ უფრო მალე დაკმაყოფილდება.

მაგრამ ჩვენ აქ ერთ რამეს უნდა გავუფრთხილდეთ. ზოგი ადამიანი ამბობს, რომ ღმერთს ადიდებენ, მაგრამ სინამდვილეში ცდილობენ საკუთარი თავები გამოაჩინონ სხვებისთვის. ისინი ირიბად გულისხმობენ, რომ მათ საკუთარი ძალისხმევების გამო შეძლეს კურთხევების მიღება. ისე ჩანს, რომ თითქოს ღმერთს ადიდებენ, მაგრამ სინამდვილეში დამსახურებას საკუთარ თავზე იღებენ. სატანა ბრალდებებს წაუყენებს ასეთ ადამიანებს. ბოლოს და ბოლოს, მათი საკუთარი თავით ტრაბახის შედეგი

გამომჟღავნდება; მათ შეიძლება შეხვდეთ სხვადასხვა გამოცდები ან თუ კი არავინ მოიწონებს მათ, ისინი უბრალოდ ღმერთს ჩამოშორდებიან.

რომაელთა 15:2-ში წერია, „ყოველი ჩვენგანი უნდა ცდილობდეს აამოს მოყვასს, მისდა სასიკეთოდ და ასაშენებლად." როგორც ნათქვამია, ჩვენ კეთილად უნდა მოვექცეთ მოყვასს და მათში რწმენა უნდა ჩავნერგოთ. ზუსტად როგორც წყალი იწმინდება ფილტრით, ჩვენ ფილტრი უნდა გვქონდეს ჩვენი სტყვებისთვის სანამ საუბარს დავიწყებდეთ, უნდა დავფიქრდეთ ჩვენს სიტყვებზე, რომ არავის ტკვილი ან შეურაცხყოფა არ მივაყენოთ.

სიცოცხლის მკვეხარა სიამაყის განდევნა

მიუხედავად იმისა, რომ მათ მრავალი რამ აქვთ სატრაბახო, არავის შეუძლია სამუდამოდ ცხოვრება. დედამიწის სიცოცხლის შემდეგ, ყველა ზეცაში ან ჯოჯოხეთში წავა. ზეცაში, გზებიც კი რომლებზეც დავდივართ, ოქროთია გაკეთებული და იქაურობის სიმდიდრე ვერ შეეფერება ამ სამყაროს სიმდიდრეს. ეს იმას ნიშნავს, რომ ამ სამყაროთი ტრაბახი უსარგებლოა. ასევე, მაშინ, როდესაც ადამიანს აქვს სიმდიდრე, სახელი, ცოდნა და ძალა, შეუძლია მას ჯოჯოხეთში ამით ტრაბახი?

იესომ თქვა, „რას გამორჩება კაცი, თუ მოიგებს მთელს ქვეყანას და სულს კი წააგებს? ანდა რას მისცემს კაცი თავისი სულის სანაცვლოდ? რადგან მოვა ძე კაცისა მამის თვისის დიდებითა და თავის ანგელოზთა თანხლებით, და მისი საქმისამებრ მიაგებს თვითეულს" (მათე 16:26-27).

ამ სამყაროთი ტრაბახი ადამიანს ვერასოდეს მისცემს საუკუნო ცხოვრებას ან დაკმაყოფილებას. ეს წარმოქმნის უსარგებლო სურვილებს და განადგურებისკენ მივყავართ.

როდესაც გავაცნობიერებთ ასეთ ფაქტს და ზეცის იმედით ავავსებთ ჩვენს გულებს, ჩვენ მივიღებთ ძალას, რომ განვდევნოთ სიცოცხლის მკვეხარა სიამაყე. ეს იგივეა, როდესაც ბავშვი, რომელსაც ადვილად შეუძლია გადააგდოს თავისი ძველი სათამაშო, როდესაც ახალი აქვს. რადგან ჩვენ ვიცით ზეციური სასუფევლის ბრწყინვალე სილამაზის შესახებ, ჩვენ არ ვბრძოლობთ, რომ ამ სამყაროს ქონება მოვიპოვოთ.

როდესაც განვდევნით სიცოცხლის მკვეხარა სიამაყეს, ჩვენ მხოლოდ იესო ქრისტეთი ვიტრაბახებთ. ჩვენ ვიგრძნობთ, რომ ამ სამყაროში არაფერია, რითითაც შეგვიძლია ვიტრაბახოთ, და სამაგიეროდ მხოლოდ დიდებით ვიამაყებთ, რომ საუკუნოდ ვისიამოვნებთ ზეციურ სასუფეველში. შემდეგ, ჩვენ ავივსებით სიხარულით, რომლის შესახებაც უწინ არ ვიცოდით. მაშინაც კი, თუ რაიმე რთულ სიტუაციებში აღმოვჩნდებით სიცოცხლის განმავლობაში, ჩვენ არ ვიგრძნობთ, რომ ეს სიტუაციები რთულია. ჩვენ მხოლოდ ღმერთის მადლიერები ვიქნებით, რომელმაც თავისი ერთადერთი ძე გასწირა ჩვენს გადასარჩენად და ამგვარად ყველანაირ შემთხვევაში სიხარულით ვიქნებით სავსენი. თუ ძებნას არ დავუწყებთ სიცოცხლის მკვეხარა სიამაყეს, ჩვენ თავს განდიდებულად არ ვიგრძნობთ, როდესაც ვინმე შეგვაქებს ან სიმამაცე არ მოგვაკლდება, როდესაც ვინმე საყვედურს გამოგვიცხადებს. ჩვენ მხოლოდ თავმდაბლურად შევამოწმებთ ჩვენს თავებს, როდესაც ხალხის მოწონებას მივიღებთ და ჩვენ მხოლოდ მადლიერები ვიქნებით, როდესაც ვინმე საყვედურს გამოგვიცხადებს და ვეცდებით, რომ შევიცვალოთ.

5. სიყვარული არ არის ამპარტავანი

ის ადამიანები, რომლებიც საკუთარი თავით ტრაბახობენ, ადვილად გრძნობენ, რომ სხვებზე უკეთესები არიან და ამპარტავნები ხდებიან. თუ კი ყველაფერი წარმატებულად წავა მათთვის, ისინი ფიქრობენ, რომ ეს იმიტომ არის, რომ კარგი შეასრულეს საქმე და ხდებიან პატივმოყვარეები ან ზარმაცები. ბიბლია ამბობს, რომ ერთ-ერთი ბოროტება, რომელიც ღმერთს ყველაზე მეტად სძულს, არის ამპარტავნობა. ამპარტავნობა ასევე არის იმის ერთ-ერთ მიზეზი, რომ ხალხმა ააშენა ბაბილონის გოდოლი, რათა ღმერთს შეჯიბრებოდნენ, რაც არის მოვლენა, რომელმაც გამოიწვია ღმერთის მიერ ენების განცალკევება.

ამპარტავანი ადამიანების მახასიათებლები

ამპარტავანი ადამიანი სხვებს არ მიიჩნევს თავის თავზე უკეთესად და სხვებს არაფრად აგდებს. ასეთი ადამიანი ფიქრობს, რომ ყველა ასპექტში სხვებზე მაღლა დგას. იგი საკუთარ თავს საუკეთესოდ მიიჩნევს. იგი აბუჩად იგდებს სხვებს, ზემოდან დაჰყურებს მათ და ცდილობს ყველა საკითხში სხვებს ასწავლოს. იგი ადვილად ამჟღავნებს ამპარტავნობის დამოკიდებულებას სხვების მიმართ, რომლებიც თითქოს მასზე ნაკლები არიან. იგი ზოგჯერ, თავისი მეტისმეტი ამპარტავნობით, აბუჩად იგდებს იმ ადამიანებს, რომლებმაც ასწავლეს და წარუძღვნენ მას და ასევე იმ ადამიანებს, რომლებიც ბიზნესში ან სოციალურ იერარქიაში მასზე მაღალ პოზიციაზე არიან. მას არ სურს სხვების რჩევას, საყვედურს და დარიგებას მოუსმინოს, რომლებსაც მასზე უფროსი ადამიანები აძლევენ. იგი

ჩივილს დაიწყებს, „ჩემი უფროსი ამას იმიტომ ამბობს, რომ არც კი იცის რა ხდება," ან ამბობს, „მე ყველაფერი ვიცი და კარგად შევასრულებ."

ასეთი ადამიანი სხვა ადამიანებთან კამათს და კინკლაობას იწვევს. იგავნი 13:10 ამბობს, „მხოლოდ ამპარტავნობა წარმოშობს შუღლს, მოთათბირეებთან კი სიბრძნეა."

2 ტიმოთე 2:23 გვეუბნება, „ბრიყვულსა და უგუნურ დავას ერიდე: იცოდე, რომ ეს იწვევს სიტყვიერ ბრძოლებს." ამიტომ არის სისულელე და არასწორი, რომ იფიქრო, რომ მხოლოდ შენ ხარ სწორი.

თითოეულ ადამიანს აქვს განსხვავებული სინდისი და განსხვავებული ცოდნა. ეს იმიტომ არის ასე, რომ თითოეული პიროვნება განსხვავდება იმით, თუ რა აქვს ნანახი, გაგონილი, გამოცდილი და ნასწავლი. მაგრამ ადამიანის ცოდნის უმრავლესობა არასწორია და ზოგი კი მას არასწორად აქვს ნასწავლი. თუ კი ეს ცოდნა ჩვენში გამაგრებულია დიდი ხნის განმავლობაში, მაშინ ყალიბდება თვით-სამართლიანობა და ჩარჩოები. თვით-სამართლიანობა არის ის, რომ ჩვენ დაჟინებით მოვითხოვთ, რომ მხოლოდ ჩვენი მოსაზრება არის სწორი და როდესაც ეს გამაგრებულია, შემდეგ ხდება აზროვნების ჩარჩოები. ზოგი ადამიანი ჩარჩოებს საკუთარი ინდივიდუალურობით ან ცოდნის აყალიბებს.

ჩარჩო არის ადამიანის სხეულის ჩონჩხივით. ეს ყალიბდება თითოეული ადამიანის ფორმად და როდესაც დასრულდება, მისი დამსხვრევა ძნელია. მრავალი ადამიანის აზრები მოდის თვით-სამართლიანობიდან და ჩარჩოებიდან. ადამიანი, რომელსაც აქვს არასრულფასოვნების გრძნობა, ძალიან მგრძნობიერად რეაგირებას, თუ კი ვინმე რაიმეს დააბრალებს. ან, როგორც იტყვიან, თუ კი მდიდარი ადამიანი ტანსაცმელს მოიხდენს

და მოიწესრიგებს, ხალხი ფიქრობს, რომ იგი ტრაბახობს ტავისი ტანსაცმლით. თუ კი ადამიანი რთული ლექსიკონით საუბრობს, ხალხი ფიქრობს, რომ იგი თავისი ცოდნით ტრაბახობს და მათ ზემოდან უყურებს.

მე ჩემი დაწყებითი სკოლის მასწავლებლისსგან ვისწავლე, რომ თავისუფლების ქანდაკება სან-ფრანცისკოში იყო. მე კარგად მახსოვს თუ როგორ მასწავლა მან სურათით და შეერთებული შტატების რუკით. ადრეულ ოთხმოცდაათიან წლებში, შეერთებულ შტატებში წავედი გაერთიანებული ქადაგების შეკრების წასაძღოლად. მაშინ იყო, როდესაც ვისწავლე, რომ თავისუფლების ქანდაკება ნიუ-იორკის ქალაქში მდებრეობდა.

ჩემი აზრით ქანდაკება უნდა ყოფილიყო სან-ფრანცისკოში, ამიტომ ვერ გამეგო თუ რატომ იყო ნიუ-იორკის ქალაქში. მე ჩემს გარშემო მყოფ ადამიანებს ვკითხე და მათ მითხრეს, რომ სინამდვილეში ქანდაკება ნიუ-იორკში იყო. მე გავაცნობიერე, რომ ცოდნის ნაწილი, რომელიც მწამდა, სინამდვილეში არ იყო სწორი. იმ მომენტში, მე ასევე ვიფიქრე, რომ რისიც მწამს, შეიძლება ეგეც არასწორი იყოს. მრავალ ადამიანს სწამს და იქინებენ ისეთ რაღაცეებს, რაც არ არის სწორი.

მაშინაც კი, როდესაც არასწორები არიან, ადამიანები, რომლებიც ამპარტავნები არიან, ამას არ აღიარებენ და ეს მათ კინკლაობისკენ წარუძღვება. მაგრამ ის ადამიანები, რომლებიც თავმდაბლები არიან, არ მაშინაც კი არ წაიკამათებენ, როდესაც მეორე ადამიანი არასწორია. მიუხედავად იმისა, რომ ისინი 100%-ით დარწმუნებულები არიან, მაინც ფიქრობენ, რომ შეიძლება არასწორები იყვნენ, რადგან მათ განზრახული არ აქვთ, რომ სხვების წინააღმდეგ კამათში გაიმარჯვონ.

თავმდაბალ გულს აქვს სულიერი სიყვარული, რომელიც

სხვა ადამიანების სიტუაციას ითვალისწინებს. მაშინაც კი, როდესაც სხვები ნაკლებად იღბლიანები, ნაკლებად განათლებულები ან ნაკლები სოციალური ძალა აქვთ, თავმდაბალი გონებით, ჩვენ გულიდან გავითვალისწინებთ მათ სიტუაციას. ჩვენ ასე ყველა სულს ძვირფასად მივიჩნევთ, რადგან ისინი იმდენად ღირსეულები არიან, რომ იესომ თავისი სისხლი დაღვარა მათთვის.

ხორციელი ამპარტავნობა და სულიერი ამპარტავნობა

თუ კი ადამიანი ასეთ საკუთარი თავით ტრაბახის არაჭეშმარიტ ქმედებებს ამჟღავნებს, მას შეუძლია ასეთი ამპარტავნობის ადვილად გაცნობიერება. როდესაც უფლას ვიღებთ და ჭეშმარიტებას ვსწავლობთ, ამ ხორციელი ამპარტავნობის თვისებების განდევნა ადვილია. და პირიქით, არ არის ადვილი ადამიანის სულიერი ამპარტავნობის გაცნობიერება და განდევნა. მაშინ რა არის სულიერი ამპარტავნობა?

როდესაც ეკლესიაში დადიხარ მნიშვნელოვანი დროის განმავლობაში, შენ ღმერთის სიტყვის დიდ ცოდნას იგროვებ. შენ ასევე შეიძლება წოდება მოგეცეს ან პოზიცია ეკლესიაში ან ლიდერად იქნე არჩეული. შემდეგ შეიძლება იგრძნო, რომ გულში ღმერთის სიტყვის ცოდნა გააშენე, რომელიც საკმარისია რომ იფიქრო, „მე ბევრს მივაღწიე. მე ალბათ თითქმის ყველაფერში მართალი ვარ!" შენ შეიძლება სხვებს საყვედური გამოუცხადო, განკიცხო ღმერთის სიტყვით, რომელიც ცოდნად გაქვს შენახული შენს გონებაში, იფიქრო, რომ ჭეშმარიტებით არჩევ კარგს ცუდისგან. ზოგი ეკლესიის ლიდერი საკუთარი სარგებელისთვის მუშაობს და არღვევს წესებს. ისინი უდავოდ არღვევენ ეკლესიის წესებს ქმედებებში, მაგრამ

ფიქრობენ, „ჩემთვის ეს მისაღებია, რადგან ამ პოზიციაში ვარ. მე გამონაკლისი ვარ." ასეთი განდიდებული აზროვნება არის სულიერი ამპარტავნობა.

თუ ჩვენ ვაღიარებთ ჩვენს ღმერთისადმი სიყვარულს, როდესაც მისივე რჯულს ვარღვევთ განდიდებული გულით, ეს აღიარება არ არის ჭეშმარიტი. თუ ჩვენ განვკიცხავთ და განვსჯით სხვებს, მაშინ ვერ გვექნება ჭეშმარიტი სიყვარული. ჭეშმარიტება გვასწავლის, რომ მხოლოდ სხვების კარგ თვისებებზე ვისაუბროთ.

„ნუ იტყვით, ძმანო, ერთურთის ძვირს; ვინც ძმის ძვირს იტყვის და განსჯის ძმას, რჯულის ძვირს იტყვის და განსჯის რჯულს; ხოლო თუ რჯულს განსჯი, რჯულის აღმსრულებელი კი არა ხარ, არამედ მსაჯული" (იაკობი 4:11).

რას გრძნობ, როდესაც სხვა ადამიანების სისუსტეს ხედავ?

ჯეკ კორნფილდი, თავის წიგნში შენდობის, სიყვარულის, სიკეთის და სიმშვიდის ხელოვნება, წერს დაუხელოვნებელ ქმედებებთან ბრძოლის სხვადასხვა გზების შესახებ.

„სამხრეთ აფრიკაში, ბაბემბას ტომში, როდესაც ადამიანი უპასუხისმგებლოდ ან უსამართლოდ იქცევა, მას სოფლის ცენტრში აყენებენ, მარტო და გათავისუფლებულად. ყველა მუშაობას წყვეტს, და ყველა კაცი, ქალი და ბავშვი იკრიბება დიდ წრეში ბრალდებული პიროვნების გარშემო. შემდეგ ტომის ყველა ადამიანი სათითაოდ ელაპარაკება ბრალდებულს, და თითოეული მათგანი იხსენებს ბრალდებულის გაკეთებულ სიკეთეს. ყველა შემთხვევა, ყველა გამოცდილება, რომლის დეტალურად გახსენება შეიძლება, მოყოლილია. ყველა

მისი დადებითი თვისება, კეთილი საქმეები, სიძლიერე და სიკეთე მოყოლილია სიტყვასიტყვით. ეს ტომის ცერემონია ხშირად რამდენიმე დღე გრძელდება. დასასრულს, წრე იშლება, იწყება მხიარული ზეიმობა და ბრალდებულ ადამიანს ტომში სიმბოლურად უკან იღებენ."

ამ პროცესით, ის ადამიანები, რომლებმაც შეცდომა დაუშვეს, იბრუნებენ საკუთარი თავის პატივისცემას და გადაწყვიტავენ, რომ საკუთარ ტომს დაეხმარონ. ასეთი უნიკალური სასამართლოების წყალობით, ნათქვამია, რომ მათ საზოგადოებაში დანაშაულები თითქმის არასდროს ხდება.

როდესაც სხვა ადამიანების დანაშაულს და ნაკლს ვხედავთ, ჩვენ ვფიქრობთ იმაზე, თუ ჯერ განვსაჯოთ და განვკიცხოთ ან ჩვენი კეთილმოწყალე და შესაბრალისი გული მიდის მასზე მაღლა. ამ ზომის მიღებით, ჩვენ შეგვიძლია განვიხილოთ, თუ რამდენად გავაშენეთ თავმდაბლობა და სიყვარული. საკუთარი თავის გამუდმებით შემოწმებით, ჩვენ უნდა ვიყოთ მოცულები იმით, რასაც უკვე მივაღწიეთ, მხოლოდ იმიტომ, რომ დიდი ხანია მორწმუნეები ვართ.

სანამ ადამიანი სრულყოფილად განიწმინდება, ყველას აქვს ბუნება, რომელიც ნებას აძლევს ამპარტავნობის გაზრდას. ამგვარად, ძალიან მნიშვნელოვანია, რომ ამპარტავნობის ბუნების ფესვები ამოვგლიჯოთ. ეს შეიძლება ნებისმიერ მომენტში გამომჟღავნდეს კიდევ ერთხელ, სანამ მთლაინად არ ამოვგლეჯთ მხურვალე ლოცვებით. ეს ზუსტად ისეა, როგორც სარეველა ბალახის ამოგლეჯა, რომელიც უკან იზრდება, სანამ მთლიანად მის ფესვებს არ მოსპობ. სახელდობრ, რადგან ცოდვილი ბუნება მთლიანად არ არის ამოშლილი გულიდან, ამპარტავნობა

იზრდება, როდესაც ადამიანი დიდი ხნის განმავლობაში რწმენით ცხოვრობს. ამგვარად, ჩვენ ყოველთვის უნდა დავიმდაბლოთ თავი როგორც შვილები უფლის წინაშე, მივიჩნიოთ სხვა ადამიანები ჩვენზე უკეთესებად და განუწყვეტლივ ვეცადოთ, რომ სულიერი სიყვარული გავაშენოთ.

ამპარტავან ხალხს სწამთ საკუთარი თავის

ნაბუქოდონოსორმა გახსნა დიდი ბაბილონის ოქროს ხონა. ერთ-ერთი უძველესი საოცრება, ბაბილონის დაკიდული ბაღები მის დროს შეიქმნა. იგი ამაყობდა, რომ მისი მთელი სამეფო და ყველა სამუშაო, თავისი ძალით იყო შექმნილი. მან საკუთარი თავის ქანდაკება შექმნა და ხალხს მასზე თაყვანს აცემინებდა. დანიელი 4:27 ამბობს, „ალაპარაკდა მეფე და თქვა: ეს ის დიდებული ბაბილონი არ არის, რომელიც მეფის სადიდებლად ავაშენე ჩემი ხელმწიფების ძალით ჩემი სიდიადის საქებრად?“

საბოლოოდ ღმერთმა გააგებინა მას, თუ ვინ იყო სამყაროს ნამდვილი მმართველი (დანიელი 4:31). იგი გააძევეს სასახლიდან და შვიდი წლის განმავლობაში უდაბნოში გარეული ცხოველივით ცხოვრობდა. იმ მომენტში რა იყო მისი სამეფო ტახტის მნიშვნელობა? ჩვენ ვერაფერს ვერ მივიღებთ, თუ კი ღმერთი ამის უფლებას არ მოგვცემს. ნაბუქოდონოსორი შვიდი წლის შემდეგ ნორმალურ მდგომარეობას დაუბრუნდა. მან გააცნობიერეა საკუთარი ამპარტავნობა და აღიარა ღმერთი. დანიელი 4:37-ში წერია, „ვაქებ, ვადიდებ და ხოტბას ვასხამ ზეციერ მეფეს, რადგან ჭეშმარიტია ყველა მისი საქმე, სამართლიანია მისი გზები და მას შეუძლია დაამდაბლოს ამაყად მავალნი“ (დანიელი 4:37).

ეს არ არის მხოლოდ ნაბუქოდონოსორის შესახებ. ზოგი

მორწმუნე ამბობს, „მე საკუთარი თავის მჯერა." მაგრამ სამყარო მათთვის ადვილი არ არის რომ დასძლიონ. მსოფლიოში მრავალი პრობლემაა, რომელთა მოგვარებაც ადამიანის შესაძლებლობებით შეუძლებელია. ყველაზე დახვეწილი მეცნიერული ცოდნა და ტექნოლოგიაც კი უსარგებლოა ბუნებრივ უბედურებებთან, ტაიფუნის და მიწისძვრების ჩათვლით.

და რამდენი დაავადების მკურნალობაა შეუძლებელი თანამედროვე მედიკამენტებითაც კი? მაგრამ უამრავი ადამიანი საკუთარ თავს ეყრდნობა და არა ღმერთს, როდესაც სხვადასხვა პრობლემები აქვთ. ისინი საკუთარ აზრებს, გამოცდილებას და ცოდნას ეყრდნობიან. მაგრამ, როდესაც ჯერ წარმატებულები არ არიან და მაინც აქვთ პრობლემები, ისინი უკმაყოფილებას გამოთქვამენ ღმერთის წინაშე მიუხედავად მათი ურწმუნოებისა. ეს იმიტომ ხდება, რომ მათ გულში აქვთ ამპარტავნობა. ამ ამპარტავნობის გამო, ისინი არ აღიარებენ თავიანთ სისუსტეს და თავმდაბლურად არ ცნობენ ღმერთს.

კიდევ უფრო მეტად საწყენი ის არის, რომ ზოგი მორწმუნე ეყრდნობა ამ სამყაროს და საკუთარ თავს, ღმერთის მაგივრად. ღმერთს სურს, რომ მისი შვილები წარმატებულები იყვნენ და რომ მისი დახმარებით იცხოვრონ. მაგრამ თუ შენ არ გინდა, რომ ღმერთის წინაშე თავი დაიმდაბლო, მაშინ ღმერთი ვერ დაგეხმარება. შემდეგ, შენ ვერ იქნები დაცული ეშმაკისგან ან ვერ გახდები წარმატებული. ზუსტად როგორც ღმერთი ამბობს იგავნი 18:12-ში, „შემუსვრა მოსდევს დიდგულობას და დიდებას წინ უძღვის მორჩილება," შენი ამპარტავნობა იქვევს შენს წარუმატებლობასა და განადგურებას.

ღმერთი ამპარტავან ადამიანს უგუნურად მიიჩნევს. ღმერთთან შედარებით, რომელიც ქმნის ზეცის სამეფო ტახტს და მსოფლიოს, როგორი პატარაა ადამიანის

არსებობა? ყოველი ადამიანი შეიქმნა ღმერთის გამოსახულებით და ჩვენ ყველა თანასწორები ვართ, როგორც ღმერთის შვილები. არ აქვს მნიშვნელობა ამ სამყაროში რამდენი რამით შიეძლება ვტრაბახობდეთ, ამ სამყაროს ცხოვრება წუთიერია. როდესაც ეს მოკლე სიცოცხლე დასრულდება, ყველა ადამიანი ღმერთის წინაშე განისჯება. და ჩვენ ავმაღლდებით ზეცაში იმის და მიხედვით, თუ რა გვაქვს გაკეთებული ამ სამყაროში. ეს იმიტომ, რომ უფალი განგვამაღლებს ჩვენ როგორც იაკობი 4:10-შია ნათქვამი, „დაიმდაბლეთ თავი უფლის წინაშე და აგამაღლებთ თქვენ."

თუ კი წყალი რჩება პატარა გუბეში, იქ დიდხანს გაჩერდება და დალპება და აივსება მატლებით. მაგრამ თუ კი წყალი უწყვეტად ჩამოედინება, საბოლოოდ ზღვას მიაღწევს და სიცოცხლეს აჩუქებს მრავალ არსებას. ანალოგიურად, დაე დავიმდაბლოთ თავები, რათა გავხდეთ დიდი ადამიანები ღმერთის თვალში.

სულიერი სიყვარულის მახასიათებლები I

1. არის მომთმენი
2. არის კეთილი
3. არ არის ეჭვიანი
4. არ ტრაბახობს
5. არ არის ამპარტავანი

6. სიყვარული შეუფერებლად არ იქცევა

„მანერები“ ან „ეთიკა“ არის სოციალურად სწორი მოქცევის გზა, რომელიც არის ხალხის სხვების მიმართ დამოკიდებულების და ქცევის შესახებ. კულტურულ ეთიკას აქვს ფართო აზრთა სხვაობა ჩვენს ყოველდღიურ ცხოვრებაში, როგორიც არის ეთიკა ჩვენს საუბარში, სადილობაში ან ქცევა საზოგადოებრივ თავშეყრის ადგილებში.

შესაფერისი მანერები ჩვენი ცხოვრების მნიშვნელოვანი ნაწილია. სოციალურად მისაღები ქცევები, რომლებიც შესაფერისია თითოეული ადგილისა და გარემოებისათვის, სხვებზე კარგ შთაბეჭდილებას მოახდენს. და პირიქით, თუ ჩვენ შესაფერისად არ მოვიქცევით და უგულვებელყობთ ძირითად ეთიკას, მაშინ ამან შეიძლება დისკომფორტი გამოიწვიოს ჩვენს გარშემო მყოფ ადამიანებში. გარდა ამისა, თუ ჩვენ ვიტყვით, რომ ვინმე გვიყვარს, მაგრამ შეუფერებლად მოვიქცევით ამ ადამიანის წინაშე, რთული იქნება მისთვის დაიჯეროს, რომ ჩვენ მართლა გვიყვარს იგი.

მერიამ-ვებსტერის ონლაინ ლექსიკონი მოიხსენიებს ‘‘შეუფერებელს’ როგორც ‘არ შეესაბამება ადამიანის დამახასიათებელ მდგომარეობის ან პოზიციის სტანდარტებს.’ აქა იქ არსებობს მრავალი კულტურული ეთიკა ჩვენს ყოველდღიუ ცხოვრებაში, როგორიც არის მისალმებები და დიალოგები. ჩვენს და გასაკვირად, მრავალმა ადამიანმა არ იცის, რომ როდესაც უხეშად იქცევიან, ეს შეუფერებელია. კონკრეტულად, ჩვენთვის უფრო ადვილია რომ შეუფერებლად მოვიქცედ იმ ადამიანების წინაშე, რომლებთანაც ახლოს ვართ. ეს იმიტომ, რომ როდესაც ხალხთან თავს კომფორტულად ვგრძნობთ, ჩვენ ვიქცევით უხეშად ან შესაფერისი ეთიკის გარეშე.

მაგრამ თუ კი ჭეშმარიტი სიყვარული გვაქვს, ჩვენ არასოდეს მოვიქცევით შეუფერებლად. ვთქვათ რომ გაქვს ძალიან ძვირფასი ძვირფასეულობა. მაშინ, მოექცევი მას მოუფრთხილებლად? შენ ძალიან ფრთხილი და წინდახედული იქნება, რომ არ გატეხო ან დააზიანო შენი ძვირფასეულობა. ანალოგიურად, თუ კი მართლა გიყვარს ადამიანი, როგორ გამორჩეულად მოექცევი მას?

არსებობს შეუფერებლად მოქცევის ორი სიტუაცია: უხეშობა ღმერთის წინაშე და უხეშობა ადამიანის წინაშე.

უხეშად მოქცევა ღმერთის წინაშე

იმ მორწმუნეებთა შორისაც კი, რომლებსაც ღმერთის სწამთ და ამბობენ რომ ღმერთი უყვართ, როდესაც ჩვენ ვხედავთ მათ ქცევებს და ვისმენთ მათ სიტყვებს, არიან მრავალი მათგანი, რომლებიც ძალიან შორს არიან ღმერთისადმი სიყვარულისგან. მაგალითად, წირვის დროს თვლემა არის ერთ-ერთი ყველაზე მთავარი უხეშობა ღმერთის წინაშე.

წირვის დროს თვლემა იგივეა რაც თვლემა თვით ღმერთის წინაშე. დიდი უხეშობა იქნება, რომ ქვეყნის პრეზიდენტის ან კომპანიის მთავარი აღმასრულებელი ხელმძღვანელის წინაშე თვლემა დაიწყო. მაშინ, რამდენად უფრო დიდი შეუფერებლობა იქნება, რომ ღმერთის წინაშე ჩათვლიმო? საეჭვო იქნება, რომ შენ განაგრძო იმის განცხადება, რომ ღმერთი გიყვარს. ან, წარმოიდგინე შენს საყვარელ ადამიანს ხვდები და ამ ადამიანის წინაშე თვლემ. მაშინ, როგორ შეიძლება ვთქვათ, რომ შენ ჭეშმარიტად გიყვარს ეს ადამიანი?

ასევე, თუ პირადი საუბარი გაქვს შენს გვერდით მყოფ ხალხთან წირვის დროს ან ოცნებას იწყებ, ეს ასევე შეუფერებლად მოქცევაა. ასეთი მოქცევა არის იმის ნიშანი, რომ მორწმუნე ადამიანს არ აქვს საკმარისი პატივისცემა და

სიყვარული ღმერთისადმი.

ასეთი ქცეევები ასევე ზეგავლენას ახდენს მქადაგებლებზეც. ვთქვათ არის ერთი მორწმუნე, რომელიც გვერდით მყოფ ადამიანს ესაუბრება ან უსარგებლოდ ფიქრობს ან თვლემს. მაშინ, მქადაგებელმა შეიძლება იფიქროს, რომ ქადაგება საკმარისად სასიამოვნო არ არის. მან შეიძლება დაკარგოს სული წმინდის შთაგონება, ამიტომ შეიძლება ვერ შეძლოს სულის სისავსით ქადაგება. ყველა ეს ქმედება საბოლოოდ გამოიწვევს არახელსაყრელ პირობებს სხვა მლოცველებისტვისაც.

ეს იგივეა, რაც ტაძრიდან გასვლა შუა წირვის დროს. რა თქმა უნდა, არსებობენ მოხალისეები, რომლებიც გარეთ უნდა გავიდნენ თავიანთი მოვალეობის გამო, რომ წირვისას დაეხმარონ მქადაგებლებს. თუმცა, გარდა მართლაც განსაკუთრებულ შემთხვევებში, შესაფერისია, რომ მხოლოდ მაშინ გახვიდე ტაძრიდან, როდესაც წირვა დასრულებულია. ზოგი ადამიანი ფიქრობს, „ჩვენ შეგვიძლია რომ უბრალოდ მოვუსმინოთ წირვას," და გადიან ტაძრიდან სანამ წირვა დასრულდება, მაგრამ ეს არის შეუფერებლად მოქცევა.

დღეს წირვა ზუსტად იგივეა, რაც ძველ აღთქმაში საცეცხლო მსხვერპლი იყო. როდესაც მსხვერპლს წირავდნენ, ისინი ცხოველს ნაწილებად ჭრიდნენ და შემდეგ ყველა ნაწილს წვავდნენ (ლევიანნი 1:9).

ეს, დღევანდელი გაგებით, ნიშნავს იმას, რომ ჩვენ უნდა ჩავატაროთ შესაფერისი სრული წირვა გარკვეული ფორმალობების მიხედვით. ჩვენ მთელი გულით უნდა შევასრულოთ ყველა წესი წირვაში, ჩუმი ლოცვით დაწყებული ლოცვ-კურთხევით ან უფლის ლოცვით დამთავრებული. როდესაც ქება-დიდების ლოცვებს ვიტყვით, ჩვენ ეს მთელი გულით უნდა გავაკეთოთ. გარდა ოფიციალური ეკლესიის წირვებისა, ნებისმიერი წირვის დროს, ჩვენ უნდა შევწიროთ მთელი ჩვენი გულით.

იმისათვის, რომ ღმერთი მთელი გულით ვადიდოთ, პირველ რიგში ჩვენ არ დავაგვიანოთ წირვაზე. არ არის შესაფერისი, რომ ხალხთან შეხვედრებზე დაგვიანებით მივიდეთ და როგორი შეუფერებელი იქნება, რომ ღმერთთან შეხვედრაზე დროულად არ მივიდეთ? ღმერთი ყოველთვის გველოდება დიდების ადგილას, რომ ჩვენი დიდება მიიღოს.

ამგვარად, ჩვენ არ უნდა მივიდეთ ზუსტად იმ დროს, როდესაც წირვა იწყება. შესაფერისი მანერაა, რომ ადრე მივიდეთ და ვილოცოთ და მოვემზადოთ წირვისთვის. გარდა ამისა, შეუფერებელია მობილური ტელეფონების გამოყენება წირვის დროს, ან ბავშვების უყურადღებოდ დატოვება, რომლებიც ტაძარში დარბიან და თამაშობენ. ასევე შეუფერებელია წირვის დროს ჭამა ან საღეჭი რეზინის დაღეჭვა.

მნიშვნელოვანია პირადი შესახედაობა, რომელიც წირვის დროს გაქვს. ჩვეულებრივ, არ არის შესაფერისი, რომ წირვაზე სახლის ტანსაცმლით მიხვიდეთ ან იმ ტანსაცმლით, რომლითაც სამსახურში დადიხარ. ეს იმიტომ, რომ გამოწყობა არის ჩვენი სხვა ადამიანისადმი პატივისცემის გამოხატვის გზა. ღმერთის შვილებმა, რომლებსაც ჭეშმარიტად სწამთ ღმერთის, იციან თუ როგორი ძვირფასია ღმერთი. ამგვარად, როდესაც მის სადიდებლად მიდიან, ყველაზე სუფთა ტანისამოსით იკაზმებიან.

რა თქმა უნდა, გამონაკლისებიც შეიძლება. ოთხშაბათის ან პარასკევის მთელი ღამის წირვისთვის, მრავალი ადამიანი პირდაპირ სამსახურიდან მიდის. რადგან ისინი ჩქარობენ რომ დროულად მივიდნენ, ამიტომ სამსახურის ტანსაცმელში მიდიან. ასეთ შემთხვევაში, ღმერთი არ იტყვის, რომ უხეშად იქცევიან და პირიქით გაიხარებს, რადგან იგი მათგან იღებს გულის სურნელებას, როდესაც ისინი ცდილობენ რომ წირვაზე დროულად მივიდნენ,

მიუხედავად იმისა, რომ სამსახურში დაკავებულები არიან.

ღმერთს სურს, რომ ჰქონდეს მოსიყვარულე ურთიერთობა ჩვენთან წირვების და ლოცვების საშუალებით. ესენია მოვალეობები, რომლებიც ღმერთის შვილებმა უნდა შეასრულონ. განსაკუთრებით, ლოცვა არის ღმერთთან საუბარი. ზოგჯერ, როდესაც სხვები ლოცულობენ, ერთმა შეიძლება შეაწყვეტინოს სხვებს ლოცვა, რადგან გაუთვალისწინებელი შემთხვევაა.

ეს იგივეა რაც სხვა ადამიანებს საუბარი შეაწყვეტინო, როდესაც უფროსებს ესაუბრებიან. ასევე, როდესაც ლოცულობ, თუ თვალებს გაახელ და მაშინვე შეწყვეტ ლოცვას, რადგან ვინმე გეძახის, ესეც შეუფერებელია. ამ შემთხვევაში, შენ პირველ რიგში ლოცვა უნდა დაასრულო და შემდეგ გასცე პასუხი.

თუ ჩვენ ვადიდებთ მას და სულში ჭეშმარიტებით ვილოცებთ, ღმერთი უკან დაგვიბრუნებს კურთხევებს და ჯილდოებს. იგი ჩვენს ლოცვებს უფრო სწრაფად პასუხობს. ეს იმიტომ, რომ იგი სიამოვნებით იღებს ჩვენი გულის სურნელებას. მაგრამ თუ ჩვენ წლები დავიგროვებთ შეუფერებელ ქმედებებს, ეს ღმერთის წინააღმდეგ შექმნის ცოდვის კედელს. ცოლსა და ქმარს შორის ან მშობლებსა და შვილებს შორისაც კი, თუ ურთიერთობა სიყვარულის გარეშე გაგრძელდება, მრავალი პრობლემა შეიქმნება. ეს იგივეა ღმერთთანაც. თუ ღმერთსა და ჩვენს შორის კედელს ავაშენებთ, ჩვენ ვერ ვიქნებით დაცულები ავადმყოფობებისგან ან უბედური შემთხვევებისგან და შეიძლება სხვადასხვა პრობლემები შეგვექმნას. ჩვენ შეიძლება პასუხები არ მივიღოთ ჩვენს ლოცვებზე, მაშინაც კი, თუ დიდი ხანი ვილოცებთ. მაგრამ თუ სათანადო დამოკიდებულება გვაქვს დიდებასა და ლოცვაში, ჩვენ შევძლებთ მრავალი სახის პრობლემების მოგვარებას.

ეკლესია არის ღმერთის წმინდა სახლი

ეკლესია არის ადგილი, სადაც ღმერთი ცხოვრობს. ფსალმუნნი 11:4-ში წერია, „უფალი თავის წმიდა ტაძარშია, ცაშია უფლის ტახტი."

ძველი აღთქმის დროში, ნებისმიერ ადამიანს არ შეეძლო წმინდა ადგილას შესვლა. მხოლოდ მღვდლებს შეეძლოთ შესვლა. წელიწადში ერთხელ და მხოლოდ მღვდელმთავარს შეეძლო წმინდა ადგილის წმინდათა წმინდაში შესვლა. მაგრამ დღეს, ჩვენი უფლის წყალობით, ნებისმიერ ადამიანს შეუძლია ტაძარში შესვლა და მისი დიდება. ეს იმიტომ, რომ იესომ გამოგვისყიდა ცოდვებისგან თავისი სისხლით, როგორც ებრაელთა 10:19-შია ნათქვამი, „ამრიგად, ძმანო, რაკი გვაქვს სითამამე საწმიდარში შესვლისა იესოს სისხლის მეოხებით."

ტაძარი მხოლოდ იმ ადგილს არ ნიშნავს, სადაც ჩვენ მას ვადიდებთ. ეს არის ყველა ადგილი ფარგლებში, რომელიც მოიცავს ეკლესიას, ეზოს და სხვა დაწესებულებების ჩათვლით. ამგვარად, როდესაც ეკლესიაში ვართ, ჩვენ ფრთხილად უნდა ვიყოთ სულ მცირე სიტყვასა და ქცევაზეც კი. ჩვენ ტაძარში არ უნდა გავბრაზდეთ ან დავიწყოთ კამატი ან ვისაუბროთ ამქვეყნიურ გასართობებზე ან ბიზნესებზე. ეს იგივეა, რაც ღმერთის წმინდა ნივთების მოუფრთხილებლად მოპყრობა ეკლესიაში ან მათი დაზიანება და გატეხვა.

განსაკუთრებით, ეკლესიაში რაიმეს ყიდვა ან გაყიდვა არ არის მისაღები. დღეს, ინტერნეტ შოპინგის განვითარებით, ზოგი ადამიანი რასაც ინტერნეტში ყიდულობს, იმ ნივთს ეკლესიაში იღებს. ეს უდავოდ ბიზნეს გარიგებაა. ჩვენ უნდა დავიმახსოვროთ, რომ იესომ გადაატრიალა მოვაჭრეთა მაგიდები და განდევნა ის ყველა ადამიანი, რომლებიც საქონელს ყიდიდნენ მსხვერპლ შესაწირად. იესომ არ მიიღო ის ცხოველებიც კი, რომლებსაც მსხვერპლ შესაწირად ტაძართან ყიდიდნენ. ამგვარად, ჩვენ არ უნდა ვიყიდოთ ან გავყიდოთ რაიმე ეკლესიაში პირადი საჭიროებების გამო. ეს იგივეა, რაც ბაზარი ეკლესიის ეზოში.

ყველა ადგილი ეკლესიაში გამოცალკევებული უნდა იყოს ღმერთის დიდებისთვის და რომ გქონდეს ურთიერთობა უფალში დებთან და ძმებთან. როდესაც ვლოცულობთ და ხშირად შეხვედრები გვაქვს ეკლესიაში, ჩვენ ფრთხილად უნდა ვიყოთ, რომ ეკლესიის სიწმინდის უგრძნებლები არ გავხდეთ. თუ ეკლესია გვიყვარს, ჩვენ შეუფერებლად არ მოვიქცევით ეკლესიაში, როგორც ფსალმუნნი 84:10 წერია, „რადგან ერთი დღე შენს ეზოებში ათასზე უმჯობესია. ღმერთის სახლის ზღურბლთან დგომას ვარჩევ ბოროტების კარვებში ბინადრობას."

უხეშად მოქცევა ხალხის მიმართ

ბიბლია ამბობს, რომ იმ ადამიანს, რომელსაც თავისი ძმა არ უყვარს, არც ღმერთი ეყვარება. თუ ჩვენ შეუფერებლა მოვიქცევით ხალხის წინაშე, რომლებსაც ვხედავთ, როგორ გვექნება ყველაზე დიდი პატივისცემა ღმერთისადმი, რომელსაც ვერ ვხედავთ?

„თუ ვინმე ამბობს, ღმერთი მიყვარსო, თავისი ძმა კი სძულს ცრუა, ვინაიდან თუ თავისი ძმა არ უყვარს, რომელსაც ხედავს როგორღა შეიყვარებს ღმერთს რომელსაც ვერ ხედავს?" (1 იოანე 4:20)

მოდით განვიხილოთ ჩვეულებრივ შეუფერებელი ქცევები ჩვენს ყოველდღიურ ცხოვრებაში, რომლებსაც ვერ ვამჩნევთ. ჩვეულებრივ, თუ ჩვენ საკუთარ სარგებელზე ვფიქრობთ სხვების მდგომარეობაზე ფიქრის გარეშე, მაშინ მრავალ უხეშობას ჩავიდენთ ჩვენ. მაგალითად, როდესაც ტელეფონზე ვსაუბრობთ, ჩვენ ასევე უნდა შევინარჩუნოთ ეთიკა. თუ გვიან ღამით დავრეკავთ ან დიდი ხანი ვისაუბრებთ ადამიანთან ტელეფონზე, რომელიც დაკავებულია, ეს მისთვის უსიამოვნებას გამოიწვევს. შეხვედრებზე დაგვიანება ან მოულოდნელად ადამიანის

სახლში სტუმრობა არის უხეშობის მაგალითი.

ადამიანმა შეიძლება იფიქროს „ჩვენ ახლოს ვართ ერთმანეთთან და ზედმეტად ფორმალობა არ არის, რომ ამ ყველაფერზე ვიფიქროთ ერთმანეთში?" შენ შეიძლება გქონდეს ძალიან კარგი ურთიერთობა, რომ ერთმანეთს გაუგოთ. მაგრამ მაინც რთულია მეორე ადამიანის გული 100%-ით გაიგო. ჩვენ შეიძლება ვიფიქროთ, რომ ჩვენს მეგობრობას გამოვხატავთ ადამიანთან, მაგრამ მან ეს შეიძლება განსხვავებულად მიიღოს. ამგვარად, ჩვენ უნდა ვეცადოთ, რომ მეორე ადამიანის თვალსაზრისით ვიფიქროთ. ჩვენ განსაკუთრებით ფრთხილად უნდა ვიყოთ, რომ უხეშად არ მოვექცეთ ადამიანს, თუ იგი ჩვენთან თავს კომფორტულად გრძნობს და ახლოსაა.

ბევრჯერ ჩვენ შეიძლება უყურადღებოდ რაიმე არასწორი ვთქვათ ან დაუდევრად მოვიქცეთ და ტკივილი მივაყენოთ ისეთ ადამიანს, რომელიც ჩვენთან ახლოსაა. ჩვენ ამ გზით უხეშად ვექცევით ოჯახის წევრებს ან ძალიან ახლო მეგობრებს და საბოლოოდ ურთიერთობა დაიძაბოს და გაფუჭდეს. ასევე, ზოგი უფროსი ადამიანი მასზე უმცროს ადამიანებს უხეშად ეპყრობა. ისინი მათ პატივისცემის გარეშე ესაუბრებიან ან ბრძანებლური დამოკიდებულება აქვთ და ამით სხვებს დისკომფორტს უქმნიან.

მაგრამ დღეს, რთულია იპოვნო ისეთი ადამიანები, რომლებიც სულით და გულით ემსახურებიან თავიანთ მშობლებს, მასწავლებლებს და მოხუც ადამიანებს, რომლებსაც ჩვენ ბუნებრივია უნდა ვემსახურებოდეთ. ზოგმა შეიძლება თქვას, რომ სიტუაცია შეიცვალა, მაგრამ არსებობს რაღაც, რაც არასოდეს იცვლება. ლევიანნი 19:32-ში წერია, „ჭაღარას წამოუდექი ფეხზე, პატივი მიაგე მოხუცს და შენი ღვთისა გეშინოდეს. მე ვარ უფალი!"

ჩვენთვის ღმერთის ნება არის ის, რომ ჩვენი მთლიანი მოვალეობა შევასრულოთ ადამიანებშიც კი. ღმერთის შვილებმაც უნდა შეინახონ რჯული და ამ სამყაროს წესრიგი, რათა შეუფერებლად არ მოიქცნენ. მაგალითად, თუ ჩვენ

გამოვიწვევთ მღელვარებას საჯარო ადგილას, გადავაფურთხებთ ქუჩაში ან დავარღვევთ მოძრაობის წესებს, ეს არის მრავალი ადამიანის წინაშე შეუფერებლად მოქცევა. ჩვენ ვართ ქრისტიანები, რომლებიც უნდა იყვნენ ამ სამყაროს სინათლე და ამგვარად ჩვენ ფრთხილად უნდა ვიყოთ ჩვენი სიტყვებით, ქმედებებით და ქცევებით.

სიყვარულის რჯული არის ძირითადი სტანდარტი

ხალხის უმრავლესობა ძირითად დროს სხვა ადამიანებთან ატარებს, შეხვედრები და ერთმანეთში საუბარი, ჭამა მათთან ერთად და მუშაობა. ამ თვალსაზრისით, არსებობს მრავალი კულტურული ეტიკეტი ჩვენს ყოველდღიურ ცხოვრებაში. მაგრამ ყველას აქვს განსხვავებული განათლების ხარისხი და ყველა ქვეყანაში არის სხვა კულტურა. მაშინ რა უნდა იყოს სტანდარტი ჩვენს მანერებში?

ეს არის სიყვარულის რჯული, რომელიც ჩვენს გულებშია. სიყვარულის რჯული გულისხმობს ღმერთის რჯულს, რომელიც თვით სიყვარულია. სახელდობრ, როდესაც ღმერთის სიტყვას გულში ჩავიბეჭდავთ და განვახორციელებთ, ჩვენ გვექნება უფლის დამოკიდებულება და არ მოვიქცევით შეუფერებლად. სიყვარულის რჯულის კიდევ ერთი მნიშვნელობა არის „ყურადღება".

კაცი ღამით სიბნელეში გზას ლამპით იკვლევდა. მეორე კაცი კი საპირისპირო მიმართულებით მიდიოდა და როდესაც ლამპიანი კაცი დაინახა, მან შეამჩნია, რომ იგი ბრმა იყო. ამიტომ მან ჰკითხა, თუ რატომ ეჭირა ლამპა მიუხედავად იმისა, რომ ვერ ხედავდა. შემდეგ მან თქვა, „იმიტომ, რომ შენ არ დამეჯახო. ეს ლამპა შენთვისაა." ჩვენ ამ ამბავით შეიძლება რაიმე ვიგრძნოთ ყურადღების შესახებ.

სხვების მიმართ ყურადღების გამოჩენას, მიუხედავად

იმისა, რომ ეს თითქოს ჩვეულებრივი რამ არის, აქვს დიდი ძალა, რომ გული ავუჩუყოთ. შეუფერებელი ქცევები მოდის მაშინ, როდესაც არ ხარ სხვების მიმართ ყურადღებიანი, რაც იმას ნიშნავს, რომ სიყვარულის ნაკლებობა არსებობს. თუ ჩვენ მართლა გვიყვარს სხვები, ჩვენ ყოველთვის ყურადღებიანები ვიქნებით მათ მიმართ და არ მოვიქცევით შეუფერებლად.

სოფლის მეურნეობაში თუ კი ხილიდან ცუდი ნაყოფის მოშორება დასრულებულია, მოწიფული ნაყოფი მიიღებს ყველა ხელმისაწვდომ ნუტრიენტს, ამგვარად მათ ექნებათ უფრო სქელი კანები და გემოც აღარ იქნება კარგი. თუ ჩვენ ყურადღებიანები არ ვართ სხვების მიმართ, რაღაც დროის განმავლობაში ჩვენ შეიძლება ვისიამოვნოთ ყველაფრით რაც ხელმისაწვდომია, მაგრამ ჩვენ უსიამოვნოები და სქელ კანიანები გავხდებით, როგორც ნაყოფი, რომელიც ზედმეტად დამწიფებულია.

ამგვარად, როგორც კოლასელთა 3:23-ში წერია, „ყველაფერი, რასაც აკეთებთ, გულით აკეთეთ, როგორც ღვთისათვის და არა კაცთათვის," ჩვენ ყველას იმდენად პატივისცემით უნდა მოვემსახუროთ, როგორც უფალს ვემსახურებით.

7. სიყვარული არ ეძებს თავისას

ამ თანამედროვე სამყაროში, ეგოიზმის პოვნა არ არის რთული. ხალხი საკუთარ სარგებელზე ფიქრობს და არა საზოგადოების სიკეთეზე. ზოგიერთ ქვეყანაში მავნე ქიმიკალებს ყრიან რძის ფხვნილში, რომელიც ჩვილებისთვის არის. ზოგი ადამიანი დიდ ზიანს აყენებს საკუთარ ქვეყანას იმ ტექნოლოგიების მოპარვით, რომელიც ქვეყნისთვის ძალიან მნიშვნელოვანია.

„ჩემს შემოგარენში არა“ პრობლემის გამო, რთულია მთავრობისთვის საზოგადოებრივი ობიექტების შექმნა, როგორიც არის ნაგავსაყრელი ან საჯარო კრემატომიური. ხალხი არ ფიქრობს სხვების სიკეთეზე და მხოლოდ საკუთარ კეთილდღეობაზე ზრუნავს. თუმცა არა როგორც ეს უკიდურესი შემთხვევები, ჩვენ ასევე ყოველდღიურ ცხოვრებაში ვხედავთ ეგოისტურ ქმედებებს.

მაგალითად, კოლეგები ან მეგობრები ერთად სასადილოდ მიდიან სადმე. მათ უნდა აირჩიონ თუ რა უნდა მიირთვან და ერთ-ერთი მათგანი დაჟინებით მოითხოვს იმას, რაც მას სურს რომ მიირთვას. მეორე ადამიანიც ირჩევს იმას რაც ამ ადამიანს სურს, მაგრამ შიგნით იგი ამის შესახებ არაკომფორტულად გრძნობს თავს. მაინც ადამიანი ჯერ კითხულობს მეორე ადამიანის აზრს. შემდეგ, მოსწონს თუ არა მას ის რაც მეორე ადამიანმა აირჩია, იგი მაინც სიამოვნებით მიირთმევს. შენ რომელ კატეგორიას მიეკუთვნები?

ადამიანთა ჯგუფს აქვს შეხვედრა, რათა რაღაც მოვლენისთვის მოემზადონ. მათ ხელმისაწვდომი აქვთ სხვადასხვა აზრები. ერთ-ერთი მათგანი იმდენ ხანს ცდილობს სხვების დარწმუნებას, სანამ ყველა მას არ დაეთანხმება. მეორე ადამიანი ძალიან არ იჟინებს რომ

თავისი გაიტანოს, მაგრამ როდესაც სხვისი აზრი არ მოსწონს, იგი ამჟღავნებს უხალისობას მაგრამ მაინც ეთანხმება.

მაინც მეორე ადამიანი უსმენს სხვების აზრებს. და, მაშინაც კი, რომ მათი იდეა თავისისგან განსხვავდება, იგი ცდილობს დაეთანხმოს. ასეთი განსხვავება მოდის თითოეული ადამიანის გულის სიყვარულის რაოდენობიდან.

თუ კი აზრთა კონფლიქტია, რომელიც იწვევს კამათს, ეს იმიტომ ხდება, რომ ხალხი საკუთარ თავზე ფიქრობს და მხოლოდ საკუთარ აზრს იჟინებს. თუ კი დაქორწინებული წყვილი საკუთარ აზრს დაიჟინებს, მათ ურთიერთობაში ყოველთვის განხეთქილება იქნება და ვერ გაუგებენ ერთმანეთს. ისინი სიმშვიდეს დაამყარებენ თუ კი ერთმანეთს დაემორჩილებიან და გაუგებენ, მაგრამ სიმშვიდე ხშირად ირღვევა, რადგან ორივე მათგანი საკუთარ აზრს იჟინებს.

თუ ჩვენ ვინმე გვიყვარს, ჩვენ საკუთარ თავზე მეტად იმ ადამიანზე ვიზრუნებთ. მოდით განვიხილოთ მშობლების სიყვარული. მშობლებთა უმრავლესობა პირველ რიგში შვილებზე ფიქრობს და არა საკუთარ თავზე. ამგვარად, დედებს ურჩევნიათ გაიგონ „თქვენი ქალიშვილი ძალიან ლამაზია," ვიდრე „თქვენ ძალიან ლამაზი ხართ."

ისინი უფრო ბედნიერები არიან, როდესაც იციან რომ შვილები უფრო გემრიელ საკვებს მიირთმევენ ვიდრე თვითონ. ასევე, მათ სურთ, რომ შვილები უფრო ჭკვიანები იყვნენ ვიდრე თვითონ. მათ სურთ, რომ შვილები სხვების მოსაწონები იყვნენ. თუ ჩვენ ასეთ სიყვარულს ჩვენს მოყვასს და ყველა სხვა ადამიანს მივცემთ, მამა ღმერთი როგორი ნასიამოვნები იქნება ჩვენით!

აბრაამი სხვებზე სიყვარულით ზრუნავდა

სხვების ინტერესების ჩვენსაზე მაღლა დაყენება მოდის სამსხვერპლო სიყვარულიდან. ამბრაამი კარგი მაგალითია იმ ადამიანისა, რომელიც პირველ რიგში სხვების სარგებელზე ზრუნავდა.

როდესაც აბრაამი საკუთარ მამულს ტოვება, მისი ძმისწული ლოტი თან გაჰყვა. აბრაამის გამო ლოტმაც მიიღო დიდი კურთხევები და იმდენი საქონელი ჰყავდა, რომ საკმარისი წყალი არ იყო, რომ აბრაამის და ლოტის ნახირს და ფარას ჰყოფნოდა. ზოგჯერ ორივე მათგანის მწყემსებს განხეთქილებაც ჰქონდათ ხოლმე.

აბრაამს არ სურდა რომ სიმშვიდე დარღვეულიყო და ლოტს უფლება მისცა ჯერ თვითონ აერჩია რომელი მიწის ნაწილიც სურდა და მეორე მას დარჩებოდა. ნახირის მოვლაში ყველაზე მნიშვნელოვანი ნაწილი არის ბალახი და წყალი. ადგილას, სადაც ისინი იყვნენ, არ იყო საკმარისი ბალახი და წყალი ყველა ნახირისთვის და უკეთესი მიწის დათმობა იგივეა რაც იმის დათმობა, რაც გადარჩენისთვის არის საჭირო.

აბრაამს იმიტომ შეეძლო ლოტზე ასე ზრუნვა, რადგან მას ლოტი ძალიან უყვარდა. მაგრამ ლოტს არ ესმოდა აბრაამის ეს სიყვარული; მან უბრალოდ აირჩია უკეთესი მიწა და წავიდა. იგრძნო აბრაამმა თავი არაკომფორტულად, როდესაც ლოტმა დაუყოვნებლივ აირჩია ის, რაც მისთვის კარგი იყო? რა თქმა უნდა არა! იგი ბედნიერი იყო, რადგან ლოტმა უკეთესი მიწა აირჩია!

ღმერთმა დაინახა ეს აბრაამის კარგი გული და კიდევ უფრო მეტად აკურთხა იგი. იგი იმდენად გამდიდრდა, რომ იმ ტერიტორიაზე მეფეებიც კი პატივს სცემდნენ მას. როგორც აქ არის ილუსტრირებული, ჩვენ აუცილებლად

მივიღებთ ღმერთის კურთხევას, თუ კი პირველ რიგში სხვებზე ვიზრუნებთ და შემდეგ საკუთარ თავზე.

თუ ჩვენ საყვარელ ადამიანს რაიმე ჩვენსას მივცეთ, ეს ყველაზე მეტად სასიამოვნო რამეა! ეს არის ის სიხარული, რომელსაც მხოლოდ ის ადამიანები გაიგებენ, რომლებიც საყვარელ ადამიანებს რაიმე ძვირფასს აძლევენ. იესომ გამოცადა ასეთი სიხარული. ასეთი დიდი ბედნიერების მიღება მაშინ შეიძლება, როდესაც სრულყოფილ სიყვარულს გააშენებ. რთული ისეთ ადამიანებს მივცეთ, რომლებიც გვძულს, მაგრამ საერთოდ არ არის რთული საყვარელ ადამიანს მივცეთ.

უდიდესი ბედნიერებით სიამოვნება

სრულყოფილი სიყვარული საშუალებას გვაძლევს უდიდესი ბედნიერებით ვისიამოვნოთ. და იმისათვის, რომ იესოსავთი სრულყოფილი სიყვარული გვქონდეს, ჩვენ პირველ რიგში სხვებზე უნდა ვიზრუნოთ. ჩვენი მოყვასნი, ღმერთი, უფალი და ეკლესია უნდა იყოს ჩვენი პრიორიტეტი და თუ ჩვენ ამას გავაკეთებთ, ღმერთი იზრუნებს ჩვენზე. იგი სანაცვლოდ უკეთესს გვაძლევს, როდესაც პირველ რიგში სხვებზე ვზრუნავთ. ზეცაში შენახული იქნება ჩვენი ზეციური ჯილდოები. ზუსტად ამიტომ ღმერთი ამბობს საქმე 20:35-ში, „გაცემა უფრო დიდი ნეტარებაა, ვიდრე მიღება."

აქ, ჩვენ ერთი რამ ნათელი უნდა გავხადოთ. ჩვენ არ უნდა გამოვიწვიოთ ჩვენი თავისთვის ჯანმრთელობის პრობლემები ღმერთის სასუფევლისთვის ერთგულად მუშაობით, თუ ეს ჩვენს ფიზიკურ ძალას აღემატება. ღმერთი ჩვენს გულს მიიღებს, თუ კი ვეცდებით რომ ჩვენი შეზღუდვების მიღმა მისი ერთგულები ვიქნებით. მაგრამ ჩვენს ფიზიკურ სხეულს სჭირდება დასვენება. ჩვენ უნდა

ვიზრუნოთ ჩვენი სულის კეთილდღეობაზე ლოცვით, მარხვით და ღმერთის სიტყვის შესწავლით და არა მარტო ეკლესიაში მუშაობით.

ზოგიერთი ადამიანი იწვევს არახელსაყრელ პირობებს ან ზიანს ოჯახის წევრებში ან სხვა ადამიანებში რელიგიაზე ან ეკლესიის საქმიანობებზე ძალიან დიდი დროის დახარჯვით. მაგალითად, ზოგ ადამიანს სამსახურში არ შეუძლია თავისი მოვალეობების შესრულება მარხვის გამო. ზოგმა სტუდენტმა შეიძლება არაფრად მიიჩნიოს თავისი სწავლა, რათა საკვირაო სკოლის საქმიანობებში მონაწილეობა მიიღოს.

ზემოთ ხსენებულ შემთხვევებში, მათ შეიძლება იფიქრონ, რომ საკუთარ სარგებელზე არ ფიქრობენ, რადგან მაინც მძიმედ მუშაობენ. მაგრამ ეს არ არის სიმართლე. მიუხედავად იმ ფაქტისა, რომ უფლისთვის მუშაობენ, ისინი ერთგულნი არ არიან ღმერთის ყველა სახლში და ამგვარად ეს იმას ნიშნავს, რომ ღმერთის შვილების მთლიანი მოვალეობა არ აქვთ შესრულებული. საბოლოოდ, ისინი საკუთარ სარგებელზე ზრუნავდნენ.

რა უნდა ვქნათ იმისათვის, რომ თავი ავარიდოთ ყველაფერში საკუთარი თავის სარგებლის პოვნას? ჩვენ უნდა მივენდოთ სული წმინდას. სული წმინდა, რომელიც ღმერთის გულია, მიგვიძღვება ჭეშმარიტებისაკენ. ჩვენ მხოლოდ ღმერთის დიდებისთვის ვიცხოვრებთ, თუ კი ყველაფერს სული წმინდის წინამძღოლობით შევასრულებთ, როგორც პავლე მოციქულმა თქვა, „ასე რომ, ჭამთ, სვამთ თუ სხვა რამეს აკეთებთ, ყველაფერი ღვთის სადიდებლად აკეთეთ" (1 კორინთელთა 10:31).

ამის გაკეთება რომ შევძლოთ, ჩვენ ბოროტება უნდა განვდევნოთ ჩვენი გულებიდან. გარდა ამისა, თუ ჩვენ გულში ჭეშმარიტ სიყვარულს გავაშენებთ, სიკეთის სიბრძნე

მოვა ჩვენზე, რათა ღმერთის ნება ნებისმიერ სიტუაციაში განსხვავება. როგორც ზემოთ არის ნახსენები, თუ ჩვენი სული აყვავდება, ყველაფერი წარმატებულად იქნება ჩვენთვის და ვიქნებით ჯანმრთელები, რათა შევძლოთ მაქსიმალურად ერთგულები ვიყოთ ღმერთის. ჩვენს მოყვასებს და ოჯახის წევრებსაც ვეყვარებით.

როდესაც ახალ დაქორწინებულები ჩემი ლოცვის მისაღებად მოდიან, მე ყოველთვის ვლოცულობ, რომ ისინი ერთმანეთზე იზრუნებენ. თუ კი დაიწყებენ საკუთარ სარგებელზე ზრუნვას, ისინი ვერ შეძლებენ მშვიდი ოჯახის ქონას.

ჩვენ შეგვიძლია ჩვენს საყვარელ ადამიანებზე ვიზრუნოთ ან იმ ადამიანებზე, რომლებიც კარგად გვეპყრობიან. მაგრამ რა უნდა გავაკეთოთ იმ ადამიანების შესახებ, რომლებიც მხოლოდ საკუთარ თავზე ზრუნავენ და კარგად არ გვეპყრობიან? ან კიდევ ის ადამიანები, რომლებიც ზიანს გვაყენებენ ან ადამიანები, რომლებიც არაფრით არიან სარგებელი ჩვენთვის? როგორ უნდა მოვექცეთ ისეთ ადამიანებს, რომლებიც მოქმედებენ არაჭეშმარიტებაში და ყოველთვის ბოროტულ სიტყვებს საუბრობენ?

ასეთ შემთხვევებში, თუ ჩვენ უბრალოდ თავს ავარიდებთ მათ ან თუ კი არ გვსურს, რომ მათთვის მსხვერპლი გავიღოთ, ეს იმას ნიშნავს, რომ ჩვენც მხოლოდ საკუთარ თავზე ვზრუნავთ. ჩვენ უნდა საკუთარი თავი უნდა გავწიროთ და მივცეთ გზა ისეთ ადამიანებსაც კი, რომლებსაც ჩვენგან განსხვავებული იდეები აქვთ. მხოლოდ ამის ავღიარდებით როგორც ადამიანები, რომლებიც სულიერ სიყვარულს გამოსცემენ.

8. სიყვარული არ არის გამოწვეული

სიყვარული ადამიანის გულს დადებითს ხდის. მეორეს მხრივ, რისხვა ადამიანის გულს უარყოფითს ხდის. რისხვა გულს ტკენს ადამიანს და ბნელს ხდის მას. ამიტომ, თუ კი გაბრაზდები, შენ ვერ შეძლებ ღმერთის სიყვარულში ცხოვრებას. ძირითადი ხაფანგები, რომლებსაც ეშმაკი ღმერთის შვილებს უგებს, არის სიძულვილი და რისხვა.

გაღიზიანების გამოწვევა არ არის მხოლოდ განრისხება, ყვირილი, გინება და გაშმაგება. თუ კი სახე მოგეღუნება ან სახის ფერი შეგეცვლება და თუ შენი ლაპარაკის მანერა ნაწყვეტ-ნაწყვეტი იქნება, ეს ყველაფერი არის წაქეზებით ქცევის ნაწილი. მიუხედავად იმისა, რომ სიდიდე განსხვავებულია ყველა შემთხვევაში, მაინც სიძულვილის და გულში ბოროტი გრძნობების გარე გამომეტყველებაა. მაგრამ შემდეგ, უბრალოდ ადამიანის შესახედაობით, ჩვენ არ უნდა განვსაჯოთ ან განვკიცხოთ ადამიანები და ვიფიქროთ, რომ განრისხებულები არიან. არ არის ადვილი ადამიანისთვის, რომ მეორე ადამიანის გული ზუსტად გაიგოს.

იესომ ერთხელ გაყარა ის ადამიანები, რომლებიც ტაძართან საქონელს ყიდნენ. მოვაჭრეებს მაგიდები ჰქონდათ გაწყობილი და ფულს ცვლიდნენ ან საქონელს ჰყიდნენ იმ ადამიანებს, რომლებიც იერუსალიმის ტაძარში პასექზე მიდიოდნენ. იესო ძალიან მშვიდია; იგი არ კამათობს და მის ხმას არავინ გაიგებს ქუჩებში. მაგრამ ამის შემხედვარეს, მისი დამოკიდებულება განსხვავებული იყო ვიდრე ჩვეულებრივ.

მან გადაატრიალა მაგიდები და გაყარა ცხვრები, ძროხები და სხვა საქონელი. როდესაც მის გარშემო მყოფმა ხალხმა დაინახეს, მათ შეიძლებოდა ეფიქრათ, რომ იგი

გაბრაზებული იყო. მაგრამ ამ დროს, ეს ის არ იყო, რომ იგი განრისხებული იყო რაიმე ბოროტი გრძნობების გამო, მაგალითად სიძულვილის გამო. იგი უბრალოდ სამართლიანად იყო აღშფოთებული. მისი სამართლიანი აღშფოთებით, მან გაგვაცნობიერებინა, რომ ღმერთის ტაძრის უსამართლოდ დაბინძურება არ არის მისაღები. ასეთი სამართლიანი აღშფოთება არის ღმერთისადმი სიყვარულის შედეგი, რომელიც სიყვარულს თავისი სამართლიანობით სრულყოფილს ხდის.

განსხვავება სამართლიან აღშფოთებასა და რისხვაში

მარკოზი 3-ში, შაბათზე სინაგოგაში იესომ კაცი განკურნა, რომელსაც ხელი ჰქონდა დანაოჭებული. ხალხი უყურებდა იესოს, რათა ენახათ განკურნავდა თუ არა ადამიანს შაბათ დღეზე, რომ დაებრალებინათ შაბათი დღის წესების დარღვევა. ამ დროს, იესომ იცოდა ხალხის გული და ჰკითხა, „კეთილისა თუ ბოროტისა? სულის ცხონება თუ წარწყმედა?“ (მარკოზი 3:4)

მათი განზრახვა გამომჟღავნდა და ვეღარაფერი თქვეს. იესოს რისხვა მათი გაქვავებული გულებისკენ იყო მიპყრობილი.

„რისხვით მოავლო თვალი შეკრებილთ, მათი გულქვაობით დამწუხრებულმა, და უთხრა ხელგამხმარ კაცს: გაიწოდე შენი ხელი! მანაც გაიწოდა და კვლავ გაუმრთელდა, როგორც მეორე“ (მარკოზი 3:5).

იმ დროს, ბოროტმა ხალხმა მხოლოდ იესოს განსჯა და გაკიცხვა სცადეს, რომელიც მხოლოდ კეთილ საქმეს აკეთებდა. ამიტომ, ზოგჯერ, იესო ძლიერ გამოთქმებს

იყენებდა მათზე. ეს იმიტომ, რომ მათთვის მიეცა საშუალება გაეცნობიერებინათ და შემობრუნებულიყვნენ განადგურების გზიდან. ანალოგიურად, იესოს სამართლიანი აღშფოთება მისი სიყვარულიდან მოდიოდა. ამ აღშფოთებამ ზოგჯერ ხალხი გამოაფხიზლა და წარუძღვა მათ სიცოცხლისაკენ. ამგვარად, წაქეზება და სამართლიანი აღშფოთების ქონა სრულიად განსხვავებული რამ არის. მხოლოდ მაშინ, როდესაც ადამიანი განიწმინდება ცოდვებისგან, მისი საყვედურები და შენიშვნები სულებს სიცოცხლეს აძლევს. მაგრამ გულის განწმენდის გარეშე, ადამიანს არ შეუძლია ასეთი ნაყოფის მოსხმა.

არსებობს რამდენიმე მიზეზი იმისა, თუ რატომ ხდება ადამიანი განრისხებული. პირველი, ეს იმიტომ, რომ ადამიანთა იდეები და ოცნებები განსხვავდება ერთმანეთისგან. ყველას აქვს განსხვავებული ოჯახური მდგომარეობა და განათლება, ამიტომ მათი გულები და აზრები და განსჯის სტანდარტები განსხვავდება ერთმანეთისგან. მაგრამ ისინი ცდილობენ რომ სხვები შეეწყონ მათ იდეებს და ამ პროცესში უჩნდებათ ასეთი ძლიერი გრძნობები.

ვთქვათ, რომ ქმარს უყვარს მარილიანი საჭმელი, მაგრამ ცოლს არ უყვარს. ცოლს შეუძლია თქვას, „ბევრი მარილი არ არის კარგი შენი ჯანმრთელობისთვის, და ამიტომ ცოტა ნაკლები მარილი უნდა ჭამო.“ იგი ამ რჩევას ქმარს ჯანმრთელობისთვის აძლევს. მაგრამ თუ ქმარს ეს არ უნდა, ცოლმა არ უნდა დაიჟინოს. მათ უნდა ეცადონ, რომ ერთმანეთს დაუთმონ. მათ შეუძლიათ ბედნიერი ოჯახის შექმნა, როდესაც შეეცდებიან.

მეორე, ადამიანი შეიძლება მაშინ განრისხდეს, როდესაც

სხვები არ უსმენენ მას. თუ იგი უფრო მოხუცებულია ან უფრო მაღალი პოზიცია აქვს, მას სურს, რომ სხვები დაემორჩილონ. რა თქმა უნდა, სწორია, რომ პატივი სცე მოხუცებს და დაემორჩილო მათ, რომლებიც ხელმძღვანელ პოზიციაზე არიან, მაგრამ არ არის სწორი რომ ამ ადამიანებმა ძალა დაატანონ, რომ მათ დაემორჩილონ.

ესენი არის შემთხვევები, როდესაც ადამიანი, რომელიც უფრო დიდ პოზიციაზეა, არ უსმენს სხვებს და მხოლოდ სურს, რომ მის სიტყვებს უპირობოდ დაემორჩილონ. სხვა შემთხვევებში ხალხი ბრაზდება მაშინ, როდესაც რაიმე ძვირფასს დაკარგავენ ან ვინმე მათ უსამართლოდ ექცევა. გარდა ამისა, ადამიანი შეიძლება მაშინ განრისხდეს, როდესაც სხვები აწყენინებენ მიზეზის გარეშე ან როდესაც საქმეს ისე არ აკეთებენ, როგორც მან ითხოვა ან ასწავლა; ან როდესაც ხალხი მას შეურაცხყოფას აყენებს.

სანამ განრისხდებოდნენ, ხალხს გულში უკვე აქვთ ღვარძლიანი გრძნობები. სხვების სიტყვები ან ქმედებები აგულიანებს მის ცუდ გრძნობებს. საბოლოოდ აღელვებული გრძნობა მჟღავნდება როგორც რისხვა. ჩვეულებრივ, ასეთი ღვარძლიანი გრძნობის ქონა არის განრისხების პირველი ნაბიჯი. ჩვენ არ შეგვიძლია ვიცხოვროთ ღმერთის სიყვარულში და ჩვენს სულიერ ზრდას ხელი ეშლება, თუ კი განვრისხდებით.

ჩვენ ვერ შევძლებთ საკუთარი თავის შეცვლას ჭეშმარიტებით სანამ ასეთ ღვარძლიანი გრძნობები გვაქვს და ამიტომ უნდა განვდევნოთ თვით რისხვა. 1 კორინთელთა 3:16-ში წერია, „ნუთუ არ იცით, რომ ღვთის ტაძარი ხართ, და სული ღვთისა მკვიდრობს თქვენში?“

დაე გავაცნობიეროთ, რომ სული წმინდა ჩვენს გულს იღებს როგორც ტაძარს და რომ ღმერთი ყოველთვის გადმოგვყურებს, რათა არ ვიქნათ წაქეზებულნი მხოლოდ იმიტომ, რომ ზოგი რამ არ ემთხვევა ჩვენ საკუთარ იდეებს.

კაცის გულისწყრომა ვერ აღწევს ღმერთის სამართლიანობას

ელისეს შემთხვევაში, მან მიიღო თავისი მოძღვრის, ელიას სული და გამოამჟღავნა ღმერთის ძალა. მან უნაყოფო ქალს ნაყოფიერების კურთხევა მისცა; მან მკვდარი გააცოცხლა, კეთროვნები განკურნა და დაამარცხა მტრების არმია. მან დაულეველი წყალი კარგ წყლად გადააქცია. მიუხედავად ამისა, იგი ავადმყოფობით მოკვდა, რაც იშვიათობა იყო ღმერთის დიდი წინასწარმეტყველისთვის.

რა შეიძლება ამის მიზეზი ყოფილიყო? ეს მოხდა მაშინ, როდესაც ბეფილში მიდიოდა. ბიჭების ჯგუფი ქალაქიდან გამოვიდა და დასცინეს მათ, რადგან ბევრი თმა არ ჰქონდა და კარგად არ გამოიყურებოდა. „წადი, ქაჩალო! წადი, ქაჩალო!" (2 მეფეთა 2:23)

ბევრი ბიჭუნა მისდევდა მას და დასცინოდა და მან დარცხვენილად იგრძნო თავი. მან საყვედური გამოუცხადა მათ, მაგრამ არ მოუსმინეს. ისინი ძალიან ჯიუტები იყვნენ და არ ანებებდნენ მას თავს და ეს ელისესთვის გაუსაძლისი იყო.

ბეფილი იყო კერპთაყვანისმცემლობის მთავარი საფუძველი ჩრდილოეთ ისრაელში სახელმწიფოს დაყოფის შემდეგ. ბიჭუნებს იმ მხარეში ალბათ გაქვავებული გულები ჰქონდათ გაბატონებული კერპთაყვანისმცემლობის გარემოცვის გამო. საბოლოოდ ელისემ დაწყევლა ბიჭუნები. ორი დედალი დათვი გამოვიდა ტყიდან და დაგლიჯა ორმოცდაორი ამ ბავშვებთაგანი.

რა თქმა უნდა არ იყო ღმერთის კაცის დაცინვა, მაგრამ ეს იმას ამტკიცებს, რომ ელისეს ბოროტი გრძნობები ჰქონდა. ეს შეუსაბამო არ არის იმ ფაქტთან, რომ იგი ავადმყოფობისგან გარდაიცვალა. ჩვენ ვხედავთ, რომ არ

არის სწორი, რომ ღმერთის შვილები წააქეზო. „რადგანაც გულისწყრომა კაცისა როდი შეიქმს ღვთის სიმართლეს“ (იაკობი 1:20).

რომ არ გახდე წაქეზებული

რა უნდა ვქნათ იმისათვის, რომ არ განვრისხდეთ? თვითკონტროლით უნდა დავმარხოთ ეს გრძნობა? როდესაც ზამბარას ძლიერად დავაწვებით, მას ასხლეტვის დიდი ძალა ემატება და როდესაც ხელს ავიღებთ, ახტება. იგივეა განრისხებაშიც. თუ ჩვენში ჩავკლავთ ამ გრძნობას, იმ მომენტში შეიძლება შევძლოთ, რომ კონფლიქტს თავი ავარიდოთ, მაგრამ ადრე თუ გვიან გასკდება. ამგვარად, იმისათვის, რომ არ წავქეზდეთ, ჩვენ უნდა განვდევნოთ თვით რისხვა.

რა თქმა უნდა, ჩვენ არ შეგვიძლია ერთ ღამეში ბოროტი გრძნობების განდევნა და მათი სიკეთითა და სიყვარულით შეცვლა. ჩვენ ყოველდღე უნდა ვეცადოთ მათი განდევნა. პირველ რიგში, გამაღიზიანებელ სიტუაციაში, ჩვენ სიტუაცია ღმერთს უნდა მივანდოთ და ვიყოთ მომთმენნი. ნათქვამია, რომ თომას ჯეფერსონის, შეერთებული შტატების მესამე პრეზიდენტის გამოკვლევაში ეწერა, „როდესაც გაბრაზებული ხარ, დაითვალე ათამდე სანამ ლაპარაკს დაიწყებდე; და თუ კი ძალიან გაბრაზებული ხარ, მაშინ ათამდე დაითვალე.“ კორეული ნათქვამი ამბობს „სამჯერ მოთმენა მკვლელობას შეაჩერებს.“

როდესაც გაბრაზებული ვართ, ჩვენ უკან უნდა დავიხიოთ და დავფიქრდეთ, თუ რა სარგებელს მოგვიტანს განრისხება. ამგვარად ჩვენ არაფერს ჩავიდენთ ისეთს, რასაც მოგვიანებით ვინანებთ ან რისიც შეგვრცხვება. როდესაც ლოცვებით და სული წმინდის დახმარებით ვეცდებით მომთმენნი ვიყოთ, მალე განვდევნით

განრისხების ბოროტ გრძნობას. თუ კი ადრე ათჯერ ვბრაზდებოდით, რაოდენობა ნელ-ნელა შემცირდება. შემდეგ ჩვენ მხოლოდ სიმშვიდე გვექნება გამაღიზიანებელ სიტუაციებშიც კი. როგორი ბედნიერები ვიქნებით მაშინ!

იგავნი 12:16-ში წერია, „ბრიყვი წამში ამხელს თავის გაბრაზებას, გონიერი კი მალავს წყენას," და იგავნი 19:11 ამბობს, „გონიერი კაცი სულგრძელია და მისი დიდება ცოდვის მიტევებაა."

ჩვენ შეიძლება შევძლოთ იმის გაცნობიერება, თუ როგორი სახიფათოა განრისხება. საბოლოო გამარჯვებული იქნება ის, რომელიც მოითმენს. ზოგი ადამიანი ავარჯიშებს თვითკონტროლს, როდესაც ეკლესიაში არიან, ისეთ სიტუაციებშიც კი, რომელმაც შეიძლება გააბრაზოს, მაგრამ ადვილად ბრაზდებიან სახლში, სკოლაში ან სამსახურში. ღმერთი მხოლოდ ეკლესიაში არ არის.

მან იცის თითოეული სიტყვა რომელსავ ვამბობთ, და აზრი რომელსაც გავიფიქრებთ. იგი ყველგან გვიყურებს და სული წმინდა ჩვენს გულში ცხოვრობს. ამგვარად, ჩვენ ისე უნდა ვიცხოვროთ, რომ თითქოს ღმერთი ყოველთვის ჩვენს წინ დგას.

წყვილი ერთმანეთში კამათობდა და ქმარმა ცოლს დაუყვირა, რომ პირი მოეკეტა. ცოლი იმდენად განცვიფრდა, რომ სიკვდილამდე ხმა აღარ ამოუღია. ქმარიც, რომელიც ცოლზე გაბრაზდა და ცოლით, იტანჯებოდნენ. წაქეზებამ შეიძლება მრავალი ადამიანი დატანჯოს და ჩვენ უნდა ვეცადოთ, რომ ყოველი ბოროტი გრძნობა განვდევნოთ.

9. სიყვარული არ იძრახავს ბოროტებას

ჩემი სამღვდელოების ხელმძღვანელობისას, მე შევხვდი მრავალ სხვადასხვანაირ ადამიანს. ზოგი ადამიანი ღმერთის სიყვარულის ემოციებს გრძნობს მხოლოდ მასზე ფიქრით და ცრემლები მოსდით, როდესაც სხვებს მოუსვენრობა აქვთ გულში, რადგან ღრმად არ გრძნობენ ღმერთის სიყვარულს, მიუხედავად იმისა, რომ მათ სწამთ და უყვართ იგი.

ის, თუ რამდენად ვგრძნობთ ღმერთის სიყვარულს დამოკიდებულია იმაზე, თუ რამდენად განვდევნით ცოდვებს და ბოროტებას. იმდენად, რადმენადაც ვიცხოვრებთ ღმერთის სიტყვის თანახმად და განვდევნით ბოროტებას ჩვენი გულებიდან, ჩვენ ღმერთის სიყვარულს გულის სიღრმეში ვიგრძნობთ. ჩვენ ზოგჯერ შეიძლება შეგვხვდეს სირთულეები რწმენის სვლაში, მაგრამ ასეთ დროს, ჩვენ უნდა გვახსოვდეს ღმერთის სიყვარული, რომელიც ყოველთვის ჩვენ გველოდება. მანამ, სანამ მისი სიყვარული გვემახსოვრება, ჩვენ არ გავითვალისწინებთ ბოროტების განზრახვას.

ბოროტების განზრახვა

თავის წიგნში სამკურნალო ცხოვრების ფარული დამოკიდებულება, დოქტორ არჩიბალდ ჰართმა, ფულერის თეოლოგიურ სემინარიაში ფსიქოლოგიის სკოლის დეკანი, თქვა, რომ ამერიკაში ოთხი ახალგაზრდიდან ერთი არის სერიოზულ დეპრესიაში და რომ დეპრესია, ნარკოტიკები, სექსი, ინტერნეტი, ალკოჰოლური სასმელები და მოწევა ანგრევს ახალგაზრდა ადამიანების ცხოვრებას.

როდესაც ნარკომანი წყვეტს იმ ნივთიერებების გამოყენებას, რომელიც ცვლის აზროვნებას, გრძნობებს და ხასიათებს, მათ საბოლოოდ აქვთ სულ ცოტა ან საერთოდ არ რჩებათ დაძლევის უნარი. ნარკომანი შეიძლება მიეჩვიოს

სხვა საშუალებებს, რომლებსაც შეუძლიათ ტვინის ქიმიის გადარჩენისთვის მანიპულირება. ეს მიმჩვევი საშუალება შეიძლება იყოს სექსი, სიყვარული და ურთიერთობა. მათ არ შეუძლიათ ჭეშმარიტი დაკმაყოფილების მიღება არაფრისგან და არც იმ წყალობის და სიხარულის გრძნობა შეუძლიათ, რომელიც ღმერთთან ურთიერთობისგან მოდის და ამგვარად მათ სერიოზული სნეულება აქვთ, დოქტორი ჰართის თანახმად. საზიანო ჩვევა არის იმის ცდა, რომ დაკმაყოფილება მიიღო სხვა რაღაცისგან და არა ღმერთის მოცემული წყალობისა და სიხარულისგან, და ეს არის ღმერთის იგნორირების შედეგი. ნარკომანი ჩვეულებრივ ყოველთვის ბოროტებას იზრახავს.

მაშინ რა არის ბოროტის განზრახვა? ეს გულისხმობს ყველაფერ ბოროტს, რომლებიც არ შეესაბამება ღმერთის ნებას. ბოროტებაზე ფიქრი ზოგადად შეიძლება დაიყოს ოთხ კატეგორიად.

პირველი არის შენი ფიქრი, რომ გსურს ადამიანს რაიმე ცუდი შეემთხვას.

მაგალითად, ვთქვათ ვინმესთან კამათი გქონდა. შემდეგ, შენ იგი იმდენად გძულს, რომ ფიქრობ „ვისურვებდი რომ ასრიალდეს და დავარდეს." ასევე, ვთქვათ მეზობელთან არ გქონდა კარგი ურთიერთობა და რაიმე ცუდი შეემთხვა მას. შენ ფიქრობ, „კარგია!" ან „ვიცოდი რომ ეს მოხდებოდა!" სტუდენტების შემთხვევაში, კონკრეტულ სტუდენტს შეიძლება არ სურდეს, რომ მისმა კლასელმა გამოცდა ჩააბაროს.

თუ ჭეშმარიტი სიყვარული გაქვს შენში, შენ არასოდეს გექნება ასეთი ბოროტი ფიქრები. ისურვებ, რომ შენი საყვარელი ადამიანები ავად გახდნენ ან უბედური შემთხვევა დაემართოთ? შენ ყოველთვის გენდომება, რომ შენი ცოლი ან ქმარი ყოველთვის ჯანმრთელი იყოს და არაფერი ცუდი შეემთხვას. რადგან გულში სიყვარული არ გვაქვს, ჩვენ გვსურს, რომ სხვებს რაიმე ცუდი შეემთხვათ და ვხარობთ

სხვა ადამიანების უბედურობით.

ასევე, ჩვენ გვსურს ვიცოდეთ სხვების ნაკლოვნები ან სუსტი წერტილები და გავავრცელოთ ეს თუ კი სიყვარული არ გვაქვს. წარმოიდგინე შეხვედრაზე მიხვედი და იქ ვიღაც მეორე ადამიანზე ცუდს ლაპარაკობს. თუ შენ დაინტერესებული ხარ ასეთ დიალოგში, მაშინ შენ უნდა შეამოწმო შენი გული. თუ კი ვინმე ცილს წამებს შენს მშობლებს, განაგრძობ შენ მათ მოსმენას? შენ მათ ეტყვი, რომ დაუყოვნებლივ შეწყვიტონ საუბარი.

რა თქმა უნდა, არის დრო და შემთხვევა, სადაც უნდა იცოდე სხვა ადამიანების სიტუაციები, რაგან მათი დახმარება გსურს. მაგრამ თუ კი ეს ასე არ არის და თუ მაინც დაინტერესებული ხარ სხვა ადამიანებზე ცუდ დიალოგში, ეს იმიტომ, რომ შენ გაქვს სხვების მიმართ ცილის წამების და ჭორაობის სურვილი. „დანაშაულის დამვიწყებელი სიყვარულის მძებნელია, ამბის შემხსენებელი კი მეგობარს იშორებს" (იგავნი 17:9).

ის ადამიანები, რომლებიც კეთილები არიან და სიყვარული აქვთ გულებში, ეცდებიან სხვა ადამიანების შეცდომები დაფარონ. ასევე, თუ კი სულიერი სიყვარული გვაქვს, ჩვენ არ ვიქნებით ეჭვიანები ან შურიანები, როდესაც სხვები წარმატებულები არიან. უფალმა იესომ გვითხრა, რომ ჩვენი მტრებიც კი უნდა გვიყვარდეს. რომაელთა 12:14-შიც წერია, „აკურთხეთ თქვენი მდევნელნი; ნუკი სწყევლით, არამედ აკურთხეთ."

ბოროტი ფიქრის მეორე ასპექტი არის სხვების განსჯს და განკიცხვის ფიქრები.

მაგალითად, წარმოიდგინე დაინახე მორწმუნე ისეთ ადგილას შეიდოდა, სადაც მორწმუნეები არ უნდა შედიოდნენ. რას იფიქრებ შენ ამაზე? შენ შეიძლება მასზე უარყოფითი აზრი გაგიჩნდეს იმ დონეზე, რომ გეუფლება ბოროტება და ფიქრობ, „როგორ აკეთებს იგი ამას?" ან, თუ კი სიკეთე გაქვს, შეიძლება იფიქრო, „რატომ შედის იგი ასეთ ადგილას?" მაგრამ შემდეგ შეიცვლი აზრს და იფიქრებ, რომ

მას ამის კარგი მიზეზი აქვს.

მაგრამ თუ კი სულიერი სიყვარული გაქვს გულში, შენ არავითარი ბოროტი ფიქრები არ გექნება. მაშინაც კი, როდესაც გაიგებ რაიმეს, რაც არ არის კარგი, შენ არ განიცხავ ან განსჯი ამ ადამიანს, სანამ ორჯერ არ გადაამოწმებ ფაქტებს. უმეტეს შემთხვევაში, როდესაც მშობლები იგებენ რაიმე ცუდს თავიანთი შვილების შესახებ, როგორ რეაგირებენ? ისინი ადვილად არ იღებენ ამას და იჟინებენ, რომ თავიანთი შვილები ასეთ რამეს არ გააკეთებდნენ. ისინი იფიქრებენ, რომ ცუდი ადამიანია ის, რომელიც ასეთ რაღაცას ამბობს. ანალოგიურად, თუ მართლა გიყვარს ვიღაც, შენ შეეცდები მასზე ყოველთვის დადებითად იფიქრო.

მაგრამ დღეს, ჩვენ ვხედავთ, რომ ადამიანები ბოროტულად ფიქრობენ სხვებზე და მათზე ადვილად ამბობენ ცუდ რაღაცეებს. ეს არ ხდება მხოლოდ პირად ურთიერთობებში, მაგრამ ადამიანები ასევე აკრიტიკებენ იმ ადამიანებს, რომლებსაც საჯარო თანამდებობები აქვთ.

ისინი არც კი სცდილობენ დაინახონ მთლიანი სიტუაცია, თუ რა მოხდა და მაინც ავრცელებენ უსაფუძვლო ჭორებს. ინტერნეტში აგრესიული გამოხმაურებების გამო, ზოგი ადამიანი თავსაც კი იკლავს. ისინი კიცხავენ სხვებს საკუთარი სტანდარტებით და არა ღმერთის სიტყვით. მაგრამ რა არის ღმერთის კეთილი ნება?

იაკობი 4:12 გვაფრთხილებს, „ერთია რჯულმდებელი და მსაჯული, რომელსაც ძალუძს თქვენი ცხონებაც და წარწყმედაც; შენ კი ვინა ხარ, რომ განსჯი მოყვასს?"

მხოლოდ ღმერთს შეუძლია განსჯა. სახელდობრ, ღმერთი გვეუბნება, რომ ბოროტებაა ჩვენი მოყვასის განსჯა. ვთქვათ ვიღაცამ ცუდი რამ ჩაიდინა. ამ სიტუაციაში, იმ ადამიანებისთვის, რომლებსაც სულიერი სიყვარული აქვთ, არ არის მნიშვნელობა ეს ადამიანი სწორია თუ არა თავისი საქციელით. ისინი მხოლოდ იმაზე იფიქრებენ, რაც სასიკეთოა ამ ადამიანისთვის. მათ უბრალოდ სურთ, რომ ამ ადამიანის სული იყოს აყვავებული და რომ ღმერთის იგი

უყვარდეს.

გარდა ამისა, სრულყოფილი სიყვარული არ არის მხოლოდ შეცდომის დაფარვა, არამედ ასევე მისთვის დახმარების გაწევა, რომ შეძლოს თავისი შეცდომის მონანიება. ჩვენც უნდა შევძლოთ ჭეშმარიტების სწავლება და ამ ადამიანს გულს ჩავწვდეთ, რომ სწორი გზით წავიდეს და შეიცვალოს. თუ კი სრულყოფილი სულიერი სიყვარული გვაქვს, ჩვენ არ დაგვჭირდება ვეცადოთ, რომ ამ ადამიანს სიკეთით შევხედოთ. ჩვენ ბუნებრივად გვიყვარს ის ადამიანიც კი, რომელსაც მრავალი დანაშაული აქვს ჩადენილი. ჩვენ მოგვინდება, რომ მას მხოლოდ დავეხმაროთ და მივენდოთ. თუ კი არ გვაქვს სხვების განსჯის და განკიცხვის ფიქრები, ჩვენ ნებისმიერ ადამიანთან ბედნიერები ვიქნებით.

მესამე ასპექტი არის ის ყველა ფიქრი, რომელიც არ ეთანხმება ღმერთის ნებას.

არა მარტო ზოგი ბოროტი ფიქრი სხვების მიმართ, არამედ ნებისმიერი ფიქრი, რომელიც არ არის ღმერთის ნების თანახმად, ბოროტი ფიქრია. ამ სამყაროში ადამიანები, რომლებიც ზნეობრივი ნორმებით და სინდისის შესაბამისად ცხოვრობენ, ნათქვამია, რომ სიკეთეში ცხოვრობენ.

მაგრამ ვერც მორალი და ვერც სინდისი ვერ იქნება სიკეთის სრული სტანდარტი. ორივეს აქვს მრავალი რამ, რაც ეთანხმება ან მთლიანად ეწინააღმდეგება ღმერთის სიტყვას. მხოლოდ ღმერთის სიტყვა შეიძლება იყოს სიკეთის სრული სტანდარტი.

ის ადამიანები, რომლებიც უფალს იღებენ, აცხადებენ, რომ ცოდვილები არიან. ხალხმა შეიძლება საკუთარი თავით იამაყონ იმ ფაქტის გამო, რომ კარგად და მოლარული ცხოვრებით ცხოვრობენ, მაგრამ მაინც ბოროტები არიან და ცოდვილები ღმერთის სიტყვის თანახმად. ეს იმიტომ, რომ ნებისმიერი რამ, რაც არ ეთანხმება ღმერთის სიტყვას არის ბოროტება და ცოდვა და მხოლოდ ღმერთის სიტყვაა სიკეთის სრული სტანდარტი (1 იოანე 3:4).

მაშინ რა არის განსხვავება ცოდვასა და ბოროტებაში? საერთო შემთხვევაში, ცოდვა და ბოროტება ორივე არაჭეშმარიტებაა, რომელიც ჭეშმარიტების, ღმერთის სიტყვის საპირისპიროა. ესენია სიბნელე, რომელიც ღმერთის საპირისპიროა, რადგან ღმერთი სინათლეა.

მაგრამ კიდევ უფრო დეტალურად რომ ავხსნათ, ისინი ერთმანეთისგან საკმაოდ განსხვავდება. ეს ორი რომ ხეს შევადაროთ, „ბოროტება" არის ფესვივით, რომელიც მიწაშია და არ არის შესამჩნევი და „ცოდვა" არის ტოტებივით, ფოთლებივით და ნაყოფივით.

ფესვის გარეშე, ხეს ვერ ექნება ტოტები, ფოთლები ან ნაყოფი. ანალოგიურად, ცოდვა გაცნობიერებულია ბოროტების გამო. ბოროტება არის ბუნება, რომელიც ადამიანის გულშია. ეს არის ბუნება, რომელიც ღმერთის სიკეთის, სიყვარულის და ჭეშმარიტების საწინააღმდეგოა. როდესაც ეს ბოროტება ცხადად არის გამომჟღავნებული კონკრეტული ფორმით, ეს არის მოხსენიებული როგორც ცოდვა.

იესომ თქვა, „კეთილ კაცს თავისი გულის კეთილი საუნჯიდან გამოაქვს კეთილი და ბოროტ კაცს თავისი გულის ბოროტი საუნჯიდან გამოაქვს ბოროტი, რადგანაც გულის სისავსისგან მეტყველებს მისი ბაგე" (ლუკა 6:45).

ვთქვათ ადამიანი ამბობს რაღაცას, რაც მეორე ადამიანს, რომელიც მას სძულს, ტკივილს აყენებს. ეს არის, როდესაც ბოროტება მის გულში გამომჟღავნებულია როგორც „სიძულვილი" და „ბოროტი სიტყვები", რომლებიც კონკრეტული ცოდვებია. ბოროტება განსაზღვრულია სტანდარტის მიხედვით, რომელსაც ჰქვია ღმერთის სიტყვა, რაც მცნებაა.

კანონის გარეშე არავის შეუძლია ადამიანის დასჯა, რადგან სტანდარტი არ არსებობს ამოცნობასა და მსჯავრში. ანალოგიურად, ცოდვა გამომჟღავნებულია, რადგან ეს ღმერთის სიტყვის სტანდარტის საწინააღმდეგოა. ცოდვა შეიძლება შემდეგ კატეგორიებად დაიყოს: ხორცის აზრები

და ხორცის ქმედებები. ხორცის აზრები არის ცოდვა, რომელსაც ადამიანი გულში და ფიქრებში იდენს, როგორიც არის სიძულვილი, შური, ეჭვიანობა და გონებაში მრუშობა, როდესაც ხორცის ქმედებები არის ცოდვები ჩადენილი ქმედებაში, როგორიც არის კამათი, გაცხარება ან მკვლელობა.

ეს გარკვეულწილად ამ სამყაროს ცოდვების ან დანაშაულების მსგავსია, რომლებიც შეიძლება სხვადასხვა ცოდვების კატეგორიებად დაიყოს. მაგალითად, დამოკიდებული იმაზე, თუ ვის მიმართ არის დანაშაული ჩადენილი, ეს შეიძლება იყოს სახელმწიფოს, ხალხის ან ინდივიდუალური პიროვნების წინააღმდეგ.

მაგრამ მიუხედავად იმისა, რომ ადამიანს გულში ბოროტება აქვს, არ არის ნათელი იგი ჩაიდენს თუ არა ცოდვებს. თუ კი ღმერთის სიტყვას მოუსმენს და თვითკონტროლი ექნება, იგი შეძლებს თავი აარიდოს ცოდვების ჩადენას, მიუხედავად იმისა, რომ გულში ბოროტება აქვს. ამ ეტაპზე, იგი შეიძლება დაკმაყოფილდეს, იფიქროს, რომ უკვე მიაღწია განწმენდას, მხოლოდ იმიტომ, რომ აშკარა ცოდვებს არ ჩადის.

თუმცა, იმისათვის, რომ სრულიად განვიწმინდოთ, ჩვენ უნდა განვდევნოთ ბოროტება, რომელიც ჩვენს ბუნებაშია მოთავსებული და ეს არის ჩვენი გულის სიღრმე. ადამიანის ბუნება შეიცავს ბოროტებას, რომელიც მისი მშობლებისგან მემკვიდრეობით გადაეცა. როგორც წესი ეს არ არის გამოვლენილი ჩვეულებრივ სიტუაციებში, ეს ვლინდება უკიდურეს სიტუაციებში.

კორეული ნათქვამია, „ყველა გადახტება მეზობლის ღობეზე, თუ კი სამი დღის მშივრები არიან." ეს იგივეა რაც „საჭიროება არ აღიარებს კანონს." სანამ მთლიანად არ გავიწმინდებით, ბოროტება, რომელიც დამალული იყო, შეიძლება გამომჟღავნდეს უკიდურეს სიტუაციაში.

თუმცა ძალიან მცირე, ბუზების ფეკალური მასები მაინც ფეკალური მასებია. თითქმის ზუსტად ანალოგიურად,

მიუხედავად იმისა, რომ ესენი ცოდვები არ არის, ყველაფერი, რაც ღმერთის თვალში სრულყოფილი არ არის, საბოლოოდ ბოროტების ფორმებია. ზუსტად ამიტომ 1 თესალონიკელტა 5:22 ამბობს, „განერიდეთ ყოველგვარ ბოროტს."

ღმერთი არის სიყვარული. საფუძვლად, ღმერთის მცნებები შეიძლება შეიკუმშოს „სიყვარულში". სახელდობრ, არ ყვარება არის ბოროტება და უკანონობა. ამგვარად, იმისათვის, რომ შევამოწმოთ ვიზრახავთ თუ არა ბოროტებას, ჩვენ უნდა ვიფიქროთ იმაზე, თუ რამხელა სიყვარული გვაქვს ჩვენში.

„მისი მცნება კი ისაა, რომ გვწამდეს მისი ძის იესო ქრისტეს სახელით და, როგორც გვამცნო, გვიყვარდეს ერთმანეთი" (1 იოანე 3:23).

„სიყვარული ბოროტს არ უზამს მოყვასს; რჯულის აღსრულება სიყვარულია" (რომაელთა 13:10).

რომ არ განვიზრახოთ ბოროტება

იმისათვის, რომ ბოროტება არ განვიზრახოთ, ჩვენ არ უნდა დავინახოთ ან გავიგონოთ რაიმე ბოროტება. მაშინაც კი, თუ გავიგებთ ან დავინახავთ, ჩვენ არ უნდა დავიმახსოვროთ ან ვეცადოთ ამაზე არ ვიფიქროთ. ჩვენ არ უნდა ვეცადოთ მისი დამახსოვრება. რა თქმა უნდა, ზოგჯერ ჩვენ შეიძლება ვერ შევძლოთ საკუთარი აზრების გაკონტროლება. კონკრეტული აზრი შეიძლება წარმოიშვას უფრო ძლიერად, როდესაც ვცდილობთ, რომ ამაზე არ ვიფიქროთ. მაგრამ როდესაც ლოცვებით შევეცდებით, რომ არ გვქონდეს ბოროტი აზრები, სული წმინდა დაგვეხმარება. ჩვენ განზრახარ არასოდეს არ უნდა დავინახოთ, გავიგონოთ ან ვიფიქროთ ბოროტ რაღაცეებზე და გარდა ამისა, ჩვენ უნდა განვდევნოთ ის ფიქრიც კი, რომელმაც მხოლოდ ერთი წამით გაგვიელვა თავში.

ჩვენ ასევე არ უნდა მივიღოთ მონაწილეობა რაიმე ბოროტულ საქმიანობაში. 2 იოანე 1:10-11 ამბობს, „ვინც თქვენთან მოდის, მაგრამ არ მოაქვს ეს მოძღვრება ნურც შინ მიიღებთ და ნურც მოიკითხავთ. რადგან ვინც მას მოიკითხავს, მის ბოროტ საქმესაც ეზიარება.“ ღმერთ გვირჩევს, რომ თავი ავარიდოთ და არ მივიღოთ ბოროტება.

ადამიანები მშობლებისგან ცოდვილ ბუნებას მემკვიდრეობით იღებენ. ამ სამყაროში ცხოვრების განმავლობაში, ხალხს კონტაქტი აქვს მრავალ არაჭეშმარიტებასთან. ამ ცოდვილი ბუნების და არაჭეშმარიტებების საფუძველზე, ადამიანი ანვითარებს საკუთარ „მეს“ ან პირად ხასიათს. ქრისტიანული ცხოვრება არის ამ ცოდვილი ბუნების და არაჭეშმარიტებების განდევნა, როგორც კი უფალს მივიღებთ. ამისათვის ჩვენ გვჭირდება დიდი მოთმინება და ძალისხმევა. რადგან ამ სამყაროში ვცხოვრობთ, ჩვენ უფრო მეტი ვიცით არაჭეშმარიტების შესახებ, ვიდრე ჭეშმარიტების შესახებ. შედარებით უფრო ადვილია არაჭეშმარიტების მიღება, ვიდრე მისი განდევნა. მაგალითად, ადვილია თეთრი კაბა შავი მელნით დაალაქავო, მაგრამ ძალიან ძნელია ლაქის მოშორება და კაბის უკან გათეთრება.

ასევე, მიუხედავად იმისა, რომ თითქოს ძალიან პატარა ბოროტებაა, ეს შეიძლება მალევე განვითარდეს დიდ ბოროტებად. ზუსტად როგორც გალათელთა 5:9-ში წერია, „მცირეოდენი საფუარი მთელ ცომს აფუებს,“ მცირეოდენი ბოროტება შეიძლება მრავალ ადამიანს შეეხოს. ამგვარად, ჩვენ ფრთხილად უნდა ვიყოთ სულ მცირე ბოროტებასთანაც კი. იმისათვის, რომ შევძლოთ ბოროტებაზე არ ვიფიქროთ, ჩვენ უნდა გვძულდეს იგი. ღმერთი გვეუბნება, „უფლის მოყვარულნო, შეიძურიეთ ბოროტება“ (ფსალმუნნი 96:10), და გვასწავლის, რომ „უფლის მოშიშებას სძულს ბოროტება“ (იგავნი 8:13).

თუ კი ვნებიანად გიყვარს ვინმე, შენ ის მოგეწონება რაც მას მოსწონს და არ მოგეწონება ის რაც მას არ მოსწონს. შენ ამისათვის არ გჭირდება მიზეზი. როდესაც ღმერთის

შვილები, რომლებსაც სული წმინდა აქვთ მიღებული, ცოდვებს იდენენ, სული წმინდა მათში კვნესის. ამიტომ, მათ გულში აქვთ ტკივილი. შემდეგ ისინი გააცნობიერებენ, რომ ღმერთს სძულს ყველაფერი რაც მათ ჩაიდინეს და ეცდებიან ცოდვა აღარ ჩაიდინონ. მნიშვნელოვანია რომ სულ მცირე ბოროტების ფორმებიც კი განვდევნოთ და აღარ მივიღოთ ბოროტება.

ღმერთის სიტყვის და ლოცვის მომარაგება

ბოროტება უსარგებლო რამ არის. იგავნი 22:8 ამბობს, „უსამართლობის მთესველი უბედურებას მოიმკის." ჩვენ ან ჩვენს შვილებს შეიძლება ავადმყოფობა შეეყაროთ ან შეიძლება უბედური შემთხვევა გადაგვხვდეს. ჩვენ შეიძლება მწუხარებაში ვცხოვრობდეთ სიღარიბის და ოჯახური პრობლემების გამო. საბოლოოდ, ეს ყველა პრობლემა ბოროტებიდან მოდის.

„ნუ შეცდებით, ღმერთს ვერ შეურაცხყოფთ, რადგანაც ვინც რას დასთესს, მასვე მოიმკის" (გალათელთა 6:7).

რა თქმა უნდა, უსიამოვნება ჩვენს წინაშე შეიძლება მოულოდნელად წარმოჩნდეს. ამ შემთხვევაში, როდესაც ბოროტება დაგროვებულია, ამან შეიძლება ისეთი პრობლემები გამოიწვიოს, რომლებიც მოგვიანებით ზემოქმედებას მოახდენენ ჩვენს შვილებზე. რადგან ამქვეყნიურ ადამიანებს არ ესმით ასეთი კანონი, ისინი ბოროტებას სხვადასხვა გზით ჩადიან.

მაგალითად, ისინი მიიჩნევენ, რომ ნორმალურია შურისძიება იმ ადამიანის მიმართ, რომელმაც მათ ზიანი მიაყენა. მაგრამ იგავნი 20:22 ამბობს, „ნუ იტყვი, ბოროტებას სანაცვლოს მივაგებო, უფალს მიენდე და ის გიშველის."

ღმერთი აკონტროლებს ადამიანთა მოდგმის სიცოცხლეს, სიკვდილს, ბედნიერებას და უბედურებას თავისი

სამართლიანობის მიხედვით. ამგვარად, თუ კი სიკეთეს გავაკეთებთ ღმერთის სიტყვის თანახმად, ჩვენ მოვიმკით სიკეთის ნაყოფს. ეს ზუსტად ისეა, როგორც გამოსვლა 20:6-შია დაპირებული, რომელიც ამბობს, „ათასწილ სიკეთის მზღველი ჩემს მოყვარულთათვის და ჩემი მცნებების დამმარხველთათვის."
იმისათვის, რომ საკუთარი თავი ბოროტებისგან დავიცვათ, ჩვენ უნდა გვძულდეს ბოროტება. და გარდა ამისა, ჩვენ ყოველთვის უნდა გვქონდეს ორი რამ. ესენია ღმერთის სიტყვა და ლოცვა. როდესაც ვფიქრობთ ღმერთის სიტყვაზე დღე და ღამე, ჩვენ შეგვიძლია განვდევნოთ ბოროტი აზრები და გვქონდეს სულიერი და კეთილი აზრები. ჩვენ შეგვიძლია გავიგოთ, თუ როგორი საქციელია ჭეშმარიტი სიყვარულის საქციელი.
ასევე, როდესაც ვლოცულობთ, ჩვენ სიტყვაზე კიდევ უფრო ღრმად ვფიქრობთ, რათა გავაცნობიეროთ ბოროტება ჩვენს სიტყვებსა და ქმედებებში. როდესაც მხურვალედ ვლოცულობთ სული წმინდის დახმარებით, ჩვენ შეგვიძლია ვაკონტროლოთ და განვდევნოთ ბოროტება ჩვენი გულიდან. დაე სწრაფად განვდევნოთ ბოროტება ღმერთის სიტყვით და ლოცვით, რათა ბედნიერებით სავსე ცხოვრებით ვიცხოვროთ.

10. სიყვარული არ შეჰხარის უსამართლობას

რაც უფრო მეტად არის საზოგადოება განვითარებული, უფრო მეტია შანსია, რომ პატიოსანმა ადამიანებმა წარმატებას მიაღწიონ. და პირიქით, ნაკლებად განვითარებულ ქვეყნებს აქვთ უფრო მეტი კორუფცია და ნებისმიერი რამის გაკეთებაა შესაძლებელი ფულით. კორუპციას ჰქვია ქვეყნების ავადმყოფობა, რადგან ეს დაკავშირებულია ქვეყნის აყვავებასთან. კორუფცია და უკანონობა ასევე დიდ ზეგავლენას ახდენს ადამიანის ცხოვრებაზე. ეგოისტ ადამიანებს არ შეუძლია ჭეშმარიტი განწმენდის მიღწევა, რადგან ისინი მხოლოდ საკუთარ თავებზე ფიქრობენ და არ შეუძლიათ სხვების სიყვარული.

ვთქვათ შენი მეგობრის გშურს, რომელიც მდიდარია. ასევე შენ იგი იმიტომ არ მოგწონს, რომ იგი ყოველთვის ტრაბახობს თავისი სიმდიდრით. ზოგჯერ ფიქრობ, „იგი ძალიან მდიდარია და მე? იმედი მაქვს რომ გაკოტრდება." ეს არის ბოროტებაზე ფიქრი. მაგრამ ერთ დღეს, ვიღაცამ მოატყუა მას და მისი კომპანია ერთ დღეში გაკოტრდა. აქ, თუ კი ამით სიამოვნებას მიიღებთ და გაიფიქრებ „ძალიანაც კარგი, იგი თავისი სიმდიდრით ტრაბახობდა!" მაშინ ეს არის უსამართლობით გახარება. გარდა ამისა, თუ კი ასეთ საქმიანობაში მონაწილეობას მიიღებ, მაშინ ეს არის უსამართლობაში აქტიურად სიხარული.

ზოგადად არსებობს უსამართლობა, რომელზეც ურწმუნოებიც კი ფიქრობენ რომ უსამართლობაა. მაგალითად, ზოგი ადამიანი აგროვებს თავის სიმდიდრეს უპატიოსნოდ. ზოგმა შეიძლება კანონიც კი დაარღვიოს და

130

სიყვარული: რჯულის აღსრულება

სანაცვლოდ რაიმე მიიღოს. თუ კი მოსამართლე უსამართლო განაჩენს გამოიტანს ქრთამის მიღების შემდეგ და უდანაშაულო ადამიანს სასჯელი ესჯება, ეს ყველას თვალში უსამართლობაა. ეს არის როგორც მოსამართლეს, თავისი ძალაუფლების უმართებლოდ გამოყენება. როდესაც ადამიანი რამეს ყიდის, მან შეიძლება მოიტყუოს პროდუქტის მოცულობაში ან ხარისხში. მან შეიძლება გამოიყენოს იაფფასიანი და დაბალი ხარისხის მასალები უფრო მეტი მოგების მისაღებად. ისინი არ ფიქრობენ სხვებზე და მხოლოდ საკუთარ სარგებელზე ზრუნავენ. მათ იციან თუ რა არის სწორი, მაგრამ სხვებს ატყუებენ, რათა უსამართლოდ მოპოვებული ფულით ისიამოვნონ. სინამდვილეში უამრავი ადამიანი არსებობს, რომლებიც სხვებს ატყუებენ უსამართლო მოგებისათვის. მაგრამ ჩვენ? შეგვიძლია ვთქვათ რომ განწმენდილები ვართ?

წარმოიდგინე ასეთი რამ მოხდა. შენ ხარ სამოქალაქო მუშაკი და საიდანღაც გაიგე, რომ ერთ-ერთი შენი ახლო მეგობარი ძალიან ბევრ ფულს არალეგალურად შოულობს გარკვეულ ბიზნესში. თუ მას დაიჭერენ, იგი მკაცრად დაისჯება და ეს მეგობარი გაძლევს დიდი რაოდენობის თანხას, რომ ამის შესახებ არაფერი თქვა. იგი ამბობს, რომ კიდევ უფრო დიდ თანხას მოგცემს მოგვიანებით. ამავე დროს შენს ოჯახს აქვს გაუთვალისწინებელი შემთხვევა და გჭირდება ასეთი დიდი თანხა. რას იზამდი?

მოდით წარმოვიდგინოთ სხვა სიტუაცია. ერთ დღეს, შენ შეამოწმე შენი ბანკის ანგარიში და იმაზე მეტი ფული გაქვს, ვიდრე შენ გეგონა. შენ გაიგე, რომ თანხა, რომელიც

საგადასახადოსთვის უნდა ყოფილიყო გადახდილი, არ გაგზავნილა. ამ შემთხვევაში, როგორ მოიქცეოდი? გაიხარებ და იტყვი, რომ ეს მათი შეცდომაა და არა შენი პასუხისმგებლობა?

2 ნეშთთა 19:7 ამბობს, „უფლის შიში იქონიეთ, ფრთხილად მოიქეცით, რადგან უფალთან, ჩვენს ღმერთთან, არ არის უსამართლობა, თვალთმაქცობა და ანგარება." ღმერთი არის სამართლიანი; მას უსამართლობა საერთოდ არ აქვს. ჩვენ შეიძლება ადამიანები ვერ გვხედავდნენ, მაგრამ ღმერთს ვერ მოვატყუებთ. ამგვარად, ღმერთის შიშითაც კი, ჩვენ პატიოსნად უნდა ვიაროთ სამართლიანი გზით.

მოდით განვიხილოთ აბრაამის შემთხვევა. როდესაც მისი ძმისწული სოდომში დაიჭირეს ომის დროს, ამბრაამმა არა მარტო იგი დაიბრუნა, არამედ ყველა დაჭერილი ადამიანი და მათი ქონებაც. სოდომის მეფეს სურდა მადლიერების გამოხატვა აბრაამისთვის იმის მიცემით, რაც მეფეს მიუტანა, მაგრამ აბრაამმა არ მიიღო.

„უთხრა სოდომის მეფეს აბრამმა: უზენაეს ღმერთს ვფიცავ, ცისა და მიწის შემოქმედს, თუ ძაფი ან ფეხსამოსის თასმა ავიღო იქიდან, რაც შენ გეკუთვნის. არ გათქმევინებ, მე გავამდიდრეო აბრამი" (დაბადება 14:22-23).

როდესაც მისი ცოლი, სარა გარდაიცვალა, მიწის მეპატრონემ შესთავაზა საფლავისთვის ადგილი, მაგრამ მან არ მიიღო. მან უბრალოდ გადაიხადა გადასახადი. ეს იმიტომ, რომ მომავალში არ ყოფილიყო რაიმე გაუგებრობა მიწის შესახებ. მან ეს იმიტომ გააკეთა, რომ იგი პატიოსანი ადამიანი იყო; მას არ სურდა დაუმსახურებელი ან

უსამართლო სარგებლის მიღება. თუ კი მას ფული სურდა, იგი უბრალოდ იმას გააკეთებდა, რაც მომგებიანი იყო მისთვის.

ის ადამიანები, რომლებსაც ღმერთი უყვართ და რომლებიც ღმერთს უყვარს, არასოდეს მიაყენებენ ვინმეს ზიანს ან იზრუნევენ საკუთარ სარგებელზე ქვეყნის კანონის დარღვევით. ისინი არ ელოდებიან იმაზე მეტს, ვიდრე იმსახურებენ. იმ ადამიანებს, რომლებიც უსამართლობით სიხარულს იღებენ, არ აქვთ ღმერთის ან მოყვასის სიყვარული.

უსამართლობა ღმერთის თვალში

უსამართლობა უფალში სულ ცოტათი განსხვავდება ზოგადად კონტექსტში უსამართლობისგან. ეს არა მარტო კანონის დარღვევა და სხვებისთვის ზიანის მიყენებაა, არამედ ყველა ცოდვა, რომელიც ღმერთის სიტყვის წინააღმდეგ არის. როდესაც გულში ბოროტება გამომჟღავნდება კონკრეტული ფორმით, ეს არის ცოდვა და უსამართლობა. ბევრ ცოდვათა შორის, უსამართლობა განსაკუთრებით ეხება ხორცის ქმედებას.

სახელდობრ, სიძულვილი, შური, ეჭვიანობა და სხვა ბოროტებები გულში განხორციელებულია ქმედებაში, როგორიც არის კამათი, ძალადობა, თაღლითობა ან მკვლელობა. ბიბლია გვეუბნება, რომ თუ უსამართლოდ მოვიქცევით, რთულია რომ გადავრჩეთ.

1 კორინთელთა 6:9-10 ამბობს, „ნუთუ არ იცით, რომ უსამართლონი ვერ დაიმკვიდრებენ ღვთის სასუფეველს? თავს ნუ მოიტყუებთ: ვერც მეძავნი, ვერც კერპთმსახურნი, ვერც მრუშნი, ვერც მხდალნი, ვერც მამათმავალნი, ვერც

მპარავნი, ვერც ანგარნი, ვერც მემთვრალენი, ვერც მაგინებელნი, ვერც მტაცებელნი ვერ დაიმკვიდრებენ ღვთის სასუფეველს."

ყაქანი იყო ის ადამიანი, რომელსაც უყვარდა უსამართლობა, რომელმაც გამოიწვია მისი განადგურება. იგი გამოსვლის მეორე თაობა იყო და ბავშვობიდან ესმოდა და ხედავდა იმ ყველაფერს, რასაც ღმერთი მისი ხალხისთვის აკეთებდა.

მაგრამ როგორც კი დაინახა იერიხონში მომხდარი, მან დაკარგა თავისი გრძნობები სიხარბის გამო. მას შემდეგ რაც მშრალი ცხოვრებით ცხოვრობდა უდაბნოში დიდი ხნის განმავლობაში, ქალაქში ყველაფერი ლამაზად გამოიყურებოდა მისთვის. როგორც კი დაინახა ლამაზი ოქრო და ვერცხლი, მას დაავიწყდა ღმერთის სიტყვა და თავისთვის გადამალა.

ყაქანის ცოდვის გამო, ისრაელმა მარცხი განიცადა შემდეგ ბრძოლაში. ეს იყო ზარალის მეშვეობით, რომ ქაყანის არასამართლიანობა გამომჟღავნდა და იგი და მისი ოჯახი სიკვდილამდე ჩაქოლეს. ქვების გორა შეიქმნა და ამ ადგილს ჰქვია ქაყორის ხეობა.

ასევე, წავიკითხოთ რიცხვნის 22-24 თავები. ბალაამი იყო კაცი, რომელსაც ღმერთთან კავშირი შეეძლო. ერთ დღეს, ბალაკმა, მოაბის მეფემ სთხოვა მას ისრაელის ხალხი დაეწყევლა. ღმერთმა უთხრა ბალაამს, „ნუ წაჰყვები მათ, ნუ დასწყევლი მაგ ხალხს, რადგან კურთხეულია იგი" (რიცხვნი 22:12).

ღმერთის სიტყვის მოსმენის შემდეგ ბალაამმა უარი თქვა მეფის თხოვნაზე. მაგრამ როდესაც მეფემ მას ოქრო ად ვერცხლი გაუგზავნა, მან აზრი შეიცვალა. საბოლოოდ, იგი

დაბრმავდება განძეულობით და ასწავლა მეფეს, რომ ხაფანგი დაეგოთ ისრაელის ხალხისთვის. რა იყო შედეგი? ისრაელის ვაჟებმა შეჭამეს ის საკვები, რომლებიც შეწირული იყო კერპებისათვის და ჩაიდინეს ღალატის ცოდვა და ამგვარად მათ დიდი მწუხარება დაატყდათ და საბოლოოდ ბალაამი მახვილით იქნა მოკლული. ეს იყო არასამართლიანი სარგებლის სიყვარულის შედეგი.

არასამართლიანობა ღმერთის თვალში პირდაპირ არის დაკავშირებული ხსნასთან. თუ კი რწმენაში ძმებსა და დებს ვხედავთ, რომ არასამართლიანად იქცევიან, როგორც სამყაროს ურწმუნოები, რა უნდა გავაკეთოთ? რა თქმა უნდა ჩვენ დავღონდებით და უნდა ვილოცოთ და დავეხმაროთ მათ, რომ სიტყვის მიხედვით იცხოვრონ. მაგრამ ზოგ მორწმუნეს შურს ასეთი ადამიანების და ფიქრობენ, „მეც მსურს უფრო ადვილი და კომფორტული ქრისტიანური ცხოვრებით ცხოვრება." გარდა ამისა, თუ შენ მონაწილეობას მიიღებ მათთან ერთად, ჩვენ ვერ ვიტყვით რომ შენ უფალი გიყვარს.

იესო, რომელიც უდანაშაულო იყო, მოკვდა, რომ ჩვენ, რომლებიც არასამართლიანები ვართ, მივეყვანეთ ღმერთთან (1 პეტრე 3:18). როდესაც გავაცნობიერებთ უფლის ამ დიდ სიყვარულს, ჩვენ არასოდეს არ უნდა გავიხაროთ არასამართლიანობით (იოანე 15:14).

11. სიყვარული ჭეშმარიტებით ხარობს

იოანე, იესოს ერთ-ერთი თორმეტ მოწაფეთაგანი, გადაურჩა წამებას და მთელი ცხოვრება იესო ქრისტეს სახარების და ღმერთის ნების გავრცელებით ცხოვრობდა. ერთი-ერთი რამ, რითითაც მან თავის ბოლო წლებში გაიხარა, იყო იმის გაგონება, რომ მორწმუნეები ცდილობდნენ ღმერთის სიტყვის, ჭეშმარიტების მიხედვით ცხოვრებას.

მან თქვა „რადგანაც დიდად გავიხარე, როცა მოვიდნენ ძმები და მიმოწმეს შენი ჭეშმარიტება, თუ როგორ დადიხარ ჭეშმარიტებით. რა უნდა იყოს ჩემთვის უფრო სასიხარულო, ვიდრე იმის გაგება, თუ როგორ დადიან ჭეშმარიტებით ჩემი შვილები" (3 იოანე 1:3-4).

ამ გამოთქმით „დიდად გავიხარე", ჩვენ ვხედავთ, თუ რამხელა სიხარული მიენიჭა მას. მას ახალგაზრდობაში გაბრაზების ხასიათები ჰქონდა და ქუხილის ძე ეწოდა, მაგრამ მას შემდეგ რაც შეიცვალა, მას ეწოდა სიყვარულის მოციქული.

თუ კი ღმერთი გვიყვარს, ჩვენ არ განვახორციელებთ არასამართლიანობას და მხოლოდ ჭეშმარიტებით ვიცხოვრებთ. ჩვენ ასევე გავიხარებთ ჭეშმარიტებით. ჭეშმარიტება მიუთითებს იესო ქრისტეზე, სახარებაზე და ბიბლიის ყველა 66 წიგნზე. ისინი, რომლებსაც ღმერთი უყვართ და რომლებიც ღმერთს უყვარს, უდავოდ გაიხარებენ იესოსთან და სახარებასთან ერთად. ისინი სიხარულს მაშინ იღებენ, როდესაც ღმერთის სასუფეველი ფართოვდება. რას ნიშნავს ჭეშმარიტებით სიხარული?

პირველი, ეს არის „სახარებით" გახარება.

„სახარება" არის ის კარგი ამბავი, რომ ჩვენ ვიხსენით იესო ქრისტეს მეშვეობით და წავალთ ზეციურ

სასუფეველში. მრავალი ადამიანი ეძებს ჭეშმარიტებას და კითხულობენ, „რა არის სიცოცხლის დანიშნულება? რა არის ღირსეულად ცხოვრება?“ ამ კითხვებზე პასუხების მისაღებად, ისინი სწავლობენ ფილოსოფიას ან ცდილობენ პასუხები სხვადასხვა რელიგიებისგან მიიღონ. მაგრამ ჭეშმარიტება არის იესო ქრისტე და მის გარეშე არავის შეუძლია ზეცაში წასვლა. ზუსტად ამიტომ თქვა იესომ, „მე ვარ გზა, ჭეშმარიტება და სიცოცხლე; ვერავინ მივა მამაჩემთან, თუ არა ჩემს მიერ“ (იოანე 14:6).

ჩვენ მოვიპოვეთ ხსნა და საუკუნო სიცოცხლე იესო ქრისტეს მიღებით. ჩვენ მიგვეტევა ცოდვები უფლის სისხლით და ჯოჯოხეთიდან ზეცაში გადავედით. ჩვენ ახლა გვესმის ცხოვრებნის მნიშვნელობა და ვცხოვრობთ ღირსეული სიცოცხლით. ამგვარად, ეს იმდენად ბუნებრივი რამ არის, რომ ჩვენ ვხარობთ სახარებით. ის ადამიანები, რომლებიც ხარობენ სახარებით, სხვებსაც გაუზიარებენ ამას. ისინი შეასრულებენ თავიანთ ღმერთის მიერ მიცემულ მოვალეობებს ერთგულად, რათა გაავრცელონ სახარება. ასევე, ისინი ხარობენ, როდესაც სულები უსმენენ სახარებას და უფლის მიღებით ხსნას იღებენ. ისინი სიხარულს მაშინ იღებენ, როდესაც ღმერთის სასუფეველი ფართოვდება. „რომელსაც ნებავს, რომ ყველა კაცი გადარჩეს და ეზიაროს ჭეშმარიტების შემეცნებას“ (1 ტიმოთე 2:4).

თუმცა, არსებობენ მორწმუნეებიც, რომლებსაც სხვების შურთ, როდესაც სახარებას ავრცელებენ და დიდ ნაყოფს იღებენ. ზოგ ეკლესიას სხვა ეკლესიების შურს, როდესაც სხვა ეკლესიები ფართოვდებიან და ღმერთის ადიდებენ. ეს არ არის ჭეშმარიტებით სიხარული. თუ კი გულში სულიერი სიყვარული გვაქვს, ჩვენ გავიხარებთ, როდესაც ღმერთის სასუფეველი სრულყოფილია. ჩვენ ერთად გავიხარებთ, როდესაც დავინახავთ ეკლესიას, რომელიც იზრდება და რომელიც ღმერთს უყვარს. ეს არის ჭეშმარიტებით სიხარული, ამგვარად, სახარებით სიხარული.

მეორე, ჭეშმარიტებით სიხარული ნიშნავს იმ

ყველაფრით სიხარულს, რაც ჭეშმარიტებას ეკუთვნის.

ეს არის იმით სიხარული, როდესაც ხედავ, გესმის და აკეთებ იმას, რაც ჭეშმარიტებას ეკუთვნის, როგორიც არის სიკეთე, სიყვარული და სამართლიანობა. იმ ადამიანებს, რომლებიც ხარობენ ჭეშმარიტებით, ცრემლებიც კი მოსდით და გული უჩუყდებათ, როდესაც გაიგებენ სულ მცირე სიკეთის ქმედებების შესახებ. ისინი აღიარებენ, რომ ღმერთის სიტყვა არის ჭეშმარიტება და რომ ეს თაფლზე უფრო ტკბილია. ამგვარად, ისინი ხარობენ ბიბლიის კითხვით და ქადაგებების მოსმენით. გარდა ამისა, ასევე ხარობენ ღმერთის სიტყვის განხორციელებით. ისინი სიხარულით ემორჩილებიან ღმერთის სიტყვას, რომელიც გვეუბნება, რომ „ვემსახუროთ, გავუგოთ და მივუტევოთ" ისეთ ადამიანებსაც კი, რომლებიც ცუდ მდგომარეობაში გვაყენებენ.

დავითს უყვარდა ღმერთი და სურდა ღმერთის ტაძრის აშენება. მაგრამ ღმერთმა არ მისცა ამის საშუალება. მიზეზი დაწერილია 1 ნეშთთა 28:3-ში. „ჩემს სახელზე სახლს ნუ ააშენებ! რადგან მეომარი კაცი ხარ და სისხლი გაქვს დაღვრილიო." დავითის სისხლის ღვრა გარდაუვალი იყო, რადგან მრავალ ომში იმყოფებოდა, მაგრამ ღმერთის თვალში დავითი არ იყო შესაფერისი ამ მოვალეობის შესასრულებლად.

დავითს თვითონ არ შეეძლო ტაძრის აშენება, მაგრამ მოამზადა ყველა სამშენებლო მასალა, რომ მის შვილს, სოლომონს აეშენებინა. დავითმა მოამზადა მასალა მთელი ძალისხმევით და მხოლოდ ამის გაკეთებამ ძალიან ბედნიერი გახადა იგი. „ხალხი ხარობდა შესაწირავის გამო, რადგან სრული გულით სწირავდნენ უფალს. ასევე მეფე დავითიც დიდი სიხარულით ხარობდა" (1 ნეშთთა 29:9).

ამგვარად, ის ადამიანები, რომლებიც ჭეშმარიტებით ხარეობენ, ასევე გაიხარებენ, როდესაც სხვა ადაბიანები წარმატებულები არიან. ისინი არ არიან შურიანი ადამიანები. მათთვის წარმოუდგენელია რაიმე ბოროტზე

ფიქრი, ან სხვა ადამიანების უბედურებით გახარება. როდესაც ხედავენ, რომ რაიმე უსამართლო ხდება, მათ ეს ადარდიანებს. ასევე, იმ ადამიანებს, რომლებიც ჭეშმარიტებით ხარობენ, შეუძლიათ სიკეთით სიყვარული, უცვლელი გულით და ჭეშმარიტებითა და პატიოსნებით. ისინი ხარობენ კეთილი სიტყვებითა და ქმედებებით. ღმერთი ასევე გაიხარებს მათთან ერთად, როგორც სოფონია 3:17-ში წერია, „უფალი, შენი ღმერთი, შენს წიაღშია, გმირი, რომელიც გიხსნის; სიხარულით გაიხარებს შენზე, განგაახლებს თავის სიყვარულში, სიმღერით იზეიმებს შენს გამო."

მაშინაც კი, თუ არ შეგიძლია ყოველთვის ჭეშმარიტებით იხარო, შენ არ უნდა იყო ამით იმედგაცრუებული. თუ კი მთელი ძალისხმევით შეეცდები, სიყვარულის ღმერთი აღიარებს ამ ძალისხმევას, როგორც „ჭეშმარიტებით სიხარულს."

მესამე, ჭეშმარიტებით სიხარული არის ღმერთის სიტყვის რწმენა და მისი განხორციელება.

იშვიათობაა, რომ იპოვნო ისეთი ადამიანი, რომელსაც თავიდან მხოლოდ ჭეშმარიტებით შეუძლია სიხარული. მანამ სანამ ჩვენში სიბნელე და არაჭეშმარიტება გვაქვს, ჩვენ შეიძლება ვიფიქროთ ბოროტებაზე ან არასამართლიანობით გავიხაროთ. მაგრამ როდესაც ნელ-ნელა შევიცვლებით და ჩვენი გულიდან ყველანაირ არაჭეშმარიტებას განვდევნით, ჩვენ შევძლებთ სრულყოფილად ვიხაროთ ჭეშმარიტებით. მანამდე კი ჩვენ მთელი ძალისხმევით უნდა ვეცადოთ.

მაგალითად, ყველას არ უხარია წირვაზე დასწრება. ახალი მორწმუნეების ან იმ ადამიანთა შემთხვევაში, რომლებსაც სუსტი რწმენა აქვთ, ისინი შეიძლება დაიღალონ ან მათი გული შეიძლება სულ სხვაგან იყოს. ისინი შეიძლება ფიქრობდნენ ბეისბოლის შედეგებზე ან შეიძლება ნერვიულობენ ბიზნეს შეხვედრაზე, რომელიც

ხვალ აქვთ.

მაგრამ ტაძარში მისვლის და წირვაზე დასწრების ქმედება არის ღმერთის სიტყვაზე დამორჩილების ცდა. ეს არ ჭეშმარიტებით სიხარული. რატომ უნდა ვეცადოთ ასეთი გზით? ეს იმიტომ, რომ მიიღო ხსნა და წახვიდე ზეცაში. რადგან ჩვენ გაგონილი გვაქვს ჭეშმარიტების სიტყვა და ღმერთის გვწამს, ჩვენ ასევე გვწამს, რომ არსებობს განაჩენი და რომ არსებობს ზეცა და ჯოჯოხეთი. რადგან ვიცით, რომ ზეცაში სხვადასხვა ნაირი ჯილდოები არსებს, ჩვენ უფრო ბეჯითად ვცდილობთ განვიწმინდოთ და ღმერთის სახლში ერთგულად ვიმუშაოთ. მიუხედავად იმისა, რომ ჩვენ შეიძლება 100%-ით ვერ გავიხაროთ ჭეშმარიტებით, თუ კი მთელი ძალისხმევით ვეცდებით, ეს მაინც ჭეშმარიტებით სიხარულია.

ჭეშმარიტების წყურვილი და შიმშილი

ჩვენთვის ბუნებრივი უნდა იყოს, რომ ჭეშმარიტებით გავიხაროთ. მხოლოდ ჭეშმარიტება გვაძლევს საუკუნო სიცოცხლეს და შეუძლია ჩვენი მთლიანად შეცვლა. თუ ჩვენ ჭეშმარიტება გვესმის, სახელდობრ სახარება და განვახორციელებთ მას, ჩვენ მივიღებთ საუკუნო სიცოცხლეს და გავხდებით ღმერთის ჭეშმარიტი შვილები. რადგან ზეციური სასუფევლის იმედით და სულიერი სიყვარულით ვართ სავსენი, ჩვენი სახეები სიხარულისგან გაბრწყინდება. ასევე, როდესაც ჭეშმარიტებაში შევიცვლებით, ჩვენ ბედნიერები ვიქნებით, რადგან ღმერთს ვუყვარვართ და გვლოცავს, და ასევე მრავალ სხვა ადამიანს ვუყვარვართ.

ჩვენ ყოველთვის ჭეშმარიტებით უნდა ვიხაროთ, და გარდა ამისა, უნდა გვქონდეს ჭეშმარიტების წყურვილი და შიმშლი. როდესაც გშია ან გწყურია, შენ გსურს საკვები და დასალევი. როდესაც ჭეშმარიტება გვსურს, ჩვენ ეს დარწმუნებით უნდა გვინდოდეს, რადგან სწრაფად შევიცვალოთ ჭეშმარიტების ადამიანად. ჩვენ უნდა

ვიცხოვროთ ჭეშმარიტებით კვებით და სმით. რას ნიშნავს ჭეშმარიტებით კვება და სმა? ეს ნიშნავს ჩვენს გულში ღმერთის სიტყვის შენახვა და მისი განხორციელება.

როდესაც იმ ადამიანის წინაშე ვდგავართ, რომელიც ძალიან გვიყვარს, რთულია ჩვენს სახეზე ბედნიერების დამალვა. ეს იგივეა როდესაც ღმერთი გვიყვარს. ახლა, ჩვენ არ შეგვიძლია ღმერთის წინაშე პირისპირ წარდგენა, მაგრამ თუ ჩვენ იგი ჭეშმარიტად გვიყვარს, ეს უდავოდ დაგვეტყობა. ეს იმას ნიშნავს, რომ თუ კი ჭეშმარიტების შესახებ რაიმეს გავიგებთ ან დავინახავთ, ჩვენ გავიხარებთ და ბედნიერები გავხდებით. მხოლოდ ღმერთზე და უფალზე ფიქრით მადლიერების გრძნობით ცრემლები წამოგვივა და გული აგვიჩუყდება სულ მცირე სიკეთის ქმედებით.

ცრემლები, რომლებიც სიკეთეს ეკუთვნის, როგორიც არის მადლიერების ცრემლები და სხვა სულების გამო დაღონების ცრემლები მოგვიანებით გახდება ლამაზი ძვირფასი ქვები, ზეცაში ჩვენი სახლების მოსართავად. დაე გავიხაროთ ჭეშმარიტებით, რათა ჩვენი ცხოვრება იყოს იმის მტკიცებულებებით სავსე, რომ ჩვენ გვიყვარს ღმერთი.

სულიერი სიყვარულის მახასიათებლები II	6. შეუფერებლად არ იქცევა 7. ის არ ეძებს თავისას 8. არ არის გამოწვეული 9. ის არ იძრახავს ბოროტებას 10. ის არ შეჰხარის უსამართლობას 11. ის ჭეშმარიტებით ხარობს

12. სიყვარული ყველაფერს ითმენს

როდესაც იესო ქრისტეს მივიღებთ და ვეცდებით ღმერთის სიტყვით ვიცხოვროთ, მრავალი რამ არის, რისი დაძლევაც მოგვიწევს. ჩვენ უნდა გავუძლოთ გამოწვევის სიტუაციებს. ასევე უნდა გავავარჯიშოთ ჩვენი თვითკონტროლი. ზუსტად ამიტომ სიყვარულის პირველი მახასიათებელი არის მოთმინება.

მოთმინება არის ბრძოლა ადამიანში, რომელსაც ადამიანი მაშინ განიცდის, როდესაც ცდილობს გულიდან არაჭეშმარიტება განდევნოს. „ყველაფრის მოთმენას“ უფრო ვრცელი მნიშვნელობა აქვს. ჩვენს გულში მოთმინებით ჭეშმარიტების გაშენების შემდეგ, ჩვენ უნდა მოვითმინოთ ყოველივე ტკივილი, რომელიც შეიძლება სხვა ადამიანების გამო განვიცადოთ. კერძოდ, ეს არის იმ ყველაფრის მოთმენა, რაც არ არის სულიერი სიყვარულის შესაბამისად.

იესო დედამიწაზე ცოდვილების გადასარჩენად მოვიდა და როგორ მოექცნენ მას დამიანები? იგი მხოლოდ სიკეთეს აკეთებდა და ხალხი მაინც დასცინოდა და უგულვებელყოფდა მას. საბოლოოდ მათ იგი ჯვარს აცვეს. თუმცა, იესომ მაინც გაუძლო ყველაფერს და ყოველთვის ლოცულობდა მათთვის. მან ილოცა მათთვის, „მამაო, მიუტევე ამათ, რადგანაც არ იციან, რას სჩადიან“ (ლუკა 23:34).

რა იყო იმის შედეგი, რომ იესო ყველაფერს უძლებდა და რომ ხალხი უყვარდა? ნებისმიერ ადამიანს, რომელიც იესოს საკუთარ მხსნელად იღებს, შეუძლია ხსნის მიღება და

ღმერთის შვილად გახდომა. ჩვენ სიკვდილისგან დანვთავისუფლდით და გადავედით საუკუნო სიცოცხლეში.

კორეული ნათქვამია „ნახჯახი დაფქვი ნემსის გასაკეთებლად." ეს იმას ნიშნავს, რომ მოთმინებით და გაძლებით, ჩვენ შეგვიძლია შევასრულოთ ნებისმიერი რთული მოვალეობა. რამხელა დრო და ძალისხმევა იქნება საჭირო რკინის ნაჯახის დასაფქველად, რომ ნემსი გააკეთო? ეს აშკარად იმდენად შეუძლებელ რამედ ჩანს, რომ ადამიანმა შეიძლება იფიქროს, „არ სჯობს ნაჯახი გაყიდო და ნემსები იყიდო?"

მაგრამ ღმერთი სიამოვნებით იღებს ასეთ ძლიერ შრომას, რადგან იგი ჩვენი სულის პატრონია. ღმერთი ყველაფერს ჩვენთან ერთად ითმენს წყალობის და სიყვარულის გამოხატვით, რადგან მას ჩვენ ვუყვარვართ. იგი აწესრიგებს და წმენდს ხალხს, მიუხედავად იმისა, რომ მათი გულები რჯინასავით გაქვავებულია. იგი ყველას ელოდება რომ გახდნენ მისი ჭეშმარიტი შვილები, მიუხედავად იმისა, რომ ადამიანს შეიძლება შანსიც კი არ ჰქონდეს ამის.

„მოტეხილ ლერწამს არ გადატეხს და მბჟუტავ პატრუქს არ დაშრეტს, ვიდრე არ მოუპოვებს ძლევას სამართალს" (მათე 12:20).

დღესაც კი, ღმერთი უძლებს დიდ ტკივილს, როდესაც ხედავს ხალხის ქცევებს და სიხარულით გველოდება. იგი მომთმენი იყო ხალხის, ელოდებოდა რომ შეცვლილიყვნენ სიკეთით, მიუხედავად იმისა, რომ ათასობით წლის განმავლობაში ბოროტებაში ისინი ბოროტებაში

იქცეოდნენ. მიუხედავად იმისა, რომ მათ ღმერთს ზურგი შეაქციეს და კერპთაყვანისმცემლობას მიეცნენ, ღმერთმა აჩვენა მათ, რომ იგი არის ჭეშმარიტი ღმერთი და გაუძლო მათ რწმენით. თუ კი ღმერთი ამბობს, „შენ ხარ არასამართლიანობით სავსე და ამგვარად ვერაფერი დაგეხმარება. მე შენ ვეღარ გაგიძლებ," მაშინ რამდენი ადამიანი გადარჩება?

ზუსტად როგორც იერემია 31:2-ში წერია, „სამარადისო სიყვარულით შეგიყვარე, ამიტომაც მადლი შეგინახე," ღმერთი გვიძღვება თავისი სამარადისო სიყვარულით.

რადგან დიდი ეკლესიის პასტორი ვარ, მე გარკვეულწილად მესმის ღმერთის ეს მოთმინება. იყვნენ ადამიანები, რომლებსაც მრავალი ნაკლი ჰქონდათ, მაგრამ ღმერთის გულის შეგრძნებით, მე მათ ყოველთვის რწმენის თვალით ვუყურებდი, რომ ერთ დღეს ისინი შეიცვლებოდნენ და ღმერთს ადიდებდნენ. რადგან მე მოთმინება მქონდა მათში რწმენით, მრავალი ეკლესიის წევრი გაიზარდა როგორც კარგი ლიდერი.

2 პეტრე 3:8-ში წერია, „ისიც იცოდეთ, საყვარელნო რომ ერთი დღე უფლისათვის როგორც ათასი წელი, და ათასი წელი, როგორც ერთი დღე," და მე გავიგე თუ რას ნიშნავდა ეს სტროფი. დაე გავაცნობიეროთ ღმერთის ეს სიყვარული და ამით ჩვენს გარშემო მყოფი ყველა ადამიანი გვიყვარდეს.

13. სიყვარულს ყველაფრის სწამს

თუ მართლა გიყვარს ვინმე, შენ ამ ადამიანის ყველაფერს დაიჯერებ. მაშინაც კი, თუ მას რაიმე ნაკლი აქვს, შენ მაინც ეცდები რომ ამ ადამიანს დაუჯერო. ქმარი და ცოლი ერთმანეთთან სიყვარულით არიან დაკავშირებულნი. თუ კი დაქორწინებულ წყვილს არ აქვს სიყვარული, ეს იმას ნიშნავს, რომ ისინი ერთმანეთს არ ენდობიან, ამიტომ ყველაფერზე კამათობენ და ერთმანეთის ყველაფერში ეჭვი ეპარებათ. სერიოზულ შემთხვევებში მათ ღალატის ილუზიები აქვთ და ერთმანეთში ფიზიკურ და ფსიქიკურ ტკივილს იწვევენ. თუ მათ ჭეშმარიტად უყვართ ერთმანეთი, ისინი სრულიად ენდობიან ერთმანეთს და სწამთ, რომ თავიანთი მეუღლე არის კარგი ადამიანი. შემდეგ, როგორც მათ სჯეროდათ, მათი მეუღლეები ხდებიან საუკეთესოები თავიანთ სფეროში ან წარმატებას აღწევენ თავიანთ საქმიანობაში.

ნდობა და რწმენა შეიძლება იყოს სტანდარტი სიყვარულის სიძლიერის გასაზომად. ამგვარად, ღმერთის სრულყოფილად რწმენა, არის მისი სრულყოფილად სიყვარული. აბრაამს, რწმენის მამას, ღმერთის მეგობარი ეწოდა. ყოველგვარი ყოყმანის გარეშე აბრაამი ღმერთის ბრძანებას დაემორჩილა, როდესაც ღმერთმა უთხრა, რომ თავისი ერთადერთი ძე, ისააკი შეეწირა. მან ეს იმიტომ შეძლო, რომ ღმერთის სრულყოფილად სწამდა. ღმერთმა დაინახა აბრაამის რწმენა და ცნო მისი სიყვარული.

სიყვარული არის რწმენა. იმ ადამიანებს, რომლებსაც ღმერთი უყვართ, ასევე სწამთ მისი. მათ ღმერთის

სიტყვების 100%-ით სწამთ. და რადგან მათ ყველაფერი სწამთ, ამიტომ უძლებენ ყველაფერს. იმისათვის, რომ ყველაფერს გავუძლოთ, რაც სიყვარულის წინააღმდეგ არის, ჩვენ უნდა გვწამდეს. სახელდობრ, მხოლოდ მაშინ, როდესაც ღმერთის ყოველი სიტყვა გვწამს, ჩვენ შევძლებთ გვქონდეს იმედი და განვწმინდოთ ჩვენი გულები იმ ყველაფრისგან, რაც სიყვარულის წინააღმდეგ არის.

რა თქმა უნდა, უფრო მკაცრი გაგებით, ღმერთის იმიტომ არ გვწამს, რომ ჩვენ იგი დასაწყისიდანვე გვიყვარდა. პირველად ღმერთს ვუყვარდით ჩვენ და ამ ფაქტის დაჯერებით, ჩვენ გვიყვარდება ღმერთი. როგორ ვუყვარდით ღმერთს? მან გულუხვად გაიღო თავისი ერთადერთი ძე ჩვენთვის, რომლებიც ცოდვილები ვიყავით და გაგვიხსნა ხსნის გზა.

პირველ რიგში, ჩვენ ღმერთი გვიყვარდება ამ ფაქტის დაჯერებით, მაგრამ თუ კი სულიერ სიყვარულს სრულყოფილად გავაშენებთ, ჩვენ მივაღწევთ იმ დონეს, რომელზეც სრულყოფილად ვიწამებთ, რადგან ჩვენ გვიყვარს. სულიერი სიყვარულის სრულყოფილად გაშენება ნიშნავს იმას, რომ ჩვენ გულიდან ყველანაირი არაჭეშმარიტება განდევნილი გვაქვს. თუ კი არაჭეშმარიტება არ გვაქვს გულში, ჩვენ ზემოდან მოგვეცემა სულიერი რწმენა, რომლითაც ჩვენ შევძლებთ გულის სიღრმიდან რწმენას. შემდეგ, ჩვენ არასოდეს შეგვეპარება ეჭვი ღმერთის სიტყვაში და ჩვენი ღმერთში რწმენა არასოდეს შეირყევა. ასევე, თუ სულიერ სიყვარულს სრულყოფილად გავაშენებთ, ჩვენ ყველას დავუჯერებთ. ეს იმიტომ არა რომ ხალხი სანდოა, მაგრამ მაშინაც კი,

როდესაც მათ ნაკლი აქვთ, ჩვენ მათ რწმენის თვალით ვუყურებით.
ჩვენ უნდა შევძლოთ, რომ ნებისმიერ ადამიანს ვენდოთ. ჩვენ ასევე უნდა გვწამდეს საკუთარი თავის. მიუხედავად იმისა, რომ მრავალი ნაკლი გვაქვს, ჩვენ უნდა ვიწამოთ ღმერთი, რომელიც შეგვცვლის და საკუთარ თავს რწმენის თვალით უნდა შევხედოთ, რომ მალე შევიცვლებით. სული წმინდა გულში ყოველთვის გვეუბნება, "შენ ეს შეგიძლია. მე დაგეხმარები." თუ შენ გწამს ამ სიყვარულის და აღიარებ, "მე ეს შემიძლია, მე შევიცვლები," მაშინ ღმერთი ამას შეასრულებს შენი აღიარების და რწმენის თანახმად. როგორი სილამაზეა როდესაც გწამს!
ღმერთს ასევე სწამს ჩვენი. მას სჯერა, რომ თითოეული ჩვენთაგანი გაიგებს ღმერთის სიყვარულის შესახებ და მიიღებს ხსნის გზას. რადგან ყოველ ჩვენთაგანს რწმენის თვალით უყურებდა, მან გასწირა თავისი ერთადერთი ძე, იესო ჯვარზე. ღმერთს სჯერა, რომ ის ადამიანებიც კი, რომლებმაც არ იციან ან არ სწამთ უფლის, მაინც გადარჩებიან და გადავლენ ღმერთის მხარეს. მას სწამს, რომ ადამიანები, რომლებმაც უკვე მიიღეს უფალი, ისეთი შვილები გახდებიან, რომლებიც ძალიან ჰგვანან ღმერთს. დაე ვენდოთ ყველა ადამიანს ღმერთის ასეთი სიყვარულით.

14. სიყვარულს ყველაფრის იმედი აქვს

ნათქვამია რომ შემდეგი სიტყვები დაწერილია ერთ-ერთ საფლავის ქვაზე უესტმინსტერის სააბატოში, დიდ ბრიტანეთში, „ჩემს ახალგაზრდობაში, მე მსურდა მსოფლიო შემეცვალა, მაგრამ ვერ შევძელი. შუა ასაკში ვეცადე ჩემი ოჯახი შემეცვალა, მაგრამ ვერ შევძელი. მხოლოდ ჩემი სიკვდილის წინ გავაცნობიერე, რომ შეიძლება ეს ყველაფერი შემეცვალა, თუ კი მე თვითონ შევიცვლებოდი."

ჩვეულებრივ, ადამიანი ცდილობს მეორე ადამიანის შეცვლას, თუ ამ ადამიანში რაიმე არ მოსწონთ. მაგრამ თითქმის შეუძლებელია სხვისი შეცვლა. ზოგი დაქორწინებული წყვილი ისეთ უბრალო რამეზე კამათობს, როგორიც არის კბილის პასტის ტუბის მოჭერა ზემოდან ან ქვემოდან. ჩვენ პირველ რიგში საკუთარი თავი უნდა შევცვალოთ, სანამ სხვების შეცვლას შევეცდებოდეთ. და შემდეგ მათდამი სიყვარულით, ჩვენ შეგვიძლია სხვებს დაველოდოთ რომ შეიცვალონ.

ყველაფრის იმედი არის ტანჯვა და ლოდინი იმ ყველაფრისთვის, რისიც გწამს, რომ ახდება. სახელდობრ, თუ ღმერთი გვიყვარს, ჩვენ გვწამს ღმერთის ყოველი სიტყვა და იმედი გვაქვს, რომ ყველაფერი მისი სიტყვის თანახმად შესრულდება. შენ იმ დღეების იმედი გაქვს, როდესაც შენს სიყვარულს მამა ღმერთს გაუზიარებ ლამაზ ზეციურ სასუფეველში. ზუსტად ამიტომ უძლებ შენ ყველაფერს. მაგრამ, რა იქნებოდა თუ კი იმედი არ იქნებოდა?

იმ ადამიანებს, რომლებსაც ღმერთის არ სწამთ, ვერ ექნებათ ზეციური სასუფევლის იმედი. ზუსტად ამიტომ

ცხოვრობენ ისინი საკუთარი სურვილების თანახმად, რადგან მომავლის იმედი არ აქვთ. ისინი ცდილობენ უფრო მეტის მიღებას და თავიანთი გაუმაძღრობის დაკმაყოფილებას. მაგრამ არ აქვს მნიშვნელობა თუ რამდენი აქვთ და როგორ იღებენ სიამოვნებას, ისინი ვერ შეძლებენ ჭეშმარიტი დაკმაყოფილების მიღებას. ისინი ცხოვრობენ მომავლის შიშით.

მეორეს მხრივ, იმ ადამიანებს, რომლებსაც ღმერთის სწამთ, აქვთ ყველაფრის იმედი, ამიტომ უფრო რთულ გზას ირჩევენ. რატომ ვამბობთ, რომ ეს რთული გზაა? ეს იმას ნიშნავს, რომ ეს რთულია ურწმუნოების თვალში. როდესაც იესო ქრისტეს მივიღებთ და ღმერთის შვილები გავხდებით, ჩვენ შეგვიძლია კვირაობით მთელი დღე დავრჩეთ ეკლესიაში, ყოველგვარი საერო სიამოვნების მიღების გარეშე. ჩვენ ნებაყოფლობით ვმუშაობთ ღმერთის სასუფევლისთვის და ვლოცულობთ, რომ მისი სიტყვის თანახმად ვიცხოვროთ. ასეთი რაღაცის გაკეთება რწმენის გარეშე რთულია და ამიტომ ვამბობთ, რომ ეს რთული გზაა.

1 კორინთელთა 15:19-ში პავლე მოციქული ამბობს, „თუ მხოლოდ ამ ცხოვრებაში ვართ ქრისტეს მოიმედენი, კაცთა შორის ყველაზე საწყალობელნი ვყოფილვართ." ხორციელი თვალსაზრისით, მოთმენით და ძლიერი შრომით ცხოვრება დამამძიმებელია. მაგრამ თუ ყველაფრის იმედი გვექნება, ეს არის ერთადერთი ყველაზე ბედნიერი გზა. თუ იმ ადამიანებთან ერთად ვართ, რომლებიც ძალიან გვიყვარს, ჩვენ ღარიბულ სახლშიც კი ბედნიერები ვიქნებით მათთან ერთად. და იმ ფაქტზე ფიქრით, რომ ჩვენ ვიცხოვრებთ ჩვენს ძვირფას უფალთან ერთად ზეცაში, როგორი ბედნიერები

ვიქნებით! მხოლოდ ამაზე ფიქრით ვართ ბედნიერები! ამ გზით, ჭეშმარიტი სიყვარულით ჩვენ შეუცვლელად დაველოდებით და გვექნება იმედი, სანამ ყველაფერი, რაც გვწამს, ახდება.

რწმენით ლოდინი ძლიერია. მაგალითად, ვთქვათ შენი ერთ-ერთი შვილი გზას აცდა და საერთოდ აღარ სწავლობს. ეს შვილიც კი, თუ შენ მისი გჯერა და ამბობ რომ იგი შეძლებს და იმედის თვალით შესცქერი, რომ შეიცვლება; იგი ნებისმიერ დროს გახდება კარგი შვილი. მშობლების რწმენა შვილები სტიმულს და თავდაჯერებულობას მისცემს შვილებს. იმ შვილებს, რომლებსაც თვთდაჯერებულობა აქვთ, ასევე აქვთ რწმენა, რომ ყველაფერს შეძლებენ; ისინი დაამარცხებენ სირთულეებს და ასეთი დამოკიდებულება ზეგავლენას ახდენს მათ აკადემიურ შესრულებაზეც.

ეს იგივეა, როდესაც ეკლესიაში სულებზე ვზრუნავთ. ნებისმიერ შემთხვევაში, ადამიანზე წინასწარ დასკვნები არ უნდა გავაკეთოთ. ჩვენ მორალურად არ უნდა დავეცეთ და არ უნდა ვიფიქროთ, „ამ ადამიანისთვის როგორც ჩანს ძნელია, რომ შეიცვალოს," ან „ის ისევ იგივეა." ჩვენ ყველას იმედის თვალით უნდა შევხედოთ, რომ მალე შეიცვლებიან ღმერთის სიყვარულით. ჩვენ არ უნდა შევწყვიტოთ მათთვის ლოცვა და მათი გამხნევება.

15. სიყვარულს ყველაფერს ითმენს

1 კორინთელთა 13:7-ში წერია, „[სიყვარული] ყველაფერს იტანს, ყველაფერი სწამს, ყველაფრის იმედი აქვს, ყველაფერს ითმენს." თუ შენ გიყვარს, მაშინ ყველაფერს მოითმენ. მაშინ რას ნიშნავს „მოთმენა"? როდესაც ყველაფერს ვითმენთ, რაც სიყვარულის მიხედვით არ არის, ამას შედეგებიც მოყვება. როდესაც ტბაზე ან ზღვაზე ქარია, ეს წარმოქმნის ტალღებს. ქარის დამშვიდების შემდეგაც კი, მცირე ტალღები მაინც იქნება დარჩენილი. მაშინაც კი, თუ ყველაფერს გავუძლებთ, ეს ასე უბრალოდ არ დასრულდება. ამას მოჰყვება შედეგები.

მაგალითად, იესომ თქვა მათე 5:39-ში, „ნუ აღუდგებით წინ ბოროტს: არამედ ვინც შემოგკრას მარჯვენა ყვრიმალში, მეორეც მიუშვირე მას." როგორც ნათქვამია, როდესაც ვინმე მარჯვენა ყვრიმალში შემოგკრავს, შენ არ გაბრაზდები და უბრალოდ გაუძლებ. შემდეგ ამით ყველაფერი დასრულდება? ამას მოჰყვება შედეგები. შენ ტკივილი გექნება ყვრიმალში, მაგრამ გულის ტკივილი კიდევ უფრო დიდია. რა თქმა უნდა, ხალხს გულის ტკივილის სხვადასხვა მიზეზი აქვთ. ზოგ ადამიანს გულში იმიტომ აქვს ტკივილი, რომ ვიღაცამ მიზეზის გარეშე გაარტყა ხელი და ამაზე ბრაზდებიან. მაგრამ სხვებს ტკივილი იმიტომ შეიძლება ჰქონდეთ, რომ დანაღვლიანები არიან, რადგან მეორე ადამიანი გააბრაზეს. ზოგი შეიძლება იმიტომ დანაღვლიანდეს, რომ ძმის გაცხარებას ხედავენ, მაგრამ გამოხატავენ ფიზიკურად და არა უფრო შემოქმედებით და სათანადო გზით.

რაიმეს გაძლების შედეგი ასევე შეიძლება მოჰყვეს

საგარეო გარემოებებს. მაგალითად, ვიღაცამ მარჯვენა ყვრიმალში შემოგკრა. ამიტომ, სიტყვის თანახმად, შენ მეორე ლოყა შეუბრუნე. შემდეგ მან მეორე ლოყაზეც შემოგარტყა. შენ ამასაც უძლებ სიტყვის თანახმად, მაგრამ სიტუაცია გამწვავდა და სინამდვილეში უფრო გაუარესდა.

ეს იყო დანიელის შემთხვევაში. იგი კომპრომისზე არ წასულა მიუხედავად იმისა, რომ იცოდა ლომების ბუნაგში ჩააგდებდნენ. რადგან ღმერთი უყვარდა, მას სიცოცხლისათვის სახიფათო სიტუაციებშიც კი არ შეუწყვიტავს ლოცვა. ასევე, იგი ბოროტებით არ მოქცეულა იმ ადამიანებს, რომლებიც მის მოკვლას ცდილობდნენ. ამგვარად, შეიცვალა ყველაფერი უკეთესობისკენ მისთვის, რადგან ყველაფერს უძლებდა ღმერთის სიტყვის თანახმად? არა. იგი ლომების ბუნაგში ჩააგდეს!

ჩვენ შეიძლება ვიფიქროთ, რომ ყველა გამოცდა უნდა დასრულდეს, როდესაც იმ ყველაფერს გავუძლებთ, რაც არ ეთანხმება სიყვარულს. მაშინ, რა არის იმის მიზეზი, რომ გამოცდემი მაინც მოჰყვება? ღმერთის განგებაა, რომ სრულყოფილნი გაგვხადოს და მოგვცეს გასაოცარი კურთხევები. მინდვრები მოისხამენ ჯანმრთელ და ძლიერ მოსავალს წვიმის, ქარის და მცხუნვარე მზის გაძლებით. ღმერთის განგება ისეთია, რომ საბოლოოდ გამოცდების დახმარებით, ჩვენ გავხდებით ღმერთს ჭეშმარიტი შვილები.

გამოცდები კურთხევებია

ეშმაკი ანგრევს ღმერთის შვილების ცხოვრებას, როდესაც სინათლეში ცხოვრებას ცდილობენ. სატანა ყოველთვის ცდილობს ხალხის დადანაშაულებას და თუ კი ისინი სულ მცირე ნაკლს მაინც გამოავლენენ, სატანა მათ

ადანაშაულებს. მაგალითა არის, როდესაც ადამიანი ბოროტულად გექცევა და შენ ამას გარედან უძლებ, მაგრამ შიგნით ცუდი გრძნობები გეუფლება. ეშმაკმა და სატანამ ეს იციან და ამ გრძნობების გამო გადანაშაულებენ. შემდეგ, დადანაშაულების მიხედვით, ღმერთმა უნდა გამოგცადოს. სანამ არ ავღიარდებით, რომ გულში ბოროტება არ გვაქვს, იქნება გამოცდები, რომლებსაც ჰქვია „გადამუშავების გამოცდები." რა თქმა უნდა, ყოველი ცოდვის განდევნის შემდეგაც კი შეიძლება იყოს გამოცდები. ასეთი გამოცდები იმისთვის ხდება, რომ კიდევ უფრო დიდი კურთხევები მივიღოთ. ამით, ჩვენ იმ დონეზე არ ვჩერდებით, რომ ბოროტება არ გვაქვს, არამედ გავაშენებთ უფრო დიდ სიყვარულს და სრულყოფილ სიკეთეს.

ეს არ არის მხოლოდ პირადი კურთხევებისთვის; იგივე პრინციპი ეხება, როდესაც ვცდილობთ ღმერთის სასუფევლის შესრულებას. დიდი რწმენის და სიყვარულის ქმედებების გამოვლენით, ჩვენ უნდა დავამტკიცოთ, რომ გვაქვს ჭურჭელი პასუხის მისაღებად, რათა ეშმაკმა ეს არ გააპროტესტოს.

ამიტომ, ღმერთი ზოგჯერ გამოცდებს გვიგზავნის. თუ ჩვენ მათ მხოლოდ სიკეთითა და სიყვარულით გავუძლებთ, ღმერთი გვადიდებინებს მას კიდევ უფრო მეტად და გვაძლევს დიდ ჯილდოებს. განსაკუთრებით, თუ დაძლევ დევნებს და გაჭირვებებს, რომლებსაც უფლის გამო იღებ, შენ უდავოდ მიიღებ დიდ კურთხევებს. „ნეტარნი ხართ თქვენ, როცა დაგიწყებენ გმობას, დევნას და ცრუმეტყველნი დაგწამებენ ყოველგვარ ბოროტს ჩემი გულისთვის. გიხაროდეთ და ილხენდეთ, ვინაიდან დიდია თქვენი საზღაური ცაში, რადგან ასევე სდევნიდნენ წინასწარმეტყველთაც, რომელნიც თქვენზე უწინარეს

იყვნენ" (მათე 5:11-12).

ყველაფრის გაძლება, რწმენა, იმედი და მოთმენა

თუ ყველაფრის გწამს და სიყვარულით გაქვს იმედი, შენ დასძლევ ნებისმიერ გამოცდას. მაშინ, როგორ კონკრეტულად უნდა გვწამდეს, გვქონდეს იმედი და გავუძლოთ ყველაფერს?

პირველი, ჩვენ ღმერთის სიყვარულის ბოლომდე და გამოცდების დროსაც კი უნდა გვწამდეს.

1 პეტრე 1:7 ამბობს, „რათა თქვენი რწმენის გამოცდა, გაცილებით უფრო ფასეული, ვიდრე გამოცდა ოქროსი, თავისი ხრწნადობის მიუხედავად ცეცხლში რომ გამოიცდება, – საქები, სადიდებელი და სასახელო აღმოჩნდეს თქვენთვის, როდესაც გამოგეცხადებათ იესო ქრისტე." იგი გვწმენდს, რათა შევძლოთ დიდებით სიამოვნება, როდესაც დედამიწაზე ჩვენი ცხოვრება დასრულდება.

ასევე, თუ ღმერთის სიტყვის თანახმად ვიცხოვრებთ და სამყაროსთან კომპრომისზე არ წავალთ, ჩვენ შეიძლება გვქონდეს შემთხვევები, როდესაც უსამართლო წამება გვხვდება. ყოველ ჯერზე, უნდა გვწამდეს, რომ ჩვენ ღმერთისგან ვიღებთ განსაკუთრებულ სიყვარულს. ამის შემდეგ, იმის მაგივრად რომ მორალურად დავეცეთ, ჩვენ მადლიერები ვიქნებით, რადგან ღმერთი წინ გვიძღვება ზეცაში უკეთესი საცხოვრებელი ადგილებისაკენ. ასევე, ღმერთის სიყვარულის ბოლომდე უნდა გვწამდეს. შეიძლება რწმენის გამოცდებში ტკივილებიც იყოს.

თუ კი ტკივილი ძლიერია და დიდი ხანი გაგრძელდება, ჩვენ შეიძლება ვიფიქროთ, „რატომ არ მეხმარება ღმერთი? აღარ ვუყვარვარ მას?“ მაგრამ ასეთ დროს ჩვენ უნდა გვახსოვდეს ღმერთის სიყვარული უფრო ნათლად და უნდა დავძლიოთ გამოცდები. ჩვენ უნდა გვწამდეს, რომ მამა ღმერთს სურს, რომ ზეციური სასუფევლისკენ წარგვიძღვეს, რადგან მას ჩვენ ვუყვარვართ. თუ ჩვენ ბოლომდე დავძლევთ, საბოლოოდ გავხდებით ღმერთის ჭეშმარიტი შვილები. „მოთმინების საქმე კი სრულყოფილი უნდა იყოს, რათა თვითონაც სრულქმნილი იყოთ და უზადონი, ყოველგვარი ნაკლის გარეშე“ (იაკობი 1:4).

მეორე, იმისათვის, რომ ყველაფერი დავძლიოთ, ჩვენ უნდა გვწამდეს, რომ გამოცდები უმოკლესი დაშორებაა ჩვენი იმედების შესრულებისაკენ.

რომაელთა 5:3-4-ში წერია, „და არა მარტო ამით, არამედ შეჭირვებითაც, რადგანაც ვიცით, რომ შეჭირვება შეიქმს მოთმინებას, მოთმინება – გამოცდილებას, გამოცდილება – სასოებას,“ შეჭირვება აქ არის მოკლე გზასავით, რომ ჩვენი მიზნების მისაღწევად. შენ შეიძლება იფიქრო, „როდის შევიცვლები?“ მაგრამ თუ კი დაძლევ და განაგრძობ შეცვლას, მაშინ ნელ-ნელა გახდები ღმერთის ჭეშმარიტი და სრულყოფილი შვილი და საბოლოოდ დაემსგავსები მას.

ამგვარად, როდესაც გამოცდები მოდის, ჩვენ ამას თავი არ უნდა ავარიდოდ და გადავლახოთ დიდი ძალისხმევით. რა თქმა უნდა, სამართლის ბუნება და ბუნებრივი სურვილია ადამიანისთვის, რომ ყველაზე ადვილი გზა აირჩიო. მაგრამ თუ კი შევეცდებით, რომ გამოცდებს თავი დავაღწიოთ, ჩვენი მგზავრობა კიდევ უფრო გრძელი იქნება. მაგალითად,

არსებობს ადამიანი, რომელიც ყოველთვის და ნებისმიერ სიტუაციაში გიქმნის პრობლემებს. შენ ღიად მას ამას არ აჩვენებ, მაგრამ ყოველთვის, როდესაც მას ხვდები, დისკომფორტს განიცდი. ამიტომ, შენ უბრალოდ გსურს, რომ მას თავი აარიდო. ამ სიტუაციაში, შენ არ უნდა უგულვებელყო ეს სიტუაცია და აქტიურად უნდა დაძლიო. შენ უნდა დაძლიო ის გაჭირვება, რომელიც მასთან გაქვს და გააშენო გული, რომ ჭეშმარიტად გესმიდეს ამ ადამიანის და რომ მიუტევო მას. შემდეგ, ღმერთი მოგცემს წყალობას და შენ შეიცვლები.

მესამე, ყველაფრის დასაძლევად, ჩვენ მხოლოდ სიკეთე უნდა ვაკეთოთ.

როდესაც შედეგების წინაშე ვდგავართ, ღმერთის სიტყვის თანახმად ყველაფრის დაძლევის შემდეგაც კი, ჩვეულებრივ ადამიანები ღმერთს უჩივიან. ისინი უკმაყოფილებას გამოთქვამენ, „რატომ არ იცვლება ეს სიტუაცია მას შემდეგაც კი, რაც ღმერთის სიტყვის თანახმად მოვიქეცი?" რწმენის ყველა გამოცდა ეშმაკის მიერ არის მოტანილი. სახელდობრ, გამოცდები არის ბრძოლა სიკეთესა და ბოროტებას შორის.

სულიერ ბრძოლაში გასამარჯვებლად, ჩვენ უნდა ვიბრძოლოთ სულიერი სამყაროს წესების მიხედვით. სულიერი სამყაროს კანონი არის ის, რომ საბოლოოდ სიკეთე იგებს. რომაელთა 12:21 ამბობს, „ნუ იძლევი ბოროტისაგან, არამედ კეთილით სძლიე ბოროტი." თუ კი ამ გზით სიკეთეში მოვიქცევით, ეს შეიძლება ცანდეს, თითქოს ჩვენ იმ მომენტში წავაგეთ ბრძოლა, მაგრამ სინამდვილეში ეს პირიქითაა. ეს იმიტომ, რომ სამართლიანობა და კეთილი

ღმერთი აკონტროლებს ადამიანის ყველა ბედნიერებას, უბედურებას და სიცოცხლეს და სიკვდილს. ამგვარად, როდესაც გამოცდების წინაშე ვართ, ჩვენ მხოლოდ სიკეთით უნდა ვიმოქმედოთ.

ზოგ შემთხვევაში მორწმუნეები ურწმუნო ოჯახის წევრების მიერ იდევნებიან. ასეთ შემთხვევაში, მორწმუნეებმა შეიძლება იფიქრონ, „რატომ არის ჩემი მეუღლე ასეთი ბოროტი?" მაგრამ შემდეგ, გამოცდა ხდება კიდევ უფრო დიდი და ხანგრძლივი. რა არის სიკეთე ასეთ სიტუაციაში? ჩვენ სიყვარულით უნდა ვილოცოთ და უფალში ვემსახუროთ მათ. შენ უნდა გახდე სინათლე, რომელიც შენს ოჯახს ბრწყინავს.

თუ მათ მხოლოდ სიკეთით მოექცევი, ღმერთი თავის საქმეს ყველაზე შესაფერის დროს გამოამჟღავნებს. იგი განდევნის ეშმაკს და შენი ოჯახის წევრებს გულს აუჩუყებს. ყველა პრობლემა მოგვარდება, როდესაც სიკეთით მოიქცევი ღმერთის წესების თანახმად. სულიერ ბრძოლაში ყველაზე ძლიერი იარაღი არ არის ძალაუფლება ან ადამიანის სიბრძნე, არამედ ღმერთის სიკეთე. ამგვარად, დაე მხოლოდ სიკეთით დავსძლიოთ.

არსებობს შენს გვერდით ისეთი ადამიანი, რომლის გაძლებაც ძალიან რთულია? ზოგი ადამიანი ხშირად უშვებს შეცდომებს, ზიანს აყენებენ სხვებს და რთულ სიტუაციას უქმნიან მათ. ზოგი უკმაყოფილებას გამოთქვამს და ბრაზდება კიდეც სულ პატარა რაღაცეებზეც კი. მაგრამ თუ კი ჭეშმარიტ სიყვარულს გააშენებ შენში, არავინ იქნება, ვის მოთმენასაც ვერ შეძლებ. ეს იმიტომ, რომ სხვები საკუთარი თავივით გეყვარება, ზუსტად როგორც იესომ გვითხრა, რომ მოყვასები ისე უნად გვიყვარდეს, როგორც საკუთარი თავი (მათე 22:39).

მამა ღმერთი ასევე გვიგებს ჩვენ და ასე ჩვენთან ერთად უძლებს. სანამ ასეთ სიყვარულს გააშენებ შენში, მარგალიტის ხამანწკასავით უნდა იცხოვრო. როდესაც რაიმე უცხო ბოიექტი, როგორიც არის მიწა, წღვის წყალმცენარე ან ნაჭუჭის ნაწილაკი შევა მის ნიჟარაში და სხეულში, მარგალიტის ხამანწკა მას ხდის ძვირფას მარგალიტად! ამ გზით, თუ კი სულიერ სიყვარულს გავაშენებთ, ჩვენ გადავლახავთ მარგალიტის კარიბჭეს და შევალთ ახალ იერუსალიმში, სადაც ღმერთის ტახტი მდებარეობს.

ჩვენ უნდა შევძლოთ მამა ღმერთთან აღიარება, „მადლიერი ვარ, რომ ჩემთან ერთად ყველაფერს უძლებდი, გწამდა და გქონდა იმედი," რათა მან ჩვენი გულები ლამაზ მარგალიტებს დაამსგავსოს.

სულიერი სიყვარულის მახასიათებლები III

12. ყველაფერს იტანს
13. ყველაფრის სწამს
14. ყველაფრის იმედი აქვს
15. ყველაფერს ითმენს

სრულყოფილი სიყვარული

„სიყვარული არასოდეს არ გადავა, თუმცაღა წინასწარმეტყველებანი განქარდებიან, ენები დადუმდებიან და უქმი გახდება ცოდნა. რადგან ჩვენ ნაწილობრივ ვიცით, ნაწილობრივ კი წინასწარვმეტყველებთ. ხოლო როდესაც მოიწევა სრულქმნილება, მაშინ განქარდება ნაწილობრივი. როდესაც ვიყავი ყრმა, ვიტყოდი, როგორც ყრმა, ვფიქრობდი, როგორც ყრმა, ვმსჯელობდი, როგორც ყრმა; ხოლო როდესაც დავკაცდი, ზურგი ვაქციე ყოველივე ყრმობისდროინდელს. რადგანაც ახლა ბუნდოვნად ვხედავთ, როგორც სარკეში, მაშინ კი პირისპირ ვიხილავთ; ახლა ნაწილობრივ ვიცი, ხოლო მაშინ შევიცნობ, როგორც თავად შევიმეცნები. „ჯერჯერობით კი ეს სამია: სარწმუნოება, სასოება და სიყვარული; ხოლო ამათში უმეტესი სიყვარულია.“
1 კორინთელთა 13:8-13

როდესაც ზეცაში ახვლა, თუ კი შეძლებდი ერთი რამის წაღებას აქედან, რის წაღებას ისურვებდი? ოქრო? ბრილიანტი? ფული? ზეცაში ეს ყველაფერი უსარგებლოა. ზეცაში, გზები, რომლებზეც დადიხარ, ბაჯაღლო ოქროთია შექმნილი. რაც მამა რმერთმა ზეციურ საცხოვრებელ ადგილებში მოამზადა, არის ლამაზი და ძვირფასი. ღმერთს ესმის ჩვენი გულების და მთელი ძალისხმევით ამზადებს ყველაფერ საუკეთესოს. მაგრამ არის ერთი რამ, რისი წაღებაც დედამიწიდან შეგვიძლია და რაც ზეცაშის კი ძვირფასი იქნება. ეს არის სიყვარული. ეს არის სიყვარული, რომელიც გაშენებულია ჩვენს გულში დედამიწაზე ცხოვრებისას.

სიყვარული ზეცაშიც კი საჭიროა

როდესაც ადამიანთა მოდგმის გაშენება დასრულდება და ზეციურ სასუფეველში წავალთ, დედამიწაზე ყველაფერი გაქრება (აპოკალიფსი 21:1). ფსალმუნნი 103:15-ში წერია, „ბალახივით არის დღენი კაცისა, ველის ყვავილივით აყვავდება." შეუმჩნეველი რაღაცეებიც კი გაქრება, მაგალითად როგორიც არის სიმდიდრე, სახელი და ძალაუფლება. ასევე გაქრება ყველანაირი ცოდვა: სიძულვილი, ბრაზი, შური და ეჭვიანობა.

მაგრამ 1 კორინთელთა 13:8-10 ამბობს, „სიყვარული არასოდეს არ გადავა, თუმცაღა წინასწარმეტყველებანი განქარდებიან, ენები დადუმდებიან და უქმი გახდება ცოდნა. რადგან ჩვენ ნაწილობრივ ვიცით, ნაწილობრივ კი წინასწარვმეტყველებთ."

წინასწარმეტყველების ნიჭი, ენებზე საუბარი და ღმერთის ცოდნა არის სულიერი რამ, მაშინ რატომ გაქრება ეს ყველაფერი? ზეცა არის სულიერი სამყარო და მაშასადამე სრულყოფილი ადგილი. ზეცაში ჩვენ ყველაფერს ნათლად გავიგებთ. მიუხედავად იმისა, რომ

ღმერთთან კონტაქტი გვაქვს და ვწინასწარმეტყველებთ, ეს სრულიად განსხვავდება მომავალში ზეციურ სასუფეველში ყველაფრის გაგებისგან. შემდეგ, ჩვენ ცხადად გავიგებთ მამა ღმერთის და უფლის გულს, ამიტომ წინასწარმეტყველებები აღარ იქნება საჭირო.

ეს იგივეა ენებზეც. აქ, „ენები“ გულისხმობს სხვადასხვა ენებს. ჩვენ დედამიწაზე მრავალი ენა გვაქვს, ამიტომ იმისათვის, რომ სხვებს ვესაუბროთ, რომლებიც სხვა ენებზე საუბრობენ,, ჩვენ უნდა ვისწავლოთ მათი ენები. კულტურული განსხვავებების გამო, ჩვენ გვჭირდება დიდი დრო და ძალისხმევა, რომ გავუზიაროთ გული და ფიქრები. მაშინაც კი, თუ ერთი და იგივე ენაზე ვისაუბრებთ, ჩვენ არ შეგვიძლია სხვა ადამიანების გულის და აზრების გაგება. მაშინაც კი, თუ შეუფერხებლად ვისაუბრებთ, არ არის ადვილი ჩვენი გულის და აზრების 100%-ით გამოხატვა. სიტყვების გამო ჩვენ შეიძლება გაუგებრობა ან კამათი გვქონდეს. ასევე მრავალი შეცდომაა სიტყვებშიც.

მაგრამ თუ კი ზეცაში წავალთ, ჩვენ აღარ დაგვჭირდება ასეთ რაღაცეებზე ნერვიულობა. ზეცაში მხოლოდ ერთი ენაა. რადგან გულის ისეა გადმოცემული როგორც არის, არ შეიძლება იყოს რაიმე გაუგებრობა ან ზარალი.

იგივეა ცოდნაზეც. აქ, „ცოდნა“ გულისხმობს ღმერთის სიტყვის ცოდნას. როდესაც ამ დედამიწაზე ვცხოვრობთ, ჩვენ ბეჯითად ვსწავლობთ ღმერთის სიტყვას. ბიბლიის 66 წიგნიდან, ჩვენ ვსწავლობთ თუ როგორ უნდა ვიხსნათ და მივიღოთ საუკუნო სიცოცხლე. ჩვენ ვსწავლობთ ღმერთის ნების შესახებ, მაგრამ ეს არის მხოლოდ ღმერთის ნების ნაწილი, რომელიც მხოლოდ იმის შესახებ არის, თუ რა გვჭირდება, რომ ზეცაში წავიდეთ.

მაგალითად, ჩვენ გვესმის და ვსწავლობთ და ვანხორციელებთ ისეთ სიტყვებს, როგორიც არის „გიყვარდეთ ერთმანეთი,“ „არ იყო შურიანი, არ იყო ეჭვიანი,“ და ასე შემდეგ. მაგრამ ზეცაში მხოლოდ

სიყვარულია და ამიტომ ჩვენ იქ არ გვჭირდება ასეთი ცოდნა. მიუხედავად იმისა, რომ ესენი სულიერი რაღაცეებია, საბოლოოდ წინასწარმეტყველება, უცხო ენები და მთელი ცოდნა გაქრება. ეს იმიტომ, რომ ეს ყველაფერი დროებით არის საჭირო ამ ფიზიკურ სამყაროში.

ამგვარად, მნიშვნელოვანია ვიცოდეთ ჭეშმარიტების სიტყვა და ზეცის შესახებ, მაგრამ უფრო მნიშვნელოვანი სიყვარულის გაშენებაა. იმდენად, რადმენადაც ვენს გულებს წინ დავცვეთ და სიყვარულს გავაშენებთ, ჩვენ შევძლებთ კიდევ უფრო უკეთეს ზეციურ საცხოვრებელში წასვლას.

სიყვარული არის სამუდამოდ ძვირფასი

უბრალოდ გაიხსენე შენი პირველი სიყვარული. როგორი ბედნიერი იყავი! როგორც ვამბობთ, რომ სიყვარულით დაბრმავებულები ვართ, თუ ვინმე ჭეშმარიტად გვიყვარს, ჩვენ ამ ადამიანისგან მხოლოდ კარგს ვხედავთ და სამყაროში ყველაფერი ლამაზად გვეჩვენება. ზოგი ლაბორატორიული ანგარიშები აცხადებს, რომ ტვინის ნაწილები, რომლებიც აკონტროლებენ უარყოფით და გაკიცხვის ფიქრებს, უფრო ნაკლებად აქტიურია იმ ადამიანებისთვის, რომლებიც შეყვარებულები არიან. ანალოგიურად, თუ ღმერთის სიყვარულით ხარ სავსე, შენ ჭამის გარეშეც კი ბედნიერი ხარ. ზეცაში, ასეთი სიხარული სამუდამოდ გაგრძელდება.

დედამიწაზე ჩვენი ცხოვრება არის ბავშვის ცხოვრებასავით, იმ ცხოვრებასთან შედარებით, რომელიც ზეცაში გვექნება. ბავშვს, რომელიც ლაპარაკს იწყებს, შეუძლია რამდენიმე ადვილი სიტყვების თქმა, როგორიც არის „დედა“ და „მამა“. მას არ შეუძლია მრავალი რამის კონკრეტულად თქმა. ასევე, ბავშვებს არ ესმით ამ სამყაროს დიდი ადამიანების რთული რაღაცეები. ბავშვები ლაპარაკობენ, ესმით და ფიქრობენ თავიანთი ცოდნის და

შესაძლებლობების ფარგლებში. მათ ფულის ღირებულებაზე არ აქვთ სწორი წარმოდგენა, ამიტომ თუ კი მათ მონეტას და ქაღალდის ფულს აჩვენებ, იგი ბუნებრივად აირჩევს მონეტებს. ეს იმიტომ, რომ მათ იციან რომ მონეტებს აქვთ რაღაც ღირებულება, რადგან მატ მონეტები კამფეტების ან ნაყინების საყიდლად გამოიყენეს, მაგრამ მათ არ იციან ქაღალდის ფულების ღირებულება.

ეს არის ჩვენი ზეცის გაგების მსგავსი, სანამ დედამიწაზე ვცხოვრობთ. ჩვენ ვიცით, რომ ზეცა ლამაზი ადგილია, მაგრამ რთულია სიტყვებით იმის გადმოცემა, თუ რამდენად ლამაზია. ზეციურ სასუფეველში, არ არსებობს შეზღუდვები, ამიტომ სილამაზის გამოხატვა სრული მოცულობით არის შესაძლებელი. როდესაც ზეცაში წავალთ, ჩვენ ასევე შევძლებთ უსაზღვრო და იდუმალი სულიერი სამყაროს და პრინციპების გაგებას, რომლითაც იქ ყველაფერი ფუნქციონირებს. ეს წერია 1 კორინთელთა 13:11-ში, „როდესაც ვიყავი ყრმა, ვიტყოდი, როგორც ყრმა, ვფიქრობდი, როგორც ყრმა, ვმსჯელობდი, როგორც ყრმა; ხოლო როდესაც დავკაცდი, ზურგი ვაქციე ყოველივე ყრმობისდროინდელს."

ზეციურ სასუფეველში არ არსებობს სიბნელე, დარდები ან მღელვარებები. იქ მხოლოდ სიკეთე და სიყვარულია. ამიტომ, ჩვენ შეგვიძლია ჩვენი სიყვარულის გამოხატვა და ასევე შეგვიძლია ერთმანეთს იმდენად ვემსახუროთ, რამდენადაც გვსურს. ამ გზით, ფიზიკური სამყარო და სულიერი სამყარო სრულიად განსხვავდება ერთმანეთისგან. რა თქმა უნდა, დედამიწაზეც კი, არსებობს დიდი განსხვავება ადამიანების გაგებასა და აზრებში თითოეული მათგანის რწმენის ზომის მიხედვით.

1 იოანე 2-ში, რწმენის თითოეული დონე შედარებულია ჩვილებთან, ბავშვებთან, ახალგაზრდებთან და მამებთან. ის ადამიანები, რომლებიც რწმენის პატარა ჩვილების ან

ბავშვების დონეზე არიან, ისინი სულში ბავშვებივით არიან. მათ არ შეუძლიათ ღრმა სულიერი რაღაცეების გაგება. მათ სიტყვის განსახორციელებლად მცირე ძალა აქვთ. მაგრამ როდესაც რწმენაში ახალგაზრდები და მამები გახდებიან, მათი სიტყვები, აზროვნება და ქმედებები განსხვავებული ხდება. მათ უფრო დიდი უნარი აქვთ ღმერთის სიტყვის განსახორციელებლათ და შეუძლიათ სიბნელის ძალების წინააღმდეგ ბრძოლების მოგება. მაგრამ მიუხედავად იმისა, რომ დედამიწაზე მამების რწმენას მივაღწიეთ, ჩვენ შეგვიძლია ვთქვათ, რომ ჯერ კიდევ ბავშვებივით ვართ იმ დროსთან შედარებით, როდესაც ზეციურ სასუფეველში შევალთ.

ჩვენ შევიგრძნობთ სრულყოფილ სიყვარულს

ბავშვობა არის მომზადების დრო, რომ გავხდეთ მოწიფული ახალგაზრდები, და ანალოგიურად, დედამიწაზე სიცოცხლე არის საუკუნო სიცოცხლისათვის მზადების დრო. და ეს სამყარო არის აჩრდილისავით ზეცის საუკუნო სასუფეველთან შედარებით და წუთიერია. აჩრდილი არ არის რეალური რამ. სხვა სიტყვებით რომ ვთქვათ, ეს არ არის სინამდვილე. ეს არის უბრალო მსგავსება, რომელიც ემსგავსება თავდაპირველ არსებას.

მეფე დავითმა აკურთხა უფალი მთელი საკრებულოს წინაშე და თქვა, „ვინაიდან მდგმურნი და ხიზანნი ვართ შენს წინაშე, ჩვენი მამა-პაპის მსგავსად. აჩრდილივით არის ჩვენი დღენი ამ ქვეყნად, არაფერია საიმედო" (1 ნეშთთა 29:15).

როდესაც რაიმეს აჩრდილს ვხედავთ, ჩვენ ვიგებთ ამ ობიექტის ძირითად მოხაზულობას. ეს ფიზიკური სამყაროც არის აჩრდილივით, რომელიც გვაძლევს მოკლე წარმოდგენას საუკუნო სამყაროს შესახებ. როდესაც აჩრდილი, რომელიც დედამიწაზე ცხოვრებაა, გაივლის,

რეალური არსებობა ცხადად იქნება გამოვლენილი. ახლა, ჩვენ სულიერი სამყაროს შესახებ მხოლოდ ბუნდოვნად და გაურკვევლად ვიცით, თითქოს სარკეში ვიყურებითო. მაგრამ როდესაც ზეციურ სასუფეველში წავალთ, ჩვენ ყველაფერს ცხადად გავიგებთ.

1 კორინთელთა 13:12 ამბობს, „რადგანაც ახლა ბუნდოვნად ვხედავთ, როგორც სარკეში, მაშინ კი პირისპირ ვიხილავთ; ახლა ნაწილობრივ ვიცი, ხოლო მაშინ შევიცნობ, როგორც თავად შევიმეცნები." როდესაც პავლე მოციქულმა დაწერა ეს სიყვარულის თავი, ეს დაახლოებით 2000 წლის წინათ იყო. სარკე იმ დროს არ იყო იმდენად ცხადი, როგორიც დღეს არის. სარკე მაშინ შუშისგან არ მზადდებოდა. ისინი ვერცხლს, ბრინჯაოს ან ფოლადს აპრიალებდნენ სინათლის ასარეკლად. ამიტომ იყო სარგე ბუნდოვანი. რა თქმა უნდა, ზოგი ადამიანი უფრო ნათლად ხედავს და გრძნობს ზეციურ სასუფეველს თავისი სულიერი თვალებით. მაინც, ჩვენ ზეცის სილამაზეს და ბედნიერებას ბუნდოვნად ვგრძნობთ.

როდესაც ზეცის საუკუნო სასუფეველში შევალთ, ჩვენ ნათლად დავინახავთ ყველაფერს დეტალურად და პირდაპირ შევიგრძნობთ. ჩვენ ვისწავლით ღმერთის დიდებულების, სიძლიერის და სილამაზის შესახებ, რისი სიტყვებით აღწერაც შეუძლებელია.

სიყვარული არის ყველაზე დიდებული რწმენას, იმედს და სიყვარულს შორის

რწმენა და იმედი ძალიან მნიშვნელოვანია ჩვენი რწმენის გასაზრდელად. ჩვენ მხოლოდ მაშინ მივიღებთ ხსნას და ზეცაში წავალთ, როდესაც რწმენა გვექნება. ჩვენ მხოლოდ რწმენით შეგვიძლია გავხდეთ ღმერთის შვილები. რადგან მხოლოდ რწმენით შეგვიძლია მივიღოთ ხსნა, საუკუნო სიცოცხლე და ზეციური სასუფეველი, ამიტომ

რწმენა ძალიან ძვირფასია. და ყველაზე დიდი საგანძური რწმენაა; რწმენა არის ჩვენს ლოცვებზე პასუხების მიღების გასაღები.

იმედიც ძალიან ძვირფასია; ჩვენ ზეცაში უკეთეს საცხოვრებელ ადგილებს რწმენის ქონით მივიღებთ. ამიტომ, თუ კი რწმენა გვაქვს, ჩვენ ბუნებრივად გვექნება იმედი. თუ კი ჭეშმარიტად გვწამს ღმერთის და ზეცის და ჯოჯოხეთის, ჩვენ ზეცის იმედი გვექნება. ასევე, თუ კი იმედი გვაქვს, ჩვენ შევეცდებით განვიწმინდოთ და ღმერთის სასუფევლისთვის ერთგულად ვიმუშაოთ. რწმენა და იმედი საჭიროა სანამ ზეციურ სასუფეველს მივაღწევთ. მაგრამ 1 კორინთელთა 13:12-ში წერია, რომ სიყვარული ყველაზე დიდებულია, და რატომ?

პირველი, რწმენა და იმედი არის ის, რაც საჭიროა მხოლოდ ჩვენი დედამიწაზე ცხოვრების დროს და მხოლოდ სულიერი სიყვარული რჩება ზეციურ სასუფეველში.

ზეცაში, ჩვენ არ გვჭირდება გვწამდეს ყველაფერი დანახვის გარეშე ან რაიმეს იმედი გვქონდეს, რადგან იქ ყველაფერი ჩვენს თვალ წინ იქნება. ვთქვათ შენ გყავს ადამიანი, რომელიც ძალიან გიყვარს და მას არ შეხვედრილხარ ერთი კვირაა, ან კიდევ ათი წელია. ჩვენ უფრო დიდი და ღრმა ემოციები გვექნება, როდესაც მას შევხვდებით ათი წლის შემდეგ. და მასთან შეხვედრა, ვინც ათი წერლია გვენატრება, იქნება ვინმე, ვისაც კიდევ მოენატრება იგი?

იგივე ეხება ჩვენს ქრისტიანულ ცხოვრებას. თუ ჭეშმარიტად გვაქვს რწმენა და გვიყვარს ღმერთი, ჩვენ გვექნება მზარდი იმედი დროთა განმავლობაში და როდესაც ჩვენი რწმენა გაიზრდება. ჩვენ დღითი დღე უფალი უფრო და უფრო გვენატრება. ის ადამიანები, რომლებსაც ზეცის იმედი აქვთ, ასე არ იტყვიან, რომ რთულია, მიუხედავად იმისა, რომ დედამიწაზე ისინი უფრო

ძნელ გზას ირჩევენ და არ შეცდებიან არანაირი ცდუნებით. და როდესაც ჩვენს საბოლოო დანიშნულების ადგილს, ზეციურ სასუფეველს მივაღწევთ, ჩვენ აღარ დაგვჭირდება რწმენა და იმედი. მაგრამ სიყვარული მაინც სამუდამოდ რჩება ზეცაში და ამიტომ ამბობს ბიბლია, რომ სიყვარული არის ყველაზე დიდებული.

მეორე, ჩვენ შეგვიძლია ზეცას ვფლობდეთ რწმენით, მაგრამ სიყვარულის გარეშე ვერ შევძლებთ ყველაზე ლამაზ ადგილას, ახალ იერუსალიმში შესვლას.

ჩვენ ზეციური სასუფევლის აღებაც სიძლიერით შევძლებთ, თუ კი რწმენა და იმედი გვექნება. იმის გათვალისწინებით, რომ ღმერთის სიტყვის თანახმად ვცხოვრობთ, ცოდვების ვდევნით და ლამაზ გულს ვაშენებთ, ჩვენ მოგვეცემა სულიერი რწმენა და ამ სულიერი რწმენის ზომის მიხედვით დავჯილდოვდებით სხვადასხვა საცხოვრებელი ადგილებით ზეცაში: სამოთხე, ზეცის პირველი სასუფეველი, მეორე სასუფეველი, მესამე სასუფეველი და ახალი იერუსალიმი.

სამოთხე არის იმ ადამიანებისთვის, რომლებსაც აქვთ რწმენა რომ იხსნან იესო ქრისტეს მიღებით. ეს იმას ნიშნავს, რომ მათ არაფერი გააკეთეს ღმერთის სასუფევლისთვის. ზეცის პირველი სასუფეველი არის იმ ადამიანებისთვის, რომლებმაც ეცადეს ღმერთის სიტყვით ცხოვრება იესო ქრისტეს მიღების შემდეგ. ეს უფრო ლამაზი ადგილია ვიდრე სამოთხე. ზეცის მეორე სასუფეველი არის იმ ადამიანებისთვის, რომლებმაც იცხოვრეს ღმერთის სიტყვით თავიანთი ღმერთისადმი სიყვარულით და ერთგულები იყვნენ ღმერთის სასუფევლის. ზეცის მესამე სასუფეველი არის იმ ადამიანებისთვის, რომლებსაც ღმერთი ყველაზე მეტად უყვარდათ და რომლებმაც ყველა ფორმის ბოროტება განდევნეს, რომ განწმენდილები გამხდარიყვნენ. ახალი იერუსალიმი არის იმათთვის,

რომლებსაც აქვთ ღმერთისათვის სასიამოვნო რწმენა და რომლებიც ღმერთის ყველა სახლში ერთგულები იყვნენ.

ახალი იერუსალიმი არის ზეციური საცხოვრებელი ადგილი, რომელიც იმ ღმერთის შვილებს გადაეცემათ, რომლებმაც გააშენეს სრულყოფილი სიყვარული რწმენით და ეს არის სიყვარულის კრისტალოიდი. სინამდვილეში, მხოლოდ იესო ქრისტეს, ღმერთის ერთადერთ ძეს შეუძლია ახალ იერუსალიმში შესვლა. მაგრამ ჩვენც შეგვიძლია გვქონდეს შესაძლებლობები რომ ახალ იერუსალიმში შევიდეთ, თუ კი იესო ქრისტეს სიყვარულით გამართლებულები ვიქნებით და გვექნება სრულყოფილი რწმენა.

იმისათვის, რომ უფალს დავემსგავსოთ და ახალ იერუსალიმში ვიცხოვროთ, ჩვენც იმ გზით უნდა ვიაროთ, რომელი გზაც უფალმა აირჩია. ეს გზა კი არის სიყვარული. მხოლოდ ამ სიყვარულით შეგვიძლია სული წმინდის ცხრა ნაყოფის მოსხმა, რათა ღირსი ვიყოთ, რომ ღმერთის ჭეშმარიტი შვილები გავხდეთ, რომლებსაც უფლის მახასიათებლები აქვთ. როდესაც შესაძლებლობებს მივიღებთ, რომ ღმერთის ჭეშმარიტი შვილები გავხდეთ, ჩვენ დედამიწაზე ყველაფერს მივიღებთ რასაც ვითხოვთ და გვექნება იმის პრივილეგია, რომ ზეცაში სამუდამოდ უფალთან ერთად ვიყოთ. ამგვარად, ჩვენ შეგვიძლია წავიდეთ ზეცაში, როდესაც გვაქვს რწმენა და შეგვიძლია განვდევნოთ ცოდვები, როდესაც იმედი გვაქვს. ამ მიზეზის გამო რწმენა და იმედი უსათუოდ გვჭირდება, მაგრამ სიყვარული არის ყველაზე დიდი რამ, რადგან მხოლოდ ამით შეგვიძლია ახალ იერუსალიმში შესვლა.

„არავისი არა გემართოთ რა, გარდა ურთიერთსიყვარულისა, რადგან ვისაც უყვარს მოყვასი, მან აღასრულა რჯული. ვინაიდან: „არა იმრუშო, არა კაც-ჰკლა, არა-იპარო, არა ცილი სწამო, არა ინდომო" და ყველა სხვა მცნება ამ სიტყვებშია მოქცეული: „გიყვარდეს მოყვასი შენი, ვითარცა თავი შენი." სიყვარული ბოროტს არ უზამს მოყვასს; რჯულის აღსრულება სიყვარულია."
რომაელთა 13:8-10

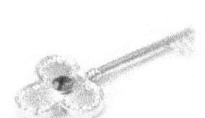

ნაწილი 3
სიყვარული არის რჯულის აღსრულება

თავი 1 ღმერთის სიყვარული

თავი 2 ქრისტეს სიყვარული

ღმერთის სიყვარული

„ჩვენ შევიცნეთ და ვიწამეთ სიყვარული, რომელიც აქვს ღმერთს ჩვენდამი. ღმერთი სიყვარულია და სიყვარულის მკვიდრი ღმერთში მკვიდრობს, ღმერთი კი – მასში."

1 იოანე 4:16

როდესაც კეჩუა ხალხთან ერთად მუშაობდა, ელიოტმა დაიწყო მზადება, რომ ძალადურ უაორანის ტომში მიეღწია. იგი და კიდევ ოთხი მისიონერი, ედ მაკკული, როჯერ იოუდერიანი, პიტერ ფლემინგი და მათი პილოტი ნატე საინტი, დაეკონტაქტნენ უაორანის ხალხს თვითმფრინავიდან რუპორით და კალათა ჰქონდათ მომზადებული საჩუქრების ჩასატანად. რამდენიმე თვის შემდეგ, ხალხმა გადაწყვიტა ბაზის აშენება ტომიდან მოკლე მანძილზე, კურარაის მდინარის ჩაყოლებაზე. იქ ისინი რამდენიმეჯერ შეხვდნენ უაორანის ხალხთა ჯგუფს და ერთი-ერთი მათგანი თვითმფრინავითაც კი გაასეირნეს და მას ეძახდნენ „ჯორჯს" (მისი ნამდვილი სახელი იყო ნაენკივი). ამის შემდეგ მათ დაიწყეს უაორანებთან შეხვედრა, მაგრამ მათი გეგმები ჩაიშალა უაორანის ხალხის დიდი ჯგუფის მოსვლით, რომლებმაც მოკლეს ელიოტი და მისი ოთხი თანამგზავრი 1956 წლის 8 იანვარს. ელიოტის დასახიჩრებული სხეული იპოვნეს ქვევით დინების მიმართულებით, დანარჩენ სხვებთან ერთად ედ მაკკულის გარდა.

ელიოტი და მისი მეგობრები მთელს მსოფლიოში ცნობილები გახდნენ როგორც წამებულები და „ლაიფ მაგაზინმა" გამოაქვეყნა ათ გვერდიანი სტატია მათ მისიასა და სიკვდილზე. მისი ქმრის სიკვდილის შემდეგ, ელიზაბეტ ელიოტმა და სხვა მისიონერებმა დაიწყეს მუშაობა ამ ხალხში, სადაც მათ დიდი ზეგავლენა მოახდინეს და მრავალი სული მოიგეს ღმერთის სიყვარულით.

„არავისი არა გემართოთ რა, გარდა ურთიერთსიყვარულისა, რადგან ვისაც უყვარს მოყვასი, მან აღასრულა რჯული. ვინაიდან: „არა იმრუშო, არა კაც-ჰკლა,

არა-იპარო, არა ცილი სწამო, არა ინდომო“ და ყველა სხვა მცნება ამ სიტყვებშია მოქცეული: „გიყვარდეს მოყვასი შენი, ვითარცა თავი შენი. სიყვარული ბოროტს არ უზამს მოყვასს; რჯულის აღსრულება სიყვარულია“ (რომაელთა 13:8-10).

ყველაზე დიდი დონის სიყვარული არის ღმერთის ჩვენდამი სიყვარული. ყველაფრის და ადამიანების შექმნა ასევე წარმოიშვა ღმერთის სიყვარულისგან.

ღმერთმა თავისი სიყვარულით შექმნა ყველაფერი და ადამიანები

თავიდან ღმერთი სამყაროს უსასრულო სივრცეს თავის თავში ფარავდა. ეს სამყარო განსხვავდება იმ სამყაროსგან, რომლის შესახებაც დღეს ჩვენ ვიცით. ეს არის სივრცე, რომელსაც არ აქვს დასასწყისი, დასასრული ან რაიმე საზღვარი. ყველაფერი ხდება ღმერთის ნების თანახმად. მაშინ, თუ კი ღმერთს შეუძლია ყველაფრის გაკეთება და აქვს ყველაფერი, რატომ შექმნა მან ადამიანები?

მას სურდა ჭეშმარიტი შვილები, რომლებსაც გაუზიარებდა თავისი სამყაროს სილამაზეს. მას სურდა, რომ სივრცე, სადაც ყველაფერი ისე ხდება როგორც მოგესურვება, გაეზიარებინა ვინმესთვის. ეს ადამიანის გონების მსგავსია; ჩვენ გვსურს, რომ ღიად გავუზიაროთ ყველაფერი კარგი იმ ადამიანებს, რომლებიც ჩვენ გვიყვარს. ამ იმედით, ღმერთმა დაგეგმა ადამიანთა გასენება ჭეშმარიტი შვილების შესაძენად.

პირველი ნაბიჯით, მან სამყარო დაყო ფიზიკურ და სულიერ სამყაროება და შექმნა ზეციური ანგელოზები და სხვა სულიერი არსებები და ყველაფერი, რაც საჭირო იყო

სულიერი სამყაროსთვის. მან შექმნა ადგილი თავისთვის და ასევე ზეციური სასუფეველი, სადაც მისი ჭეშმარიტი შვილები იცხოვრებდნენ და სივრცე ადამიანების გასაშენებლად. განუზომელი დროის გასვლის შემდეგ, მან შექმნა დედამიწა ფიზიკურ სამყაროში მზესთან, მთვარესთან და ვარსკვლავებთან ერთად და ბუნებრივი გარემო, რადგან ეს ყველაფერი საჭირო იყო იმისათვის, რომ ადამიანებს ეცხოვრათ.

ღმერთის გარშემო მრავალი სულიერი არსებაა, როგორიც არის ანგელოზი, მაგრამ ისინი უპირობოდ მორჩილნი არიან, გარკვეულწილად რობოტებივით. ისინი არ არიან არსებები, რომლებთანაც ღმერთი თავისი სიყვარულის გაზიარებას შეძლებს. ამ მიზეზის გამო ღმერთმა შექმნა ადამიანი. თუ კი შესაძლებელი იქნებოდა, რომ რობოტები გყავდეს ლამაზი სახეებით, რომლებიც ზუსტად ისე იქცევიან როგორც შენ გსურს, შეეძლებოდათ მათ თქვენი შვილების შენაცვლება? მიუხედავად იმისა, რომ ჩვენმა შვილებმა ზოგჯერ შეიძლება არ მოგვიმსმინონ, ისინი მაინც იქნებიან უფრო საყვარლები ჩვენთვის, ვიდრე რობოტები, რადგან მათ შეუძლიათ ჩვენი სიყვარულის შეგრძნება და მათი ჩვენდამი სიყვარულის გამოხატვა. ასევეა ღმერთთან მიმართებაშიც. მას სურდა ჭეშმარიტი შვილები, რომლებსაც თავის სიყვარულს გაუზიარებდა. ამ სიყვარულით, ღმერთმა შექმნა პირველი ადამიანი და იგი იყო ადამი.

ადამის შექმნის შემდეგ, მან შექმნა ედემში შექმნა ბაღი და იქ წაიყვანა იგი. ედემის ბაღი ადამს ღმერთისგან გადაეცა. ეს არის ძალიან ლამაზი ადგილი, სადაც ყვავილები და ხეები კარგად იზრდება და ლამაზი

ცხოველები დასეირნობენ. იქ მთელს ბაღში არის უხვი რაოდენობის ხილი. წყალი ბრწყინავს როგორც ძვირფასი ქვები სინათლის ანარეკლით. ადამიანის საუკეთესო წარმოსახვიტაც კი, შეუძლებელია ამ ადგილის სრულყოფილად აღწერა.

ღმერთმა ადამს ასევე მისცა დამხმარე, რომლის სახელიც იყო ევა. ეს იმიტომ არა, რომ ადამი თავს მარტოდ გრძნობდა. ღმერთს ესმოდა ადამის გული, რადგან იგი თვითონ დიდი ხნის განმავლობაში მარტო იყო. საუკეთესო საცხოვრებელი პირობებით, ადამი და ევა ღმერთთან ერთად იყვნენ და დიდი ხნის განმავლობაში მათ ჰქონდა ყველა ქმნილების უფლის ძალაუფლება.

ღმერთი აშენებს ადამიანთა მოდგმას, რათა გახადოს ისინი თავისი ჭეშმარიტი შვილები

მაგრამ ადამს და ევას რაღაც აკლდათ, რომ ღმერთის ჭეშმარიტი შვილები გამხდარიყვნენ. მიუხედავად იმისა, რომ მათ ღმერთმა მთელი თავისი სიყვარული მისცა, ისინი მაინც ვერ გრძნობდნენ ღმერთის სიყვარული. ისინი ღმერთის მიცემული ყველაფრით სიამოვნებას იღებდმნენ, მაგრამ თავიანთი ძალისხმევით ვერაფერს აღწევდნენ. ამგვარად, მათ ვერ გაეგოთ თუ როგორი ძვირფასი იყო ღმერთის სიყვარული, და არ იყვნენ ამ ყველაფრით მადლიერები. გარდა ამისა, მათ არასოდეს გამოუცდიათ სიკვდილი ან უბედურება და არ იცოდნენ სიცოცხლის ფასი. მათ არ გამოუცდიათ სიძულვილი, ამიტომ არ იცოდნენ სიყვარულის ჭეშმარიტი ფასი. მიუხედავად იმისა, რომ გაგონილი ჰქონდათ და იცოდნენ როგორც ცოდნა, ისინი გულში ვერ გრძნობდნენ ჭეშმარიტ სიყვარულს, რადგან

არასოდეს ჰქონდათ პირველი განცდა.

მიზეზი იმისა, თუ ადამმა და ევამ რატომ შეჭამეს აკრძალული ხიდან აქ წერია. ღმერთმა თქვა, „...რადგან როგორც კი შეჭამ, მოკვდებით," მაგრამ მათ არ იცოდნენ სიკვდილის სრული მნიშვნელობა (დაბადება 2:17). არ იცოდა ღმერთმა, რომ ისინი შეჭამდნენ სიკეთისა და ბოროტების შემეცნების ხის ნაყოფს? მან ეს იცოდა. მან იცოდა, მაგრამ მაინც მისცა ადამს და ევას საკუთარი ნება, რათა მორჩილების არჩევანი გაეკეთებინათ. აქ არის ადამიანთა მოდგმის გაშენების განგება.

ადამიანთა გაშენებით, ღმერთს სურდა, რომ მთელს ადამიანთა მოდგმას განეცადა ცრემლები, მწუხარება, ტკივილი, სიკვდილი და ასე შემდეგ, რათა როდესაც მოგვიანებით ზეცაში ავიდოდნენ, ჭეშმარიტად შეიგრძნობდნენ თუ როგორი ძვირფასია ყველაფერი ზეციური და შეძლებდნენ ჭეშმარიტი ბედნიერების შეგრძნებას. ღმერთს სურდა, რომ მათთან სიყვარული სამუდამოდ გაეზიარებინა ზეცაში, რომელიც ედემის ბაღს არც კი შეედრება ისეთი ლამაზია.

ადამის და ევას ღმერთის სიტყვაზე დაუმორჩილებლობის შემდეგ, მათ აღარ შეეძლოთ ედემის ბაღში ცხოვრება. და რადგან ადამმა ასევე დაკარგა თავისი ძალაუფლება, ყველა ცხოველიც და მცენარეც დაიწყევლა. დედამიწას ერთ დროს ჰქონდა სილამაზე და სიუხვე, მაგრამ ეს ყველაფერიც დაიწყევლა.

მიუხედავად იმისა, რომ ადამი და ევა არ დაემორჩილნენ ღმერთს, მან მაინც შექმნა მათთვის ჩასაცმელი, რადგან სრულიად განსხვავებულ გარემოში მოუწევდათ ცხოვრება (დაბადება 3:21). ღმერთი გული ალბათ ისე დაიწვებოდა,

როგორც იმ მშობლების გული, რომლებმაც შვილები სხვაგან გაგზავნას, რათა მომავლისთვის მომზადებულიყვნენ. მიუხედავად ღმერთის ამ სიყვარულისა, ადამიანთა მოდგმის გაშენებიდან მალევე, ადამიანები დაბინძურდნენ ცოდვებით და ძალიან სწრაფად ჩამოშორდნენ ღმერთს.

რომაელთა 1:21-23-ში წერია, „რაკი შეიცნეს ღმერთი, მაგრამ არ ადიდეს, როგორც ღმერთი, და არც მადლი შესწირეს არამედ ამაონი იქმნენ თვიანთი ზრახვით და დაბნელდა მათი უგონო გული; ბრძენკაცებად მოჭქონდათ თავი და შლეგებად იქცნენ; და უხრწნელი ღმერთის დიდება ხრწნადი კაცის, ფრინველთა და ქვეწარმავალთა ხატებაზე გაცვალეს."

ამ ცოდვილი ადამიანთა მოდგმისთვის, ღმერთმა აჩვენა თავისი განგება და სიყვარული რჩეული ერით, ისრაელით. ერთის მხრივ, როდესაც ისინი ღმერთის სიტყვით ცხოვრობდნენ, მან მრავალი ნიშანი და სასწაული აჩვენა მათ და მისცა დიდი კურთხევები. მეორეს მხრივ, როდესაც ღმერთს ჩამოშორდნენ და კერპთაყვანისმცემლობა და ცოდვების ჩადენა დაიწყეს, ღმერთმა მრავალი წინასწარმეტყველი გაგზავნა თავისი სიყვარულის მისაცემად.

ერთ-ერთი წინასწარმეტყველთაგანი იყო ოსია, რომელიც აქტიური იყო ისრაელის დაყოფის შემდეგ.

ერთ დღეს ღმერთმა ოსიას მისცა განსაკუთრებული ბრძანება, „წადი, მოიყვანე გარყვნილი ქალი და გააჩინე გარყვნილების შვილები" (ოსია 1:2). ღვთისმოსავი წინასწარმეტყველისთვის წრმოუდგენელი იყო, რომ გარყვნილი ქალი მოეყვანა ცოლად. მიუხედავად იმისა, რომ

მას სრულყოფილად არ ესმოდა ღმერთის განზრახვა, ოსია დაემორჩილა მის სიტყვას და ქალი, გომერი ცოლად მოიყვანა.

მათ ეყოლათ სამი შვილი, მაგრამ გომერი სხვა კაცთან წავიდა. მიუხედავად ამისა, ღმერთმა ოსიას უთხრა, რომ თავისი ცოლი ჰყვარებოდა (ოსია 3:1). ოსიამ ეძება ცოლი და იყიდა იგი 15 ვერცხლად, ერთ ხომერ ქერად და ერთ ლეთეხ ქერად.

სიყვარული, რომელიც ოსიამ გომერს მისცა, სიმბოლურად გამოხატავს ჩვენთვის ღმერთის მიერ მოცემულ სიყვარულს. და გომერი, გარყვნილების ქალი სიმბოლურად გამოხატავს იმ ყველა ადამიანს, რომლებიც ცოდვებით არიან დასვრილნი. ზუსტად როგორც ოსიამ გარყვნილების ქალი მოიყვანა ცოლად, ღმერთს პირველად ვუყვარდით ის ადამიანები, რომლებიც ამ სამყაროს ცოდვებით ვიყავით დასვრილნი.

მან აჩვენა თავისი უსაზღვრო სიყვარული, იმედი ჰქონდა, რომ ყველა შემობრუნდებოდა სიკვდილის გზიდან და მისი შვილი გახდებოდა. მაშინაც კი, თუ მათ სამყარო დაიმეგობრეს და ღმერთს ჩამოშორდნენ რაღაც დროის განმავლობაში, იგი არ იტყოდა „თქვენ მე მიმატოვეთ და ამიტომ ვეღარ მიგიღებთ." მას უბრალოდ სურს, რომ ყველა მასთან დაბრუნდეს და ამას კიდევ უფრო დარწმუნებით აკეთებს, ვიდრე ის მშობლები, რომლებიც სახლიდან გაქცეულ შვილებს ელოდებიან, რომ დაბრუნდნენ.

ღმერთმა იესო ქრისტეს დროის დაწყებამდე მოამზადა

ლუკა 15-ში იგავი მფლანგველი ვაჟის შესახებ, ნათლად

გვაჩვენებს მამა ღმერთის გულს. მეორე ვაჟს, რომელსაც ბავშვობაში მდიდრული ცხოვრება ჰქონდა, მადლიერი არ იყო თავისი მამის და არც თავისი ცხოვრების ფასი იცოდა. ერთ დღეს მან თავისი მემკვიდრეობის ფული ითხოვა წინასწარ. იგი ტიპიური გაფუჭებული შვილი იყო, რომელიც თავისი მემკვიდრეობის ფულს ითხოვდა, როდესაც მისი მამა ჯერ კიდევ ცოცხალი იყო.

მამას არ შეეძლო თავისი ვაჟის გაჩერება, რადგან მას არ ესმოდა მშობლების გული, და საბოლოოდ მისცა მას მემკვიდრეობის ფული. ვაჟი ბედნიერი იყო და სამოგზაუროდ წავიდა. ამ მომენტიდან დაიწყო მამის ტკივილი. იგი ნერვიულობდა და ფიქრობდა, „რამე რომ დაემართოს? რა მოხდება თუ კი ბოროტ ხალხს წააწყდება გზად?“ მამამისი ვერც კი იძინებდა თავის ვაჟზე ნერვიულობის გამო, გარეთ იყურებოდა, იმედი ჰქონდა, რომ იგი დაბრუნდებოდა.

მალე ვაჟს ფული გაუთავდა და ხალხმა დაიწყო მისი ცუდად მოპყრობა. იგი ისეთ საზარელ სიტუაციაში იყო, რომ შიმშილის დაკმაყოფილება ქერქებით უნდოდა, რომლებსაც ღორები ჭამდნენ, მაგრამ არავინ აძლევდა მას არაფერს. მას ამ დროს გაახსენა მამამისის სახლი. იგი დაბრუნდა სახლში, მაგრამ თავს ისე დამნაშავედ გრძნობდა, რომ თავსაც კი ვერ სწევდა. მაგრამ მამამისი გაიქცა მასთან და აკოცა. მამას არაფერი დაუბრალებია მისთვის და პირიქით იგი იმდენად ბედნიერი იყო, რომ საუკეთესო ტანსაცმლით შემოსა და ხბო დაკლა, რომ მისი დაბრუნება აღენიშნა. ეს არის ღმერთის სიყვარული.

ღმერთის სიყვარული არ გადაეცემა მხოლოდ განსაკუთრებულ ხალხს განსაკუთრებულ დროს. 1 ტიმოთე

2:4-ში წერია „რომელსაც ნებავს, რომ ყველა კაცი გადარჩეს და ეზიაროს ჭეშმარიტების შემეცნებას." იგი ხსნის კარს ყოველთვის ღიას ტოვებს და როდესაც სული ღმერთს უბრუნდება, იგი თითოეულ სულს სიხარულითა და ბედნიერებით იღებს.

ღმერთის ამ სიყვარულით, გზა გაიხსნა ყველასთვის, რომ ხსნა მიეღოთ. როგორც ებრაელთა 9:22-ში წერია, „ასე რომ, რჯულის მიხედვით, თითქმის ყველაფერი სისხლით განიწმიდება, და სისხლის დათხევის გარეშე არ არსებობს მიტევება," იესომ ცოდვის საზღაური, რომელიც ცოდვილებს უნდა გადაეხადათ, თავისი ძვირფასი სისხლითა და სიცოცხლით გადაიხადა.

1 იოანე 4:9-ში ღმერთის სიყვარულზე წერია, „ღვთის სიყვარული იმით გამოგვეცხადა, რომ ღმერთმა თავისი მხოლოდშობილი ძე მოავლინა ამ ქვეყნად, რათა მისი წყალობით ვცხონდეთ." ღმერთმა იესოს ძვირფასი სისხლი დააღვრევინა, რომ ადამიანთა მოდგმა ცოდვებისგან გამოესყიდა. იესო ჯვარს ეცვა, მაგრამ მან დაამარცხა სიკვდილი და აღსდგა მესამე დღეს, რადგან მას არ ჰქონია ცოდვა. ამ გზით კი ჩვენთვის ხსნის გზა გაიხსნა. ერთადერთი შვილის გაწირვა არ არის ისეთი ადვილი, როგორც ეს ჩანს. კორეული ნათქვამია, „მშობლები ტკივილს არ გრძნობენ, როდესაც თავიანთი შვილები ფიზიკურად მათ თვალწინ არიან." უამრავი მშობლისთვის საკუთარ სიცოცხლეზე მეტად მნიშვნელოვანი, თავიანთი შვილების სიცოცხლეა.

ამგვარად, ღმერთის მიერ თავისი ერთადერთი ძის განწირვა, გვიჩვენებს მის უსაზღვრო სიყვარულს. გარდა ამისა, ღმერთმა მოამზადა ზეციური სასუფეველი იმ ადამიანებისთვის, რომლებსაც უკან დაიბრუნებს იესო

ქრისტეს სისხლით. როგორი დიდებული სიყვარულია ეს! და მაინც, ღმერთის სიყვარული ამით არ მთავრდება.

ღმერთმა მოგვცა სული წმინდა, რათა წაგვძღოლოდა ზეცისაკენ

ღმერთი სული წმინდას საჩუქრად იმ ადამიანებს აძლევს, რომლებიც იღებენ იესო ქრისტეს და ამით ცოდვების მიტევებასაც იღებენ. სული წმინდა არის ღმერთის გული. უფლის აღდგომის შემდეგ, ღმერთმა გამოგზავნა ნუგეშისმცემელი, სული წმინდა ჩვენს გულებში.

რომაელთა 8:26-27 ამბობს, „ასევე სულიც შეეწევა ჩვენს უძლურებას, ვინაიდან არ ვიცით, რისთვის ან როგორ ვილოცოთ, მაგრამ თვით სულია ჩვენი მეოხი უთქმელი ოხვრით. ხოლო გულების მცდელმა იცის, როგორია ზრახვა სულისა, ვინაიდან იგია წმიდათა მეოხი ღვთის ნებით."

როდესაც ცოდვას ჩავდივართ, სული წმინდა მონანიებისკენ გვიძღვება. იმ ადამიანებს, რომლებსაც სუსტი რწმენა აქვთ, იგი რწმენას აძლევს და რომლებსაც იმედი არ აქვთ, იმედს აძლევს. ზუსტად როგორც დედები დელიკატურად ზრუნავენ თავიანთ შვილებზე, იგი გვაძლევს ტავის ხმას, რომ რაიმე გზით ტკივილი არ მოგვეყენოს. ამ გზით, იგი გვატყობინებს ღმერთის გულის შესახებ, რომელსაც ჩვენ ვუყვარვართ და წინ გვიძღვება ზეციური სასუფევლისკენ.

თუ ღრმად ჩევიცნობთ ამ სიყვარულს, ჩვენ ღმერთი გვეყვარება. თუ კი ღმერთი მთელი გულით გვიყვარს, იგი უკან გვიბრუნებს დიდებულ სიყვარულს. იგი გვაძლევს ჯანმრთელობას და გვაკურთხებს, რომ წარმატებულები ვიყოთ. იგი ამას იმიტომ აკეთბს, რომ ეს არის სულიერი

სამყაროს კანონი, მაგრამ რაც მთავარია, მას სურს, რომ ჩვენ მისი სიყვარული ვიგრძნოთ იმ კურთხევებით, რომლებსაც მისგან ვიღებთ. „მიყვარს ჩემი მოყვარულნი და მიპოვნიან ჩემი მძებნელნი" (იგავნი 8:17).

რა იგრძენი როდესაც პირველად შეხვდი ღმერთს და მიიღე განკურნება ნ პრობლემები მოგიგვარდა? შენ ალბათ იგრძნობდი, რომ ღმერთს შენნაირი ცოდვილის კი უყვარს. ასევე, მე მწამს, რომ შენ აივსე ღმერთის სიყვარულით, რომელმაც მოგცა საუკუნო ზეცა, სადაც არ არსებობს დარდი, მწუხარება, ავადმყოფობა, დაშორება და სიკვდილი.

თავიდან ჩვენ ღმერთი არ გვიყვარდა. ღმერთი თავიდან ჩვენთან მოვიდა და ხელი გამოგვიწოდა. მას იმიტომ არ ვუყვარდით, რომ ჩვენ სიყვარულს ვიმსახურებდით. მას იმდენად ვუყვარდით, რომ თავისი ერთადერთი ძე ჩვენ, ცოდვილებს შემოგვწირა. მას უყვარდა ყველა ადამიანი და ზრუნავდა ჩვენზე დიდი სიყვარულით.

ღმერთის სიყვარული არის ჭეშმარიტი სიყვარული, რომელიც არ იცვლება დროთა განმავლობაში. როდესაც ზეცაში ავალთ, ჩვენ ვნახავთ ლამაზ გვირგვინებს და ოქროთი და ძვირფასი ქვებით აშენებულ ლამაზ სახლებს, რომლებიც ღმერთს ჩვენთვის აქვს მომზადებული. იგი ჯილდოებს და საჩუქრებს დედამიწაზე ცხოვრების დროსაც გვაძლევს და იგი მგზნებარედ გველოდება, რომ ერთ დღეს მასთან ერთად ვიქნებით. დაე ვიგრძნოთ მისი დიდებული სიყვარული.

ქრისტეს სიყვარული

„და იარეთ სიყვარულით, როგორც შეგვიყვარა ქრისტემ და ჩვენი გულისთვის შესაწირავად და კეთილსურნელოვან მსხვერპლად მისცა თავისი თავი ღმერთს."

ეფესელთა 5:2

სიყვარულს აქვს დიდი ძალა, რომ შეუძლებელი შესაძლებელი გახადოს. განსაკუთრებით, ღმერთის და უფლის სიყვარული ჭეშმარიტად გასაოცარია. ამას შეუძლია არაკომპეტენტური ადამიანის, რომელსაც ეფექტურად თითქმის არაფრის გაკეთება არ შეუძლია, კომპეტენტურ ადამიანად გადაქცევა, რომელიც ყველაფერს შეძლებს. როდესაც გაუნათლებელი მეთევზე, გადასახადების ამკრები – რომლებიც იმ დროს ცოდვილებად ითვლებოდნენ – ღარიბი, ქვრივები და მიტოვებული ადამიანი, შეხვდნენ უფალს და მათი ცხოვრება მთლიანად შეიცვალა. მათი სიღარიება და ავადმყოფობა გამოკეთდა და ისეთი ჭეშმარიტი სიყვარული იგრძნეს, რომელიც ადრე არასოდეს განეცადათ. ისინი თავს უვარგისებად თვლიდნენ, მაგრამ ხელახლა დაიბადნენ, როგორც ღმერთის დიდებული ინსტრუმენტები. ეს არის სიყვარულის ძალა.

იესო დედამიწაზე მოვიდა და დატოვა მთელი ზეციური დიდება

დასაწყისში ღმერთი იყო სიტყვა და სიტყვა ჩამოვიდა დედამიწაზე ადამიანის სხეულით. ეს არის იესო, ღმერთის ერთადერთი ძე. იესო ჩამოვიდა დედამიწაზე, რომ ეხსნა ადამიანთა მოდგმა, რომლებიც ცოდვების გამო სიკვდილის გზას ადგნენ. სახელი იესო ნიშნავს „ის იხსნის თავის ხალხს მათი ცოდვებისაგან“ (მათე 1:21).

ყველა ცოდვით თვით კმაყოფილი ადამიანები ცხოველებზე უკეთესები არაფრით იყვნენ (ეკლესიასტე 3:18). იესო დაიბადა ცხოველების თავლაში, რათა გამოესყიდა ადამიანები, რომლებმაც მიატოვეს თავიანთი მოვალეობა და არაფრით იყვნენ ცხოველებზე უკეთესები. იგი ცხოველებისთვის მომზადებულ ბაგაში იწვა, რათა ასეთი ადამიანებისთვის ჭეშმარიტი საკვები გამხდარიყო (იოანე 6:51). ეს იმიტომ, რომ ადამიანებს დაებრუნებინათ ღმერთის დაკარგული გამოსახულება და საშუალება მიეცა

მათთვის, რომ თავიანთი მოვალეობა სრულყოფილად შეესრულებინათ.

ასევე, მათე 8:20-ში წერია, „მელიებს სოროები აქვთ, და ცის ფრინველებს – ბუდეები, ძეს კაცისას კი არა აქვს, სად მიიდრიკოს თავი." როგორც ნათქვამია, მას არ ჰქონდა ადგილი დასაძინებლად და ღამეს მინდორში ათევდა სიცივესა და წვიმაში. ხშირად მას საკვებიც კი არ ჰქონდა. ეს არ იყო იმიტომ, რომ მას არ შეეძლო. ეს იყო ჩვენი სიღარიბისგან გამოსასყიდად. 2 კორინთელთა 8:9 ამბობს, „რადგანაც იცით ჩვენი უფლის იესო ქრისტეს მადლი, რომ ის, მდიდარი, გაღატაკდა თქვენი გულისთვის, რათა გამდიდრებულიყავით მისი სიღატაკით."

იესომ თავისი საჯარო სამღვდელოება დაიწყო წყლის ღვინოდ გადაქცევის სასწაულით. იგი ქადაგებდა ღმერთს სასუფევლის შესახებ და ახდენდა მრავალ ნიშანსა და სასწაულს იუდეასა და გალილეაში. მრავალი კეთროვანი და დასახიჩრებული განკურნა და ის ადამიანები, რომლებიც დემონებით იტანჯებოდნენ, გაათავისუფლა სიბნელის ძალისგან. ისეთი ადამიანიც კი, რომელიც ოთხი დღის განმავლობაში მკვდარი იყო, საფლავიდან ცოცხალი გამოვიდა (იოანე 11).

იესომ მოახდინა გასაოცარი ნიშნები და სასწაულები თავისი სამღვდელოების დროს დედამიწაზე, რათა ადამიანებს შეეცნოთ ღმერთის სიყვარული. გარდა ამისა, იგი რჯულს სრულყოფილად იცავდა და გვაძლევდა საუკეთესო მაგალითს. ასევე, მხოლოდ იმიტომ, რომ რჯულს იცავდა, მას არ განუკიცხავს ის ადამიანები, რომლებიც რჯულს არღვევდნენ. იგი ხალხს უბრალოდ ჭეშმარიტებას ასწავლიდა, რათა კიდევ ერთ სულს მაინც მოენანიებინა და ხსნა მიეღო.

თუ კი იესო ყველას მკაცრად განსჯიდა რჯულის მიხედვით, ვერავინ მოახერხებდა ხსნის მიღებას. რჯული არის ღმერთის მცნებები, რომლებიც გვეუბნება, რომ კონკრეტულ რამ გავაკეთოთ ან არ გავაკეთოთ და ასე

შემდეგ. მაგალითად, არის ისეთი მცნებები, როგორიც არის „შეინახა შაბათი დღე წმინდად; არ შეგშურდეს მოყვასის; პატივი ეცი შენს მშობლებს; და განკურნე ყველა ფორმის ბოროტება.“ ყველა რჯულის საბოლოო დანიშნულების ადგილი არის სიყვარული. თუ კი ყველა წესდებას და რჯულს შეინახავ, ჩვენ შეძლებ სიყვარულის განხორციელებას.

მაგრამ ღმერთს არ უნდა, რომ რჯული მხოლოდ ჩვენი ქმედებებით დავიცვათ. მას სურს, რომ რჯული ჩვენი გულიდან სიყვარულით დავიცვათ. იესომ კარგად იცოდა ღმერთის ეს გული და სიყვარულით აღასრულა კანონი. ამ შემთხვევაში ერთ-ერთი ყველაზე კარგი მაგალითია ქალი, რომელიც მრუშობის დროს დაიჭირეს (იოანე 8). ერთ დღეს, მწიგნობრებმა და ფარისევლებმა იესოს მიუყვანეს ქალი, რომელიც მრუშობის დროს დაიჭირეს, დააყენეს იგი ხალხის შუაში და იესოს კითხეს: „მოსემ კი რჯულში გვამცნო ამნაირების ჩაქოლვა; შენ რაღას იტყვი?“ (იოანე 8:5)

მათ ეს იმიტომ თქვეს, რომ რაიმე ბრალი ეპოვნათ იესოში. როგორ ფიქრობ რას გრძნობდა ქალი ამ მომენტში? იგი ალბათ ძალიან დარცხვენილი იქნებოდა, რომ თავისი ცოდვა ყველას თვალწინ გამომჟღავნდა და ალბათ ეშინოდა კიდეც, რადგან ხალხი მის ჩაქოლვას აპირებდა. თუ კი იესო იტყოდა „ჩაქოლეთ,“ მისი სიცოცხლე დასრულდებოდა.

თუმცა, იესოს არ უთქვამს, რომ იგი რჯულის მიხედვით დაესაჯათ. სამაგიეროდ, იგი წელში მოიხარა და მიწაზე თითით რაღაცის დაწერა დაიწყო. ეს იყო იქ მყოფი ადამიანების ცოდვები. მათი ცოდვების მოსმენის შემდეგ, იგი ადგა და მიგო მათ, „ვინც თქვენს შორის უცოდველია, პირველად იმან ესროლოს ქვა“ (სტროფი 7). შემდეგ, იგი კიდევ ერთხელ დაიხარა და დაიწყო რაღაცის წერა.

ამ დროს, მან დაწერა თითოეული ადამიანის ცოდვა, თითქოს მას ნანახი ჰქონდა სად და როდის ჩაიდინეს. იმ ადამიანებმა, რომლებსაც სინდისის ქენჯნამ შეაწუხა, სათითაოდ დატოვეს იქაურობა. საბოლოოდ ყველა წავიდა

და იესო და ქალი დარჩნენ მარტო. 10 და 11 სტროფებში წერია, „წამოიმართა იესო და რაკი ქალის გარდა ვერავის მოჰკრა თვალი, უთხრა მას: ქალო, სად არიან შენი ბრალმდებელნი? არავინ დაგდო მსჯავრი? მან კი მიუგო: არავინ, უფალო, და უთხრა მას იესომ: არც მე განგსჯი. წადი და ამიერიდან ნუღარა სცოდავ."

არ იცოდა ქალმა, რომ მრუშობის სასჯელი სიკვდილამდე ჩაქოლვა იყო? რა თქმა უნდა მან ეს იცოდა. მან იცოდა რჯული, მაგრამ ცოდვა მაინც ჩაიდინა, რადგან ვერ დასძლია თავისი სურვილი. იგი უბრალოდ ელოდებოდა, რომ ჩაექოლათ ცოდვის გამო და მან მოულოდნელად იესოს მიტევება განიცადა, როგორი აღფრთოვანებული იქნებოდა იგი! მანამ სანამ იესოს სიყვარული ემახსოვრებოდა, იგი აღარასოდეს ჩაიდენდა ცოდვას.

რადგან იესომ თავისი სიყვარულით მიუტევა ქალს, რომელმაც რჯული დაარღვია, მოძველებულია რჯული ჩვენთვის, თუ კი ღმერთისადმი და ჩვენი მოყვასისადმი სიყვარული გვაქვს? არა, ეს არ არის სწორი. იესომ თქვა, „ნუ გგონიათ, თითქოს მოვედი რჯულის, გინდა წინასწარმეტყველთა გასაუქმებლად. გასაუქმებლაღ კი არ მოვედი, არამედ აღსასრულებლად" (მათე 5:17).

ჩვენ ღმერთის ნების განხორციელება უფრო სრულყოფილად იმიტომ შეგვიძლია, რომ რჯული გვაქვს. თუ კი ვინმე უბრალოდ იტყვის, რომ ღმერთი უყვარს, ჩვენ არ შეგვიძლია გავზომოთ თუ როგორი ღრმა და დიდია მისი გული. თუმცა, მისი სიყვარულის ზომა შეიძლება შემოწმდეს, რადგან ჩვენ გვაქვს რჯული. თუ მას მართლა უყვარს ღმერთი მთელი გულით, იგი აუცილებლად დაიცავს რჯულს. ასეთი ადამიანისთვის, არ არის რთული რჯული შეინახოს. გარდა ამისა, იმდენად, რამდენადაც იგი რჯულს სათანადოდ დაიცავს, ღმერთისგან სიყვარულსა და კურთხევებს მიიღებს.

მაგრამ იესოს დროს რჯულის მცოდნეებს არ აინტერესებდათ ღმერთის სიყვარული, რომელიც რჯულში იყო. ისინი არ ზრუნავდნენ, რომ საკუთარი გულები

განწმინდათ და მხოლოდ ფორმალობებს იცავდნენ. ისინი კმაყოფილები იყვნენ და ამაყობდნენ კიდეც, რომ რჯულს გარეგნულად იცავდნენ. მათ ეგონათ რომ რჯულს იცავდნენ და ამგვარად პირდაპირ განსაჯეს და განკიცხეს ის ადამიანები, რომლებიც რჯულის წესებს არღვევდნენ. როდესაც იესომ განმარტა რჯულის ჭეშმარიტი მნიშვნელობა და ღმერთის გულის შესახებ ასწავლა, მათ თქვეს, რომ იესო იყო არასწორი და დემონით შეპყრობილი.

რადგან ფარისევლებს სიყვარული არ ჰქონიათ, ზედმიწევნით რჯულის დაცვამ მათ სულებს არაფერი სარგებელი არ მიუტანა (1 კორინთელთა 13:1-3). მათ გულიდან ბოროტება არ განუდევნიათ და მხოლოდ სჯიდნენ და კიცხავდნენ სხვებს, ამგვარად საკუთარ თავებს ღმერთისგან აშორებდნენ. საბოლოოდ, მათ ჩაიდინეს ღმერთის ძის ჯვარცმის ცოდვა, რომლის უკან ზაღებაც შეუძლებელი იყო.

იესომ შეასრულა ჯვრის განგება თავისი სიკვდილამდე მორჩილებით

სამწლიანი სამღვდელოების დასასრულისკენ, იესო წავიდა ზეთისხილის მთაზე ზუსტად მანან, სანამ მისი ტანჯვა დაიწყებოდა. როგორც კი მოსაღამოვდა, იესო მგზნებარედ ლოცულობდა. მისი ლოცვა იყო წამოძახილი, რომ ყველა სული გადარჩენილიყო მისი სისხლით, რომელიც სრულიად უდანაშაულოა. ეს იყო ლოცვა, რომ ეთხოვა ძალა დაეძლია ჯვრის ტანჯვები. იგი ძალიან მგზნებარედ ლოცულობდა; და მისი ოფლი სისხლის წვეთებივით გადაიქცა (ლუკა 22:42-44).

იმ ღამით, იესო დაიჭირეს ჯარისკაცებმა და ერთი ადგილიდან მეორე ადგილას მიყავდათ დასაკითხად. საბოლოოდ მან მიიღო სასიკვდილო განაჩენი პილატეს სასამართლოში. რომაელმა ჯარისკაცებმა ტავზე ეკლებიანი გვირგვინი გაუკეთეს და სცემეს, სანამ ჯვარცმის ადგილას

მიიყვანდნენ (მათე 27:28-31).

მისი სხეული სისხლით იყო დაფარული. მას მთელი ღამე დასცინოდნენ და ამათრახებდნენ და ამ სხეულით იგი ხის ჯვრით ხელში გოლგოთაზე ავიდა. დიდი ბრბო მიჰყვებოდა მას. ისინი ერთხელ მიესალმნენ იესოს წამოძახილით „ოსანა", მაგრამ ახლა გაჰყვიროდნენ „ჯვარს აცვით!" იესოს სახე იმდენად იყო სისხლით დაფარული, რომ ვერც კი იცნობდი. მას მთელი ძალა გამოცლილი ჰქონდა წამებისგან ტკივილის გამო და ყოველი ნაბიჯის გადადგმა წარმოუდგენლად ძნელი იყო.

გოლგოთაზე მიღწევის შემდეგ იესო ჯვარს აცვეს ჩვენი ცოდვებისგან გამოსასყიდად. ეკლებიანი გვირგვინის ტარებით, მან მოგვიტევა ცოდვები, რომლებიც ჩვენს ფიქრებში ჩავიდინეთ. იგი ხელებითა და ფეხებით ჯვარზე ლურსმნებით მიაჭედეს, რათა მოეტევებინა ჩვენთვის ცოდვები, რომლებიც ხელებით და ფეხებით ჩავიდინეთ.

სულელი ხალხი, რომლებმაც ეს ფაქტი არ იცოდნენ, დასცინოდნენ იესოს, რომელიც ჯვარზე ეკიდა (ლუკა 23:35-37). მაგრამ ასეთი ტკივილის დროსაც კი იესო ლოცულობდა იმ ადამიანების შენდობისათვის, რომლებიც ჯვარს აცვამდნენ მას, როგორც ეს ლუკა 23:34-ში წერია, „მამაო, მიუტევე ამათ, რადგანაც არ იციან, რას სჩადიან."

ჯვარცმა ყველაზე სასტიკი დასჯის მეთოდია. ადამიანი უფრო დიდხანს იტანჯება ტკივილით, ვიდრე ნებისმიერი სხვა სასჯელის დროს. ფეხები და ხელები ლურსმნებითაა მიჭედებული და ხორცი იგლიჯება. ამ დროს ხდება სასტიკი გაუწყლოება და მოშლილობა სისხლის მიმოქცევაში. ეს იწვევს ნელ გაუარესებას შიდა ორგანოების ფუნქციონირებაში. ასევე ადამიანი იტანჯება მწერების გამო, რომლებიც მისი სისხლის სუნზე მიდიან.

როგორ ფიქრობ რას ფიქრობდა იესო ჯვარზე? ეს არ იყო მისი სხეულის აუტანელი ტკივილი. მაგრამ იგი ფიქრობდა იმის მიზეზზე, თუ რატომ შექმნა ღმერთმა ადამიანები, ადამიანთა დედამიწაზე გაშენების მნიშვნელობა და

მიზეზი, თუ რატომ უნდა გაეწირა საკუთარი თავი ადამიანის ცოდვისათვის და მან მადლიერებით ილოცა.

ჯვარზე ექვსი საათის განმავლობაში ტანჯვის შემდეგ, იესომ თქვა, „მწყურია" (იოანე 19:28). ეს იყო სულიერი წყურვილი, რომელიც არის წყურვილი, რომ სულები მოიგოს, რომლებიც სიკვდილის გზას ადგანან. უამრავ სულზე ფიქრით, რომლებიც მომავალში დედამიწაზე იცხოვრებენ, იგი გვთხოვა ჩვენ, რომ ჯვრის შეტყობინება გაგვევრცელებინა და სულები გვეხსნა.

საბოლოოდ იესომ თქვა, „აღსრულდა!" (იოანე 19:30) და ამოისუნთქა ბოლოჯერ და თქვა, „მამაო, შენს ხელს ვაბარებ ჩემს სულს" (ლუკა 23:46). მან ღმერთს მიანდო თავისი სული, რადგან დაასრულა თავისი მოვალეობა და გააღო ხსნის გზა ადამიანთა მოდგმისთვის. ეს იყო მომენტი, როდესაც ყველაზე დიდი სიყვარულის ქმედება შესრულდა.

აქედან მოყოლებული ცოდვის კედელი ღმერთსა და ჩვენს შორის, განადგურდა და ჩვენ შეგვეძლო ღმერთთან პირდაპირ კონტაქტი. აქამდე მღვდელმთავარს მსხვერპლი უნდა შეეწირა ცოდვების მიტევებისთვის ხალხის მაგივრად, მაგრამ ეს ასე აღარ არის. ყველა ადამიანს, რომელსაც იესო ქრისტესი სწამს, შეუძლია ღმერთის წმინდა ტაძარში მივიდეს და ადიდოს იგი.

იესო ამზადებს ზეციურ საცხოვრებელ ადგილებს თავისი სიყვარულით

სანამ ჯვარს აცვამდნენ, იესომ მომავლის შესახებ უთხრა თავის მოწაფეებს. მან უთხრა მათ, რომ ჯვარს აცვამდნენ, რათა მამა ღმერთის განგება შეესრულებინა, მაგრამ მოწაფეები მაინც ნერვიულობდნენ. შემდეგ მან აუხსნა ზეციური საცხოვრებლების შესახებ, რათა ნუგეში ეცა მათთვის.

იოანე 14:1-3-ში წერია, „ნუ შეძრწუნდება თქვენი გული; გწამდეთ ღმერთი და მიწამეთ მე. მამაჩემის სახლში ბევრი

სავანეა. ასე რომ არა, განა გეტყოდით, მივდივარ, რათა ადგილი გაგიმზადოთ-მეთქი? ხოლო როცა წავალ და ადგილს გაგიმზადებთ, კვლავ მოვალ და ჩემთან წაგიყვანთ, რათა, სადაც მე ვიქნები, თქვენც იქვე იყოთ.“ მან დაამარცხა სიკვდილი და აღსდგა და ამაღლდა ზეცაში მრავალი ადამიანის წინაშე. ეს იმიტომ, რომ მას ჩვენთვის ზეციური საცხოვრებელი ადგილები მოემზადებინა. რას ნიშნავს „ადგილი გაგიმზადოთ“?

1 იოანე 2:2 ამბობს, „ის არის ჩვენი და არა მარტო ჩვენი, არამედ მთელი ქვეყნის ცოდვათა მიმტევებელი.“ როგორც ნათქვამია, ეს იმას ნიშანვს, რომ ყველას შეუძლია რწმენით ფლობდეს ზეცას, რადგან იესომ დაანგრია ცოდვის კედელი ჩვენსა და ღმერთს შორის.

ასევე, იესომ თქვა, „მამაჩემის სახლში ბევრი სავანეა,“ და ეს გვეუბნება, რომ მას სურს ყველამ მიიღოს ხსნა. მას არ უთქვამს, რომ ბევრი სავანე „ზეცაშია“ არამედ „მამაჩემის სახლში“, რადგან ჩვენ ღმერთს შეგვიძლია დავუძახოთ „აბბა, მამა“ იესოს ძვირფასი სისხლის მეშვეობით.

უფალი ჯერ კიდევ შუამდგომლობს ჩვენთვის. იგი დარწმუნებით ლოცულობს ღმერთის წინაშე ჭამის და სმის გარეშე (მათე 26:29). იგი ლოცულობს, რომ ჩვენ გავიმარჯვოთ დედამიწაზე ადამიანთა გაშენებაში და გამოვამჟღავნოთ ღმერთის დიდება ჩვენი სულების აყვავებით.

გარდა ამისა, როდესაც დიდი თეთრი ტახტის განაჩენი მოხდება ადამიანთა გაშენების დასრულების შემდეგ, იგი მაინც იმუშავებს ჩვენთვის. განაჩენის დროს ყველას მიეცემა განაჩენი სულ მცირე შეცდომის გარეშე. მაგრამ უფალი დაიცავს ღმერთის შვილებს და თხოვნით მიმართავს, „მე მათი ცოდვები ჩემი სისხლით ჩამოვრეცხე,“ რათა მიიღონ მათ უკეთესი სავანეები და ჯილდოები ზეცაში. რადგან იგი დედამიწაზე ჩამოვიდა და გამოცადა ის ყველაფერი, რასაც ადამიანები განიცდიან, იგი ილაპარაკებს და დაიცავს მათ. როგორ უნდა გავიგოთ ქრისტეს ეს სიყვარული?

ღმერთმა გვიჩვენა თავისი ჩვენდამი სიყვარული იესო ქრისტეთი. ეს სიყვარული არის ის, რომლითაც იესომ თავისი სისხლის ბოლო წვეთიც კი არ დაიშურა ჩვენთვის. ეს არის უპირობო და უცვლელი სიყვარული, რომლითაც იგი სამოცდაათჯერ შვიდჯერ მოგვიტევებს. ვინ ჩამოგვაშორებს ასეთ სიყვარულს?

რომაელთა 8:38-39-ში პავლე მოციქული ამბობს, „რადგანაც მწამს, რომ ვერც სიკვდილი და ვერც სიცოცხლე, ვერც ანგელოზნი და ვერც მთავრობანი, ვერც ძალნი, ვერც აწმყო, ვერც მომავალი, ვერც სიმაღლე, ვერც სიღრმე და ვერც რაიმე სხვა ქმნილება ვერ განგვაშორებს ღვთის სიყვარულს ჩვენს უფალ ქრისტე იესოში."

პავლე მოციქულმა გააცნობიერა ღმერთის და იესოს ეს სიყვარული და საკუთარი სიცოცხლე გასწირა, რომ ღმერთის ნებას დამორჩილებულიყო და მოციქული გამხდარიყო. გარდა ამისა, მან არ დაიშურა საკუთარი თავი, რომ წარმართები გაექრისტიანებინა. მან განახორციელა ღმერთის სიყვარული, რომელმაც უთვალავი სული ხსნის გზისაკენ წაიყვანა.

მიუხედავად იმისა, რომ მას ერქვა „ნაზორეველთა მწვალებლობის წინამძღვრი," პავლემ საკუთარი სიცოცხლე მქადაგებლობას მიუძღვნა. მან მთელს მსოფლიოში გაავრცელა ღმერთის და უფლის სიყვარული. მე ვლოცულობ უფლის სახელით, რომ შენ გახდები ღმერთის ჭეშმარიტი შვილი, რომელიც შეასრულებს რჯულს სიყვარულით და საუკუნოდ იცხოვრებს ახალი იერუსალიმის სანავეში, ღმერთის და ქრისტეს სიყვარულის ერთად გაზიარებით.

ავტორი:
Dr. Jaerock Lee

დოქტორი ჯაეროკ ლი დაიბადა 1943 წელს მუანში, ჯეონამის პროვინცია, კორეის რესპუბლიკა. მის ოციან წლებში დოქტორი ლი იტანჯებოდა სხვადასხვა განუკურნებელი დაავადებებით შვიდი წლის განმავლობაში და ელოდებოდა სიკვდილს გამოჯანმრთელების იმედის გარეშე. ერთ დღს 1974 წლის გაზაფხულს როგორღაც მისმა დამ წაიყვანა ეკლესიაში და როდესაც იგი სალოცავად დაიჩოქა ცოცხალმა ღმერთმა მაშინვე განკურნა ყველა დაავადებისაგან.

ამის შემდეგ დოქტორი ლი შეხვდა ცოცხალ ღმერთს გასაოცარი გამოცდილებიდან, მას უფალი მთელი გულით უყვარს და 1978 წელს ღმერთმა მას თავისი მსახური უწოდა. იგი გულმოდგინებით ლოცულობდა, რათა გარკვევით გაეგო უფლის ნება, მთლიანად შეესრულებინა იგი და დამორჩილებოდა უფლის ყოველ სიტყვას. 1982 წელს მან დააარსა მანმინის ცენტრალური ეკლესია სეულში, კორეაში და უფლის ურიცხვი სასწაულები, ზებუნებრივი განკურნებების ჩათვლით, ხდება მის ეკლესიაში.

1986 წელს დოქტორი ლი იკურთხა პასტორად კორეაში იესოს სუნგკიულის ეკლესიაში ყოველწლიურ ასამბლეაზე და ოთხი წლის შემდეგ, 1990 წელს მისი მისი ქადაგებების გაშვება დაიწყო ავსტრალიაში, რუსეთში და ფილიპინებში. მოკლე დროის განმავლობაში უფრო მეტ ქვეყანას მიწვდა შორეული აღმოსავლეთის რადიომაუწყებლობის კომპანიის, აზიის რადიომაუწყებლობის სადგურით და ვაშინგტონის ქრისტიანული რადიო სისტემის მეშვეობით.

სამი წლის შემდეგ, 1933 წელს მანმინის ცენტრალური ეკლესია არჩეულ იქნა ერთ-ერთ „მსოფლიოს საუკეთესო 50 ეკლესიაში" ქრისტიანული მსოფლიო ჟურნალის (ამერიკის შეერთებული შტატები) მიერ და მიიღო საპატიო ღვთისმეტყველების დოქტორის ხარისხი ქრისტიანული რწმენის კოლეჯისაგან, ფლორიდა, ამერიკის შეერთებული შტატები და 1996 წელს კი Ph. D. სამღვდელოებაში კინგსვეის თეოლოგიური სემინარიიდან, აიოვა, ამერიკის შეერთებული შტატები.

1993 წლის შემდეგ დოქტორმა ლიმ დაიწყო მსოფლიოს მისიის ხელმძღვანელობა ბევრი საზღვარგარეთული მისიებით ტანზანიაში, არგენტინაში, ლოს ანჯელესში, ბალტიმორის ქალაქში, ჰავაიზე, ნიუ–იორკში, უგანდაში, იაპონიაში, პაკისტანში, კენიაში, ფილიპინებში, ჰონდურასში, ინდოეთში, რუსეთში, გერმანიაში, პერუში, კონგოში და ისრაელში.

2002 წელს ქრისტიანულმა გაზეთმა კორეაში იგი აღიარა, როგორც

„მსოფლიო მასშტაბის მქადაგებელი“ მისი ძლიერი სამღვდელოებისათვის სხვადასხვა ქვეყნებში. კერძოდ მისი ნიუ-იორკის 2006 ლაშქრობა, რომელიც მედისონ-სკვერ-გარდენში ჩატარდა. ეს შემთხვევა გადაეცა 220 სახელმწიფოს და მისი „2009 წლის ისრაელის გაერთიანებული ლაშქრობა,“ ჩატარებული იერუსალიმის საერთაშორისო კონვენციის ცენტრში, აქ მან გაბედულად განაცხადა, რომ იესო ქრისტე არის მესია და მხსნელი.

მისი ქადაგებები გადაეცემა 176 სახელმწიფოს თანამგზავრებით, GCN TV-ის ჩათვლით, და იგი ჩამოთვლილი იყო ერთ-ერთ 2009 წლის და 2010 წლის „10 ყველაზე გავლენიან ქრისტიან ლიდერებში“ ცნობილი რუსული ქრისტიანული ჟურნალის In Victory-ის მიერ, მისი ძლიერი სამღვდელოებისათვის.

2013 წლის ივლისისათვის მანმინის ცენტრალურ ეკლესიას ყავს 120 000-ზე მეტი მრევლი. არსებობს 10000 ფილიალი ეკლესიები მსოფლიოს გარშემო და ჯერჯერობით 125-ზე მეტ მისიონერს აქვს დავალებული 23 ქვეყანა ამერიკის შეერთებული შტატების, რუსეთის, გერმანიის, კანადის, იაპონიის, ჩინეთის, საფრანგეთის, ინდოეთის, კენიის ჩათვლით.

ამ გამოქვეყნების დღიდან დოქტორი ჯაეროკ ლის დაწერილი აქვს 87 წიგნი ბესტსელერების ჩათვლით: საუკუნო სიცოცხლის დაგემოვნება სიკვდილამდე, ჩემი ცხოვრება ჩემი რწმენა I და II, ჯვრის მოწოდება, რწმენის ზომა, ზეცა I და II, ჯოჯოხეთი და უფლის ძალა. მისი ნამუშევრები თარგმნილია 75 ენაზე.

მისი ქრისტიანული სვეტები ჩნდება ჰანკოკ ლიბოში, ჯონგანგის ყოველდღიურ გაზეტში, დონგ–ა ლიბოში, მუნვა ლიბოში, სეულის შინმუნში, კიუნგიანგ შინმუნში, ჰანკიორე შინმინში, კორეის ეკონომიკურ ყოველდღიურ გაზეთში, კორეის ჰერალდში, შისას ახალ ამბებში და ქრისტიანულ პრესაში.

დოქტორი ლი ამჟამად მრავალი მისიონერული ორგანიზაციების ლიდერია. თანამდებობები მოიცავს: გაერთიანებული კორეის წმინდა ეკლესიის თავმჯდომარე, გაერთიანებული უწმინდესობის იესო ქრისტეს ეკლესია; მანმინის მსოფლიო მისიის პრეზიდენტი; მსოფლიოს ქრისტიანობის აღორძინების მისიის ასოციაციის მუდმივი პრეზიდენტი; მანმინის ტელევიზიის დამაარსებელი; გლობალური ქრისტიანული ქსელის (GCN) დამაარსებელი და თავმჯდომარე; მსოფლიოს ქრისტიანული ექიმების ქსელის (WCDN) დამაარსებელი და თავმჯდომარე; და მანმინის საერთაშორისო სემინარიის (MIS) დამაარსებელი და თავმჯდომარე.

სხვა ძლიერი წიგნები იგივე ავტორისგან

ზეცა I და II

მტკიცებულებების მემუარები დოქტორ ჯაეროკ ლისგან, რომელიც ხელახლა დაიბადა და სიკვდილის ჩრდილს გადაურჩა და უძღვება სრულყოფილ სამაგალითო ქრისტიანულ ცხოვრებას.

ჯვრის მოწოდება

ძლიერი გამოსაფხიზლებელი მოწოდება მათთვის, ვინც არიან სულიერად დაძინებული! ამ წიგნში იპოვნი მიზეზს თუ რატომ არის იესო ჩვენი ერთადერთი მხსნელი და უფლის ჭეშმარიტ სიყვარულს.

ჩემი ცხოვრება, ჩემი რწმენა I და II

ყველაზე არომატული სულიერი სურნელება გაიყოფა სიცოცხლისაგან, რომელიც უბადლო ღმერთის სიყვარულით არის აყვავებული, ბნელი ტალღების შუაგულში, ცივი უღელი და ყველაზე ღრმა სასოწარკვეთილება.

რწმენის საზომი

რა ტიპის საცხოვრებელი ადგილი, გვირგვინი და კილდო არის მომზადებული შენთვის სამოთხეში? ეს წიგნი უზრუნველყოფს სიბრძნეს და წინამძღოლობას, რათა გაზომო შენი რწმენა და დახვეწო საუკეთესო და მოწიფული რწმენა.

ჯოჯოხეთი

სერიოზული მოწოდება უფლისგან კაცობრიობისათვის, რომლებსაც არ სურთ არცერთი სულის ჯოჯოხეთის ცეცხლში ჩაგდება! შენ აღმოაჩენ ადრე არასოდეს გამოვლენილ ქვედა ჰადესის და ჯოჯოხეთის რეალურ სისასტიკეს.

www.urimbooks.com

www.ingramcontent.com/pod-product-compliance
Lightning Source LLC
La Vergne TN
LVHW021814060526
838201LV00058B/3384
9791126312870